KB216013

김치선 박사의
생애와 신학

김치선 박사의
생애와 신학

이종전 / 지은이

그는 한국교회 초기 신학자로서,
구약학을 전공하여 박사학위를
수득한 첫 인물이자, 대한신학교를
설립한 신학교육가, 남대문교회에서의
목회를 비롯한 건실한 목회자,
삼백만부흥운동을 전개한
민족복음화의 선구자, 기도의 인물,
하나님 나라와 한국교회를 위해
눈물을 흘리며 선지자적 사명을
감당했기에 눈물의 선지자로 불렸다.

아벨서원

김치선 박사

김치선 박사는 몇 가지 점에서 우리가 주목해야 할 한국교회의 인물이라고 생각합니다. 그는 한국교회 초기 신학자로서, 구약학을 전공하여 박사학위를 수득한 첫 인물이자, 대한신학교를 설립한 신학교육가였고, 남대문 교회에서의 목회를 비롯하여 교회를 개척했던 건실한 목회자였습니다. 그리고 300만 부흥운동을 전개한 민족복음화 운동의 선구자였고, 기도원을 설립했던 기도의 인물이었고, 하나님의 나라와 한국교회를 위해 눈물을 흘리며 선지자적 사명을 감당했기에 '눈물의 선지자'로 불렸던 인물이었습니다. 그는 캐나다장로교 선교지역이었던 함경도 출신이었으나 자유주의 신학의 영향을 받지 않고 복음주의자로 일생을 살았던 유일한 인물이었습니다.

그럼에도 불구하고 그에 대한 연구는 매우 부족했습니다. 이런 상황에서 이종전 박사는 1990년대 이후 김치선 박사에 대한 연구를 주도하였고, 그 결과 이처럼 소중한 김치선 연구서를 출간하게 되었습니다. 이종전 박사는 한국교회를 대표하는 역사신학자이자 교회사학자로서 광부가 광맥을 추적하여 순금을 채굴하듯이 원전과 사료를 수합하고 이를 치밀하게 검토하여 자신의 사안으로 읽고 해석하고 역사의 진실을 해명하는 학자입니다. 그는 시와 수필을 쓰는 문인으로서 이 책에는 저자의 기술적(記述的) 능력이 드러나 있습니다.

이번에 출간하는 이 책은 김치선 박사의 생애와 사상을 연구하되, 그의 생애와 교육, 신학과 신조, 교회활동과 신학교육, 그리고 삼백만부흥운동 등 김치선 박사의 신학과 목회의 여정을 추적하였고, 하나님께서 한 인물을 통하여 어떻게 큰 역사를 이루었는가를 제시하고 있습니다. 이종전 교수님이 아니었더라면 보다 더 긴 세월 동안 역사의 창고에 방치되고 있을 하나님의 사람을 이처럼 아름다운 책으로 우리에게 소개하고 있습니다.

저자의 하나님 사랑, 교회사랑, 그리고 자신이 속한 교단에 대한 사랑이 가져온 결실이라고 생각합니다. 같은 학문의 길을 가는 저에게도 이 책은 소중하지만 독자들에게도 소중한 가르침을 줄 것으로 확신합니다.

이상규
(고신대학교 명예교수, 백석대학교 석좌교수)

김치선 박사님은 학문과 경건에서 이루어낸 업적이 뛰어남에도 불구하고 널리 알려지지 않았습니다. 그는 민족과 교회가 나아가야 할 비전을 제시한 선구자이며 그 비전을 실천한 영적인 거장이었습니다. 그는 20세의 젊은 나이에 3.1 독립 만세 운동에 참여하여 서대문교도소에서 1년간 복역하였고, 연희전문학교 졸업 후 일본으로 건너가 한인교회들을 방문하여 부흥 운동을 전개하였으며, 1940년에는 한인의 민족적·신앙적 정체성을 고취한 일로 일본 경찰에 검거되어 수 개월간 고초를 당한 독립지사였습니다.

김 박사님은 일본 고베 중앙신학교를 졸업한 후 미국으로 유학하여 웨스트민스터신학교와 달라스 신학교에서 신학을 연구하였습니다. 특히 그는 성경의 절대 권위를 강조하는 웨스트민스터에 한인 최초로 진학하여 한국 교회가 전통적 개혁주의 신학에 설 수 있게 기초를 놓으셨습니다. 김 박사님의 뒤를 이어 박윤선, 한철하, 김명혁, 손봉호, 정규남 박사 등 수많은 인재가 웨스민스터에서 양육을 받고, 한국 교회를 섬김으로 한국 교회는 정통 신학에 굳건히 서게 되었습니다. 그는 <갈라디아 주해>(1956년)를 비롯한 6권의 성경 강해서를 저술하였고, 개혁신학의 저변화를 위하여 월간지 <부흥>(1945년 창간)과 <우물>(1955년)을 창간하는 등 한국 교회 신학 형성에 지대하게 공헌한 신학자였습니다.

김 박사님은 국가와 교회의 미래가 교육 여하에 달려있다는 믿음으로 주일학교 운동을 전개하였고, 1948년에는 오늘날 안양대학교의 전신인 대한신학교를 세워서 수많은 인재를 배출해낸 교육자였습니다. 김 박사님은 일본과 한국 등지에 5개의 교회를 개척하고, 젊어서부터 순회부흥회를 열었으며 새벽 기도 운동을 전개하면서 300만 부흥전도회를 설립하여 민족 복음화 운동을 이끈 전 도자였습니다.

이처럼 민족을 사랑한 독립운동가요, 한국장로교회의 신학과 발전에 지대한 공헌한 위대한 신학자요. 신학 발전에 이바지한 뛰어난 교육자요. 전도와 부흥 운동을 이끈 영적 거장이신 김치선 박사님에 관한 연구서인 <김치선 박사의 생애와 신학>이 고명한 역사신학자인 이종전 박사님에 의해 출간됨을 축하합니다. 이 책은 이 교수님의 철저한 역사적이고 문헌적인 고증만 아니라 신학적 분석을 통해 나왔으므로, 이 책을 읽는 독자들은 누구든 쉽게 김치선 박사님을 만나고, 그의 심오한 신학을 이해할 수 있을 것입니다.

오 덕 교
(전 합동신학대학원대학교 역사신학 교수 및 총장)

한국기독교회의 해방 전후사에 있어서 김치선 박사는 분명한 위치와 그의 행적에 동반되는 영향력이 컸음에도 그에 대한 연구와 평가가 부족했고, 역사화 되지 못한 것은 아쉬움이 크다. 이에 대해서 고신대학교의 이상규 교수는 "그는 민족복음화야말로 해방된 조국에서 가장 시급한 과제로 인식했다. 특히 그는 한국교회를 자유주의 혹은 진보주의 신학으로부터 지키고 순수한 복음운동을 전개하고자 했다. 이런 그의 일생의 봉사에도 불구하고 그는 정당한 평가는 그만두고라도 무시되거나 경시되기도 했다."고 했다.

그 원인에 대해서는 여러 가지 이유가 있을 것이나, 결과적으로는 한국교회사에 역사화 하는 작업은 그 후학들의 몫이었지만, 그것을 감당하지 못한 탓이라고 해야 할 것이다. 필자는 이러한 문제의식을 가지고 늦었지만 그 역할을 감당해야 한다는 생각으로 그동안 기회가 있는 대로 강연과 발표했던 원고들을 모아서 한국교회에 내어놓게 되었다. 그러다보니 각각의 글들이 대상과 시점에 따라서 만들어지게 되었고, 주어진 주제에 따라서 쓰다가 보니 책으로 묶는 과정에서는 내용의 중복을 피할 수 없었다. 따라서 비슷한 글이 있을 수밖에 없었다는 점에 대해서 독자들의 양해를 구한다.

또한 처음 쓴 글과 맨 나중에 쓴 글은 20년이라고 하는 긴 시간의 차이가 있다. 그 동안 발굴한 새로운 사료들에 의해서 먼저 쓴 글들의 문제들도 발견하게 되었고, 이미 교계에 다른 학자들에 의해서 소개되었던 글들에도 잘못된 것들이 있음을 발견하게 되었다. 따라서 마지막에 쓴 글(본서 제1, 2장)을 통해서 바로잡았고, 먼저 쓴 글들에서 수정해야 할 부분들에 대해서는 손을 보았다. 또는 각주에 그러한 내용을 담아서 독자들에게 오해나, 그동안 잘못 알려졌던 것들에 대해서 수정할 수 있도록 했다. 이에 대해서도 독자들의 넓은 이해와 아량을 구한다.

끝으로 이 책이 만들어지는데 있어서 감사한 마음을 남기고 싶은 이들이 있다. 이 책이 나오도록 격려와 기도로 응원해주신 김근식 목사님께 감사를 드린다. 졸고임에도 기꺼이 추천의 글을 써주신 경애하는 이상규 박사님과 정성구 박사님, 오덕교 박사님, 이정현 총회장님께 감사의 말씀을 드린다. 그리고 늘 기도와 격려로 합력하는 어진내교회의 지체들, 동반자로서 헌신적인 내조를 하는 아내 혜례와 요즘 한껏 존재감을 각인시키면서 기쁨을 주는 손자 주진이, 그리고 아들 내외(요수와 지은)에게도 고마운 마음을 남기고 싶다.

만물이 주에게서 나오고 주로 말미암고 주에게로 돌아감이라 영광이 그에게 세세에 있으리로다 – 로마서 11장 36절

이 종 전

| 1899 | 8 월 | • | 함경남도 함흥읍 서호리에서 부친 김영준, 모친 최현숙의 3남 2녀의 장남으로 출생 |

1899 8 월 • 함경남도 함흥읍 서호리에서 부친 김영준, 모친 최현숙의
3남 2녀의 장남으로 출생

1916 • 서당에서 한학을 배우던 중 영재형 선교사를 통해 예수님 영접

1918 4 월 • 함흥 영생중학교 입학

1919 3 월 • 3.1독립만세운동 당시 학생 비밀대표로 활동하다 피검
(서대문형무소 1년 복역)

1922 3 월 • 함흥 영생중학교 졸업

1924 4 월 • 연희전문학교 영문과 입학

1925 7 월 • 이홍순(함흥 서호리 출신)과 결혼

1927 3 월 • 연희전문학교 졸업

4 월 • 평양신학교 입학

9 월 • 고베(神戶)중앙신학교 편입(일본)

1930 • 고베중앙신학교 신학생 신분으로 효고(兵庫)교회를
인도하며, 일본 전역의 동포교회를 순회하면서
부흥회 인도와 전도함

1931 3 월 • 고베중앙신학교 졸업

• 목사안수

8 월 • 무고가와(武庫川)교회 설립

9 월 • 웨스트민스터신학교(미국) 입학

1933 5 월 • 웨스트민스터신학교 졸업(Th. M.)

11월 • 무고가와교회 사임

1934 9 월 • Evangelical Theolgical College(현, 달라스신학교) 입학

1936 5 월 • Evangelical Theolgical College 졸업(TH. D.)

• 고베교회 담임목사로 부임(졸업식 이전인 1935년 가을 일본에
귀국, 영재형 선교사와 협력해 일본전역 순회 집회 인도)

1937 • 약 1년간 안식년으로 향리에서 보냄

1939 11월 • 도쿄(東京)중앙교회 부임

1940 12월 • '복음의 진수' 출간

• 일본경찰에 피검 수개월간 형무소 복역

1942 • 메구로(目黑)교회 목회(일본기독교단에 의해 목사 자격박탈)

1944 3 월 • 일본에서 귀국

1944	5 월	● 남대문교회 부임(매일 새벽기도시작)
1945	8 월	● 300만부흥전도회 설립(회장)
		월간 <부흥> 창간
1947	3 월	● 해방촌교회 설립
		● 복음의 강단 출간
1948	8 월	● 장로회야간신학교 설립
1949	1 월	● 교명 대한신학교로 변경 및 서소문으로 이전(2대 교장 취임)
1950		● 흑석동교회 설립
	5 월	● 대한신학교 1회 졸업식(18명)
		● 1950-1952년, 피난지(부산)활동(임시 대한신학교 운영,
		민족을 위한 특별금식기도회 주도)
1951	9 월	● 장로회총회신학교 초대교수 취임
1952	9 월	● 대한신학교 제주분교 설치
	12월	● 남대문교회 사임
1953	9 월	● 창동교회(현 한양교회) 부임
1954	5 월	● 벧엘기도원 설립(관악산)
		● '기독인의 초석' 출간
1955		● 월간 '우물' 창간
		● 구약사기 출간
1956		● 갈라디아서주해 출간
		요한계시록강해
		(이하 출판년도 미상, 1950년대에 출판한 것으로 사료됨)
		사도행전강해 다니엘서강해 에스겔서강해 소선지서강해
		구약개론 강의록 신약개론 강의록 조직신학 강의록
1959		● 대창교회 설립
1961	6 월	● 성경장로회총회(현 대한예수교장로회[대신]) 창립(초대 총회장)
1962	3 월	● 대한신학교 서계동으로 이전
		● 서울중앙교회(현 청파중앙교회) 설립
1965		● 월간 '봉화' 창간
	9 월	● 대한신학교 명예교장
1968	2 월	● 별세

▲ 대한신학교 제1회 졸업식(1950년 5월 24일)

▲ 고베중앙신학교 재학시절(뒤에서 두 번째 줄 오른쪽에서 두 번째 김치선 박사)

▲ 김치선 박사(오른쪽)와 손양원 목사

▲ 1945년 해방 직후에 조직한 삼백만부흥전도회의 집회후

▲ 장로교야간신학교(대한신학교) 신입생입학기념(1949년 10월 13일)

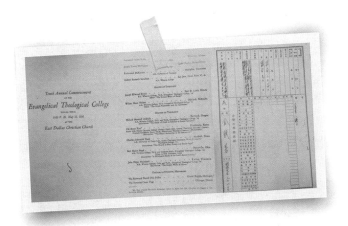

▲ 박사학위 수여식 순서지(1936년 5월 12일)와 고베중앙신학교 학적부

▲ 성경장로회총회를 창립하기로 한 후 ICCC의 한국지부장 마두원 선교사와
초기 성경장로회와 관련한 인사들(1960년 12월 15일) 앞 줄 김치선과
마두원 선교사 내외, 뒷줄 왼쪽에서 두 번째 이봉재 목사, 뒷줄 오른쪽 끝
김세창 목사

▲ 일본 홋카이도(北海島)순회기념(1937년 7월 11일, 삿보로조선기독교회)

▲ 일본 아마가사키시 우베교회(현 무고가와교회) 친목회 후(1936년 3월 30일)
영재형(Luther L. Young) 선교사 오른쪽 김치선 박사

▲ 東京中央教会新入生歓迎(1936 年 4 月 19 日)

▲ 동경중앙교회 신입생 환영(1936년 4월 19일)

▲ 벧엘기도원 전경(현 서울대학교 기숙사 터)

▲ 고베중앙신학교 재학중 섬겼던 효고교회 전별기념(1931년 3월 16일)

▲ 조선기독교 관서부인전도연합회 제2회 총회(1937년 4월 6일)

▲ 김세창 목사 대한신학교 교장 취임식 후(1965년) 앞줄 김치선 박사, 이홍순
사모 뒷줄 김세창 목사

▲ 와병 중 양춘식 목사의 병문안

▲ 별세 1개월 전 와병 중에 대한신학교 마지막 이사회 주관(1967년 12월 21일)

▲ 김치선 박사의 저술과 발행한 잡지들

▲ 총회 60주년 기념사업의 일환으로 제작된 김치선 전집

제1장

김치선의
해방 이전 행적에 관한 연구

1. 들어가면서

한국교회사에서 김치선이 소외된 지 오래다. 물론 장로교회 대신측 교단의 역사에서는 어떤 형태로든 그에 대한 언급이 이어져왔지만, 그렇다고 지금까지 그에 대한 연구가 깊게 이루어진 것도 아니다. 실제로 김치선에 대한 연구와 학술적인 발표가 된 것은 안양대학교 50주년기념사업으로 진행된 논문집에 발표된 것[1]이 처음이었으며, 대신교단50주년기념 논문집에 실린 것,[2] 그 이후에 안양대학교 교수들에 의해서 발표된 몇 편의 논문이 있다.[3] 그리고 필자가 재직했던 대한신학대학원대학교에서 2008년에 있었던 학술발표회를 통해서 김치선에 대한 신학적 조명이 있었다.[4] 그리고 지난 2020년 한국개혁신학회가 안양대학교가 처한 현실적인 어려움에 조금이라도 함께하겠다는 의지로 안양대학교 설립자인 김치선에 대한 연구와 발표회를 가졌다.[5]

---

1 신현광 편, 『신학지평』제13호(2000), 원용국, "김치선 목사와 나"; 최정인, "김치선 목사의 생애"; 한성기, "김치선 목사의 신학사상"; 강경림, "김치선 목사의 반우상숭배론"; 이은선, "김치선 목사의 국가관"; 김재규, "김치선 목사의 설교"; 이은규, "김치선 목사의 교육사상"

2 위형윤 편, 『신학지평』제23호(2010), 이은선, "김치선 목사의 개혁과 부흥운동"

3 신현광, "고봉 김치선 박사 신학의 현대 목회적 적용,"『신학지평』제26호(2013); 이은선, "김치선 목사의 회개론과 부흥론,"『신학지평』제19호(2006); 이은선, "구약학자로서의 김치선 목사,"『신학지평』제27호(2014); 한성기, "김치선 박사의 생애와 신학,"『신학지평』제29호(2016).

4 이종전 편, 『대한논총』제2호(2009), 이상규, "김치선 박사의 한국교회사적 의의"; 한성기, "高峯 金致善과 大神－그의 神學과 思想을 中心으로 한 理解"; 이종전, "삼백만부흥운동에 나타난 김치선의 신학사상"

5 이은선, "김치선의 총회신학교에서의 교육활동과 안양대학교 설립의 의의,"『한국개혁신학』제67권(2020); 김지훈, "복음전도자 김치선의 신학,"『한국개혁신학』제67권(2020); 이 외에 2020년 5월 20일 학술발표회에서 발표된 논문으로서 이종전, "〈복음의 진수〉에 나타난 김치선의 사상," 이창엽, "김치선 목사의 고대근동신화비교 연구"가 있다.

그밖에 소수의 연구자들에 의한 논문 몇 편과 석사논문, 박사논문이 모두 합쳐도 4~5편 나왔을 뿐이다. 물론 이 학위논문들은 안양대학교와 대한신학대학원대학교의 학생들에 의한 연구물들이다. 그런데 이러한 연구물들의 내용을 보면 김치선에 대한 1차 자료에 대한 충분한 분석이 아쉽다는 것이 대부분 글의 공통점인 것으로 보인다. 그 원인은 김치선을 연구하기 위한 1차 자료를 접하기도, 분석하기도 어려운 현실이 있기 때문이다. 이것은 김치선 연구를 위해서 반드시 극복되어야 할 사안이다.[6]

그 중에서도 김치선이 일본에서 어떻게 교육을 받았고, 어떤 사역을 했는지에 대해서는 지금까지 연구된 바가 전혀 없다. 즉 1944년 3월 일본에서 귀국하기 이전까지 김치선이 목사가 되는 과정과 일본에서의 행적에 대한 기록이나 연구가 전무하다는 것이다. 일반적인 행적에 대해서는 김치선의 둘째 딸인 김동화의 기록물에 전적으로 의존하고 있는 것이 전부이다.[7] 그런데 문제는 이 글에 기록된 내용들이 충분하지 못한 것과 실제와 다른 것들이 있다는 것이다. 특별히 일본에서의 사역에 대한 기록은 사실과 차이가 있는 것을 발견하면서 이에 대한 정리가 필요하다는 생각을 하게 되었다. 문제는 김동화의 글을 인용하는 과정에서 또 다른 오류들이 발생하게 되는 악순환이 동반된다는 것이다. 따라서 지금까지 발표된 글마다 년도와 사역의 내용이 사실과 다른 것이 많다는 것을 발견하게 된다.

---

6 다행히 2021년 대신측 총회가 교단설립 60주년을 기념하는 사업을 준비하면서 김치선 전집 발간했다. 많이 늦었지만 의미 있는 사업이고, 대신측 교단은 물론이고 한국교회사에서 소외되었던 김치선의 위치를 회복시킬 수 있는 1차 자료가 될 것이라는 기대가 크다. 김치선, 『김치선 박사 전집 01 - 복음의 진수』(안양: 총회출판국, 2021); 『김치선 박사 전집 02 - 구약사기』; 『김치선 박사 전집 03 - 갈라디아서. 에베소서주해』; 『김치선 박사 전집 04 - 설교집 - 기독인의 초석』; 최근에 작은 연구서가 발행된 것으로 조영호, 『김치선과 성경 - 성경무오성을 중심으로』(서울: 고백과 문답, 2020)가 있다.
7 김동화, 『나에게 있어서 영원한 것』(서울: 기독교연합신문사, 1998)

따라서 필자는 이 글에서 김치선이 1927년 도일(渡日)해서 1944년 귀국하기까지 일본에서의 성장과 사역들이 어떠했는지를 밝히고자 한다. 지금까지 이 기간에 대한 것은 오직 김동화의 글에 전적을 의존할 수밖에 없었다. 그러나 김동화의 자료가 갖고 있는 한계를 극복해야 하겠기에 이 기간 동안의 김치선의 행적을 정리하는 것이 이 글의 목적이다.

필자 역시 이 시기의 1차 자료를 찾는 것이 쉽지 않았고 한정적이지만, 반드시 정리해야 하는 것이 주어진 책임이라는 사실을 외면할 수 없기에 재일대한기독교회들과 일본의 자료들에서 김치선의 족적을 찾으려고 했다.

2. 도일과 목사임직(1927~1931)

김치선의 도일(渡日)은 본인의 의지 이전에 전적으로 그의 양부(養父)인 영재형(Luther Lisgar Young) 선교사의 뜻에 따른 것이었다. 이 과정에 대한 김치선의 직접적인 글은 현재 존재하지 않는다. 따라서 김동화의 글에 의존할 수밖에 없는 것이 현실이다. 이에 대해서 김동화는 다음과 같이 말하고 있다.

> 그때 나의 아버지 치선 씨는 평양신학교의 학생이었다. 일본으로 건너가신 영 목사님은 자리를 잡으신 후, 평양신학교에서 공부하시는 치선 씨를 일본으로 불렀다. 그래서 평양신학교를 그만두고 그 명령에 따라 일본으로 혼자 건너가서 영 목사님의 오른팔로 선교하면서 고베중앙신학교에 입학하셨다.[8]

그러면 도일한 시점이 언제인가? 김동화는 이 글에서 김치선이 연희전문

---

8 김동화, 『나에게 있어서 영원한 것』, 46. 여기서 김동화는 "일본으로 건너가신 영 목사님은 자리를 잡으신 후"라고 했는데, 필자가 확인한 바로는 영 선교사는 그해 10월에 도착했음으로 이 표현은 착오라고 할 수 있다. 어떻든 분명한 것은 1927년 가을(9월)에 渡日한 것은 분명하다.

학교를 1927년 3월 17일에 졸업했고, 그해 평양신학교에 입학했다고 기록하고 있다.[9] 이러한 사실은 고베중앙신학교 학적부(昭和 2年)와 김치선의 자필 기록인『日本基督教團 牧師名簿』의 기록과도 일치한다. 그렇다면 연희전문학교를 졸업한 김치선은 그해 4월 평양신학교에 입학해서 한 학기를 수학한 후 영재형 선교사의 부름에 따라 일본으로 가야 했고, 1927년 9월에 고베중앙신학교에 입학을 했다.[10]

그러면 영재형 선교사는 언제 일본으로 갔는가? 영재형에 관한 유일한 기록물인 그에 대한 회고록(My Dear Redeemer's Praise)에 의하면, 1927년 10월에 일본에 도착한 것으로 되어있다.[11] 이것이 사실이라면 일부 문헌에 김치선이 1926년에 고베중앙신학교에 입학했다는 것은 앞뒤가 맞지 않으며 불가능한 일이다. 또한 1927년 9월에 입학했다는 것은 영재형 선교사가 고베에 도착하기 전의 일이 된다. 입학한 것은 사실이고, 영재형이 10월에 일본에 도착한 것도 사실이라면, 영재형은 자신이 도착하기 전에 이미 일본에서 사역을 하고 있었던 맥도널드(Caroline MacDonald)에게 사전 준비를 하게 한 것으로 추측할 수 있다. 왜냐하면 맥도널드는 이미 1904년부터 일본에서 선교활동을 하고 있었던 베테랑이었고, 실제로 영재형 선교사가 일본에 도착해서 제일 먼저 만나 안내를 받은 것도 맥도날드였기 때문이다.[12] 그렇다면 영재형은 김치선을 일본선교를 위한 자신의 조수(협력자)로 동역할 것을 전제로 그가 유학할 수 있

---

9   김동화, 『나에게 있어서 영원한 것』, 43.

10 이러한 사실은 고베중앙신학교 학적부에 기재된 것을 통해서 확인할 수 있는데, 이상규 교수가 그의 글 "김치선 박사의 한국교회사적 의의"『부.경 교회사연구』제29호(2010), 11.에서 이에 대해서 확인하는 과정에서 일본이 사용하는 연호인 쇼와(昭和) 2년이 1927년인데 1926년으로 이해함으로 년도를 잘못 이해한 것으로 보인다. 이는 바로잡아야 맞을 것이다.

11 Robert K. Anderson, *My Dear Redeemer's Praise; The Life of Luther Lisgar Young D.D.*, Hantsport: Lancelot Press, 1979. 129.

12 Robert K. Anderson, *My Dear Redeemer's Praise; The Life of Luther Lisgar Young D.D.*, 129.

도록 맥도널드에게 미리 준비시킨 것으로 볼 수 있다. 그렇다면 김동화의 글에서 "일본으로 건너가신 영 목사님은 자리를 잡으신 후, 평양신학교에서 공부하시는 치선 씨를 일본으로 불렀다."는 표현은 맞지 않다고 할 것이다.

2.1. 고베중앙신학교

김치선은 일본에 살고 있는 재일동포를 대상으로 복음을 전할 것을 계획한 영재형 선교사의 부름에 따라서 일본으로 갔다. 현재까지 확인된 자료에 의하면 김동화의 기록과는 달리 김치선은 영재형 선교사보다 일본에 사실상 먼저 도착했다고 볼 수밖에 없다. 그리고 곧바로 그곳에서 신학교에 입학하여 소정의 과정을 공부하게 되었다. 이것은 전적으로 영재형 선교사의 선택과 알선에 의한 것이었다. 영재형 선교사는 조선에서의 선교활동을 포기하고 일본에 살고 있는 재일동포를 대상으로 선교하기로 결정하고, 조선을 떠나 캐나다로 갔다가 1927년 10월에 일본에 도착했다.[13] 그가 일본에 살고 있는 재일조선인을 대상으로 선교할 수 있도록 지원한 것은 캐나다장로교회였고, 특히 캐나다장로교회 여선교회(The Women's Missionary Society)의 적극적인 지원에 의한 것이었다.[14]

김치선도 이 캐나다장로교회 여선교회의 지원으로 고베중앙신학교에서 공부를 할 수 있었다. 이 여선교회가 매년 일본 선교 현지의 실태를 시찰하고, 그 보고서를 작성하여 총회에 보고했던 자료에 의하면, 특별히 두 사람의 전도

---

13 Robert K. Anderson, *My Dear Redeemer's Praise; The Life of Luther Lisgar Young D.D.*, 129.

14 在日大韓基督教總會 神學委員會, 『在日大韓基督教 神學研究會資料 第1集』 (東京: 國光美術印刷, 1984), 50.

15 在日大韓基督教總會 神學委員會, 『在日大韓基督教 神學研究會資料 第1集』, 47.

16 在日大韓基督教總會 神學委員會, 『在日大韓基督教 神學研究會資料 第1集』, 50.

사(신학생)를 언급하는데, 그 중에 한 사람이 김치선이었다. 그 보고서 내용은 다음과 같다.

> 김치선은 고베의 서부지역에서 우리 기독교 그룹의 책임을 지고 있다. 거기서 그는 매주일과 수요일에 작은 회중이지만 성인을 위한 성경공부 그룹과 아동을 위한 주일학교를 인도하고 있다. 여름방학에는 두 주간 자신의 교회에서 성경학교를 인도하는데 평균 20명의 아동이 매일 성경을 공부했다. 그는 주일학교에서 특별한 학습방법을 사용했기 때문에 차츰 다른 그룹의 주일학교 교사들을 가르쳐달라는 요청이 있게 되었다. 그는 내년에 신학교를 졸업할 예정으로 우리와 같이 목사가 될 것을 우리도 기대하고 있다.[15]

이 보고서는 1930년에 작성된 것으로 캐나다장로교회 총회에 보고된 내용이다. 여기서 알 수 있는 것은 김치선은 신학교 재학중 신학생 신분(캐나다장로교회의 명칭은 問答指導學生)[16]으로 고베의 서부지역에 있는 한 공동체를 이끌고 있었다는 것과, 그가 주일학교를 인도하는데 있어서 특별한 은사가 있었다는 것, 그리고 고베중앙신학교의 졸업 년도가 1931년이라는 것이 확인된다.[17] 이 보고서에 나타난 고베서부지역의 공동체는 효고교회(兵庫敎會)를 의

---

17 김치선의 고베중앙신학교 졸업년도에 대해서 지금까지 여러 기록들이 있지만, 이 캐나다장로교회 보고서에서 확인할 수 있는 것은 1931년이며, 또한 이 같은 사실은 김치선 자신이 자필로 기록한 『日本基督敎團 牧師名簿』에서도 확인할 수 있다. 이 명부는 일본이 대동아전쟁을 일으키면서 일본 기독교의 각 교단들을 모두 강제로 해산시키고 하나의 교단으로 만드는 과정에서 창씨개명과 함께 작성케 한 문서이다. 이 문서에 김치선은 자신의 이력을 1922년 함흥 영생중학교 졸업, 1927년 연희전문학교 졸업, 1931년 고베중앙신학교 졸업, 1936년 미국 달라스신학교 졸업이라고 적었다. 여기서 1933년 웨스트민스터신학교를 졸업한 내용은 빠진 것을 알 수 있는데, 그것은 적는 공간이 매우 작아서 생략한 것 같다. 앞으로 김치선의 학력과 관련한 년도는 이것을 표준으로 해야 할 것이다. 김동화는 『나에게 있어서 영

미하는 것인데,[18] 이 교회는 후에 폐교되었고, 현재 고베교회가 역사를 잇고 있다. 따라서 효고교회의 출발점에 신학생 신분인 김치선이 있었다는 사실은 분명하다.

2.2. 무고가와(武庫川)교회 설립(1931)

당시 김치선은 신학생의 신분이었다. 하지만 현실적으로 일본 내에 형성되는 공동체에 비해서 조선인 목회자가 절대 부족한 상황에서 그를 필요로 하는 곳이 많았다. 아직 신학생의 신분이고, 캐나다장로교선교부의 지원과 지도를 받고 있는 입장이기도 하지만, 현실적으로 그가 감당해야 하는 일은 많았다는 의미이다. 즉 영재형 선교사가 필요로 하는 곳에 파송을 받아 일시적인 목회, 내지는 순회 전도자로서 사역을 감당하면서 활동했다.

예를 들면 김치선이 신학생 신분으로 공부하고 있었던 1929년 1월 1일부터 4일까지 나고야(名古屋)교회에서 부흥회를 인도한 것을 볼 수 있다. '나고야교회70년사'에는 이러한 사실에 대해서 다음과 같이 기록하고 있다.

> 전도를 해야 된다고 자각하는 名古屋敎會는 1929년 1월 1일부터 4일까지 神
> 戸신학교에 유학으로 와있는 김치선 신학생을 초청하여 사경회를 개최하였다.
> 새벽에는 기도회를, 낮에는 성경공부를, 밤에는 강연회를 열어 은혜가 넘치는
> 집회가 되었다.[19]

원한 것』, 49.에서 1930년 2월 23일에 고베중앙신학교를 졸업했다고 표기하고 있고, 지금까지 이것을 전적으로 인용할 수밖에 없었지만 여러 문서들을 확인한 바에 따르면 1931년이 맞다는 결론이다. 따라서 김동화의 기록은 잘못된 것이다.

18 辛鐘國, 『神戸敎會70年史』(神戸: 神戸敎會, 1991), 104.

19 黃義生, 『名古屋敎會70年史』(名古屋: 名古屋敎會70年史出版委員會, 1998), 16. 또한 22쪽을 보면 김치선은 이듬해인 1931년 1월 1일부터 4일까지 정초 사경회를 인도함으로써 나고야교회의 성장에 큰 역할을 한 것을 알 수 있다.

이렇게 김치선이 신학생의 신분임에도 일본 전국 각처에 다니면서 순회전도자, 부흥회인도, 임시 교역자로서 다양한 활동을 한 것을 알 수 있다. 그리고 그것이 가능한 것은 전적으로 영재형 선교사의 영향이었다. 나고야교회의 경우도 김치선이 인도하는 집회 이후에 김치선과 동향인이며, 역시 영재형 선교사가 양육한 이인섭 목사를 담임목사로 청빙함으로써 나고야교회의 초대 목사가 되었던 것을 보아 알 수 있다.[20]

또한 1931년 고베중앙신학교를 졸업하던 해 여름, 즉 8월 25일 효고현 아마가사키(尼崎)의 모리베(守部)지역에 형성된 조선인 신앙 공동체를 교회로 설립하는 역할을 했다. 즉 당시 오사카(大阪)를 중심으로 하는 관서지역에는 조선인들이 많이 거주하고 있었고, 특별히 아마가사키 지역은 조선인 노동자들이 주로 살고 있었다. 그들 가운데 신자들이 있었지만 그들을 이끌어줄 수 있는 지도자가 없었다. 마침 이웃한 고베에서 조선인을 대상으로 선교활동을 하고 있는 영재형 선교사가 있음을 알게 된 이 공동체의 오태수(吳泰守)가 영재형 선교사에게 공동체를 도와줄 것을 요청했다. 이에 영재형 선교사는 이제 막 졸업한 김치선을 그곳에 파송하여 교회를 설립할 수 있게 했다.[21]

김치선은 모리베의 공동체를 이끌면서 준비하여 그해 11월 25일 설립예배를 드림으로써 이 교회를 설립하는 역할을 했다. 이 교회는 아마가사키시 무고무라(武庫村)의 일본인(마쓰나가, 松永)의 집 한 칸을 빌려서 설립예배를 드렸다. 이 교회는 1933년 새로운 예배당을 신축하여 옮겨가면서 성장을 거듭해서 현재는 무고가와교회(武庫川教會)라는 이름으로 그 역사를 잇고 있다.

그런데 이 교회의 역사를 볼 때 김치선의 행적과 관련해서 해결해야 할 것이 있다. 그것은 김치선이 고베중앙신학교를 졸업한 후 미국으로 유학을 간 시

---

20 黃義生, 『名古屋教會70年史』, 18.
21 李聖雨, 『武庫川教會80周年記念誌』(尼崎: 武庫川教會, 2011), 26; 在日大韓基督教會 歷史編纂委員會, 『在日大韓基督教會 宣教90周年記念誌(1908~1998)』(서울: 쿰란출판사, 2002), 284.

점에 대한 확인이며, 또 하나는 이 무고가와교회의 역사를 보면, 김치선이 1933년 이 교회의 예배당을 짓고 그해 11월에 미국으로 유학을 간 것으로 기록되어 있다. 그리고 그가 유학을 가면서 후임으로 최성곤(崔成坤) 조사가 부임을 했고, 임시 당회장은 영재형 선교사가 맡았다고 한다.[22] 그렇다면 김치선이 웨스트민스터신학교에 유학하는 중에도 계속해서 어떤 형식으로든 이 교회에서 사역이 이어졌다는 의미이다. 즉 완전히 사임한 것이 아니라 담임자로서의 신분을 가지고 있으면서 미국을 오가면서 공부를 한 것이라는 추측이 가능할 뿐이다. 그렇다면 김치선은 미국에서 공부를 하는 중에도 일본에서의 사역을 쉬지 않았고, 시간을 낼 수 있을 때 미국과 일본을 오가면서 동포들의 교회를 돌보았다는 의미가 된다.

또 하나 김동화의 글에는 1931년 온 가족이 일본으로 이주했다고 기록하고 있다. 아마 김치선이 졸업과 동시에 가족까지 모두 일본으로 이주시켜서 전적으로 일본에서의 사역을 하려고 한 것이라는 추측이 가능하다. 어떻든 1931년에 가족이 모두(김치선의 어머니, 사모, 동생, 그리고 자녀들 동욱. 동화. 세진)가 일본으로 이주를 했다. 그런데 김동화는 이때 와카야마교회(和歌山教會)로 부임했다고 한다.[23] 그렇다면 앞에서 언급한 무고가와교회를 설립하는 중심에 있었던 김치선의 사역이 중복되는 문제는 어떻게 된 것인지가 풀리지 않는다. 또 하나 이 시기에 와카야마교회는 존재하지 않았다는 것이다. 재일대한기독교 연표를 확인할 때 당시 이 교회가 존재하지 않았다는 것을 알 수 있는데,[24] 그렇다면 김동화의 기록을 어떻게 할 것인가? 비교적 자세하게 기록하고 있지만 그 사실은 알 수가 없다.

---

22 李聖雨, 『武庫川教會80周年記念誌』, 26.
23 김동화, 『나에게 있어서 영원한 것』, 50.
24 李淸一, 『在日大韓基督教會 宣教100年史 1908~2008』(大阪: 合同會社かんよう出版, 2015), 330~31.; 같은 책 92쪽에서 확인할 수 있는 것은 와카야마교회는 1932년에 설립되었다. 그러나 이 교회는 현재 존재하지 않는다.

그럼에도 불구하고 김동화의 기록을 사실로 전제한다면, 그 기억이 어디까지 확실한지는 알 수 없지만, 김치선의 사역은 무고가와교회의 담임 목사로서 재직하면서 영재형 선교사의 필요와 요청에 따라서 겸임 내지는 순회사역을 감당했던 것으로 해석하는 것이 가능하다. 그것은 김치선의 위치와 사역은 전적으로 영재형 선교사의 필요에 따른 것이었기 때문이다. 또한 당시 재일조선인교회는 아직 독립된 치리권을 갖고 있지 않은 선교교회였기 때문이다. 그렇게 전제할 때 와카야마는 새로운 공동체를 형성하는 과정에 있었기 때문에 혹시 그곳에 머물면서 무고가와교회까지 두 교회를 돌보는 사역이 아니었을까 하는 추측이다. 1931년 일본에 있는 조선인교회와 목회자 수를 보면 이러한 사정을 쉽게 알 수 있다. 즉 1931년도 전체교회는 45개(전도소 11포함)였고, 목사는 9명, 전도사 7명이었다.[25] 그렇다면 한 사람의 목사가 몇 개의 교회를 담당해야 하는 실정이었다. 그러한 의미에서 그 가능은 충분하다. 그러나 그 거리가 가깝지 않다는 것을 감안할 때 김치선이 와카야마와 아마가사키를 오갔다는 것은 역시 풀어야 할 또 하나의 과제로 남겨진다.

2.3. 목사임직(1931)

지금까지 김치선의 목사 임직과 관련한 것은 역시 김동화의 기록이 전부이다. "1930년 2월 23일에 치선은 일본 고베중앙신학교를 졸업했다. 그의 나이 31세 때였다. 신학교를 졸업한 후 그는 영 목사님께서 지켜보는 가운데 목사안수를 받았다."[26] 김동화는 어렸을 때 일이기 때문에 이러한 기록은 훗날 정황과 들은 이야기, 그리고 유추하여 기술한 것인데, 여기서 고베중앙신학교 졸업년도는 1931년이기 때문에 수정되어야 할 것이다. 지금까지 발표된 논문들에는 김동화의 글을 인용하고 있기 때문에 대부분 1930년으로 기록하고 있으나 그

---

25 李淸一, 『在日大韓基督敎會 宣敎100年史 1908~2008』, 92.
26 김동화, 『나에게 있어서 영원한 것』, 49.

러한 기록은 모두 1931년으로 수정되어야 한다. 그런데 문제는 김치선이 몇 년도에, 어디서 목사로 임직을 받았는가 하는 것이다. 이 부분에 대해서는 아직까지 확실한 기록을 확인할 수 없다.

김치선이 고베중앙신학교를 졸업한 1931년도는 현재의 재일대한기독교회라는 교단이 조직되지 않은 상태였다. 당시 일본 선교를 위해서 조선장로교회와 감리교회가 연합하여 '조선예수교연합공의회'를 조직했고, 이 공의회의 사업계획에 따라서 조선의 장로교단과 감리교단이 지원하는 형태의 선교가 진행되고 있었기 때문에[27] 김치선의 목사 안수는 조선의 장로교회에서 받는 것과, 또 하나는 캐나다장로교 선교부에 의한 안수가 가능하다고 볼 수 있다. 여기서 분명한 것은 재일대한 기독교회에서 안수는 불가능했다. 왜냐하면 재일대한기독교회에서 목사 안수를 할 수 있게 되는 것이 1934년이었고, 실제로 이 교단에서 첫 번째 목사 안수를 시행한 것은 1937년 5월이었기 때문이다.[28]

그렇다면 김치선은 캐나다선교부에서 안수한 것으로 생각하는 것 외에 달리 생각할 수 있는 여지가 없다. 그리고 그의 목사 안수는 1931년에 받은 것은 분명하다. 당시 목사 안수는 일반적으로 신학교를 졸업하면 가능했다는 사실도 의심의 여지는 없다.[29] 다만 구체적으로 언제, 어디서, 어느 교회(노회 또는 선교회)에서 받았는지 확인할 수 없다는 것은 아쉬운 일이다. 그럼에도 불구하고 재일대한기독교회(재일본조선기독교) 제2회 총회(大會)에서 김치선은 개회예배의 순서(성경봉독)를 맡았고, 노진현(盧震鉉) 목사와 함께 성찬식을 집례를 했다[30]는 사실은 그가 목사 안수를 받았다는 것을 공적으로 확인할 수 있다.

---

27 李淸一,『在日大韓基督敎會 宣敎100年史 1908~2008』, 67.
28 李淸一,『在日大韓基督敎會 宣敎100年史 1908~2008』, 105. 처음 목사 안수를 받은 사람은 김태규로 일본신학교를 졸업했다.
29 李淸一,『在日大韓基督敎會 宣敎100年史 1908~2008』, 105.
30 文宗洙,『在日本朝鮮基督敎大會第二會錄』(大阪: 秀英社, 1936), 1, 3.

3. 미국으로의 유학(1931~1936)

김치선의 유학은 전적으로 영재형 선교사의 뜻에 따른 것이었다. 영 선교사가 김치선을 유학을 시키기로 생각한 것은 그의 첫 번째 부인의 유언과 더불어 앞으로 자신의 역할을 대신할 수 있는 지도자가 되도록 하기 위해서는 사람을 키워야 한다는 생각에 따른 것이다.[31] 그렇지만 영 선교사는 김치선의 유학을 처음부터 계획한 것은 아니지 않았나 하는 생각을 할 수 있다. 왜냐하면 김치선이 고베중앙신학교를 졸업하는 해에 김치선의 가족들을 일본으로 이주시켰기 때문이다. 그런데 그해 김치선은 유학을 떠났으니, 가족들은 다시 조선으로 돌아가야 했기 때문에 이러한 생각을 할 수 있다. 처음부터 계획된 것이라면 쉽게 오갈 수 있는 상황이 아닌 시대에 가족 전체가 일본으로 이주를 했다가 이내 다시 돌아가야 했다는 것은 그러한 개연성이 있다고 볼 수 있다. 어떻든 김치선은 영 선교사의 후원과 안내로 미국으로 유학을 가게 되었다.

3.1. 웨스트민스터신학교(1931~1933)

김동화의 기록에 의하면 김치선이 미국으로 유학을 떠난 후 가족들은 모두 조선으로 귀국한 것을 알 수 있다.[32] 그리고 김치선이 미국으로 유학을 떠난 것을 1931년으로 기록하고 있다.[33] 이것은 김치선이 웨스트민스터신학교(Westminster Theological Seminary)에 입학한 1931년 9월과 일치한다.[34] 그렇다면 여기서 극복해야 하는 문제가 남는다. 그것은 일본에서의 그의 행적과 중복되기 때문이다. 앞에서 문제 제기를 했듯이 김치선은 1931년 11월 25일에 무고가와교회의 설립예배를 주도했다. 그러니 최소한 김치선의 미국행은 1931년 말

---

31 김동화, 『나에게 있어서 영원한 것』, 51.
32 김동화, 『나에게 있어서 영원한 것』, 53.
33 김동화, 『나에게 있어서 영원한 것』, 51.
34 이상규, "김치선 박사의 한국교회사적 의의," 『대한논총』제2호(2009), 299.

이거나 1932년 봄 이전이라고 하는 것이 합리적일 것이다. 그런데 1931년 9월에 웨스트민스터신학교에 입학을 했고, 그해 11월 25일에 일본의 무고가와교회를 설립하는 일을 했다는 것을 어떻게 이해할 수 있을까?

여기에 또 하나의 기록은 더 어려운 문제를 던져준다. 김치선의 유학과 관련한 기록 가운데 무고가와교회 약사에 남겨진 것은 "金致善 牧師는 同年 (1933. 11.) 渡美留學次 出發하였고, 後任으로 崔成坤 助師가 赴任하였다"[35]고 되어있다. 무고가와교회에 남겨진 기록은 분명히 1931년 11월에 이 교회의 설립을 주도했고, 그 2년 뒤인 1933년 11월에 미국으로 유학을 갔다는 것이다. 이 것은 더 어려운 문제가 된다. 요즘과 같이 교통편이 수월한 시대도 아니고, 하루에 오갈 수 있는 거리가 아니기에 난제일 수밖에 없다.

그럼에도 불구하고 이러한 기록들이 모두 사실이라는 전제로 정리를 하자면, 김치선은 유학을 하는 중에도 일본에서의 사역을 계속했다는 것을 추론할 수 있다. 뱃길로 태평양을 오가야 하는 시대이지만, 그의 일본에서의 사역은 놓을 수 없는 현실이었다고 할 수 있다. 그것은 재일본조선인교회들에 목회자들이 절대 부족한 현실이 가장 큰 실제적인 문제였기 때문에 그를 필요로 했다는 가정을 할 수 있다. 따라서 유학을 하는 중에도 시간을 내어 일본에서의 사역을 이어갔다는 유추가 가능하다는 생각이다.

또 하나의 추론은 웨스트민스터신학교를 1933년 5월에 졸업한 후 일시 일본으로 귀국하여서 무고가와교회를 돌봤다는 것이 가능하다. 그리고 그때까지는 무고가와교회를 사실상 담임목사로서 책임지고 있었다는 것도 생각할 수 있다. 따라서 1933년 11월 도미유학차 출발했다는 기록은 무고가와교회에 대한 책임을 완전히 내려놓고, 박사학위 과정을 공부하기 위해서 출국했다는 의미가 될 것이다. 그렇다면 김치선은 이때까지는 무고가와교회의 당회장

---

35 創立80週年記念準備委員會, 『武庫川教會80週年記念誌』(武庫川教會, 2011), 26.

을 맡아서 섬겼다는 의미가 될 것이고, 미국 유학중에도 재일본조선인교회를 돌보는 일을 계속했다는 의미가 된다. 어떻든 1931년 그는 웨스트민스턴신학교에 한국인 최초의 학생으로 입학하였고, 1933년 5월에 신학석사(Graduate Certificate, Equiv. Th. M.) 과정을 마치고 졸업했다는 것은 사실이다.[36]

3.2. 달라스신학교(1933~1936)

앞에서 보았듯이 김치선은 석사과정을 마치고 일시 일본으로 왔다가 맡은 교회를 정리한 다음 1933년 11월에 미국으로 다시 갔다는 것을 확인할 수 있다. 이때 맡았던 교회를 정리한 것은 박사과정을 공부하면서 더 이상 일본과 미국을 오가면서 교회를 살필 수 없었다는 의미일 것이다. 미국의 신학교에서 박사학위를 위한 공부가 간단하지 않을 것이기 때문에 더 집중하기 위한 선택이었다고 할 수 있다. 이때 김치선은 달라스신학교(Dallas Theological Seminary)를 선택하여 입학하게 되었다.

그가 이 학교를 선택할 수밖에 없었던 것은 당시 미국의 신학교의 현실이 정통신학을 견지하는 학교들 가운데 박사학위를 줄 수 있는 학교가 여유롭지 못했기 때문이라고 할 수 있다. 그렇지 않으면 교파가 전혀 다른 침례교신학교를 선택해야 하는데, 이 또한 여유롭지 못해서 신설된 학교이지만 박사학위를 할 수 있으면서 정통신학을 견지하는 학교이기 때문에 선택했다고 볼 수 있다.[37] 특별히 영재형 선교사가 철저한 장로주의자였기 때문에 침례교신학교에서 공부하는 것은 용납하지 않았을 것이라는 추측도 가능하다.

그런데 이 학교의 개교 당시(1923년)의 명칭은Evangelical Theological College이었고, 김치선이 졸업한 이후인 1936년 말에 다시 Evangelical Theological College & Graduate School of Theology라는 교명으로 바꾸었다. 그

---

36 이상규, "김치선 박사의 한국교회사적 의의," 299.
37 이상규, "김치선 박사의 한국교회사적 의의," 299.

김치선 박사의 생애와 신학 • 41

후 1969년에 이르러 현재 사용되고 있는 Dallas Theological Seminary로 개명하였다. 따라서 김치선이 공부할 당시의 학교명은 Evangelical Theological College이었다.

김치선은 이 학교에서 구약학을 공부하고 "오경의 모세 저작권 연구"(The Mosaic Authorship of the Pentateuch)라는 논문으로 신학박사(Doctor of Theology) 학위를 받았다. 1936년 5월 12일 이 학교 제10회 졸업식에서 다른 4명의 동료들과 함께 졸업을 했다.[38] 한국인으로서 웨스트민스턴신학교 최초의 입학생이었고, 달라스신학교에서 받은 학위는 한국인 최초의 구약학을 전공한 박사가 되었다. 특별히 식민지 시대에 미국에서 공부를 한다는 것은 자력으로는 거의 어려운 것이었지만 영재형 선교사의 전적인 지원으로 가능했다.

김치선은 모든 과정을 마치고, 논문을 제출한 다음 졸업식에 참석하지 못한 채 일본으로 돌아갔다. 그것은 그만큼 일본에서는 시급하게 그를 필요로 하고 있었기 때문이다. 따라서 그의 졸업식에 사용되었던 Evangelical Theological College의 졸업식 순서지에는 "김치선은 지난 가을(1935년) 일본에서 선교활동을 시작했기 때문에 본인이 불참한 가운데 학위가 수여된다."[39]는 것을 밝히고 있다. 이러한 기록을 통해서 확인할 수 있는 것은 김치선의 졸업은 1936년 5월 12일이었고, 그가 일본으로 돌아간 것은 그 전해인 1935년 가을이라는 것이다. 즉 졸업논문을 완성한 다음 그는 곧바로 선교의 현장인 일본으로 돌아갔기 때문에 정작 졸업식에는 참서하지 못했던 것이다.

---

38 이상규, "김치선 박사의 한국교회사적 의의," 300.
39 이상규, "김치선 박사의 한국교회사적 의의," 301. 이 내용은 이상규 교수가 달라스신학교에서 입수한 졸업식 순서지의 기록을 확인한 내용이다.

4. 일본으로의 귀국과 사역

김치선이 미국 유학을 마치고 일본으로 돌아갈 때는 상황, 환경, 신분 등 모든 것이 변해있었다. 즉 유학을 떠날 때는 고베중앙신학교를 졸업한 후 바로 목사 안수를 받았고, 그 이전에는 순회 전도자의 신분으로 교회를 세우는 일과 집회를 인도하기도 하고, 파송된 교회에서 주일학교를 열어서 아이들을 가르쳤다. 그 과정에서 그에게 주어진 특별한 직분이 있었다. 단순한 신학생이거나 후보생이 아닌 문답지도학생(問答指導學生)이라는 신분이었다.[40] 이것은 캐나다장로교회 선교부가 작성한 문서에 등장하는 것으로서 그의 신분에 대한 공식적인 명칭이었다. 이 문답지도학생이라는 신분은 캐나다선교부에서는 Student Catechist라는 표현으로서 낯선 명칭이다.[41] 그러나 이 신분은 '교리를 가르치는 신학생'이라는 말로 풀어서 번역이 가능할 것이다. 그렇다면 그에게 주어졌던 역할이 무엇인가를 조금 더 구체적으로 생각할 수 있다. 즉 그는 각지에서 아이들이나 어른들을 회집하고, 그들에게 기본적인 기독교 교리를 가르쳐서 신앙고백을 시키고, 그들이 세례를 받아 신앙공동체로 발전시키도록 하는 역할을 감당했다는 것이다.

이러한 신분이 그에게 주어진 것은 역시 영재형 선교사와 캐나다장로교회가 추구했던 장로주의원리에 철저한 장로교회를 세우겠다는 신학적 의지가 있었기 때문이다. 실제로 영재형 선교사가 1927년 함흥에서 철수하게 된 결정적인 이유는 자신을 선교사로 파송한 본국의 캐나다장로교회가 감리교회, 회중교회가 통폐합하여 연합교회(United Church in Canada)로 재편하는 것에 대해서 반대하는 입장이었기 때문이다. 따라서 그는 장로주의를 원리로 하는 교

---

40 在日大韓基督敎總會 神學委員會, 『在日大韓基督敎 神學硏究會資料 第1集』, 50.

41 李淸一, 『在日大韓基督敎會 宣敎100年史 1908~2008』, 78.

회를 주장하면서 연합교회를 이탈했다. 본국에서 연합교회로의 재편을 반대하는 교회들 약 1/3이 캐나다장로교회로 남기를 원했기 때문에 영재형 선교사는 캐나다장로교회에 속하게 되었다.[42] 이때 한국장로교회는 제15회 장로회총회(1926년 9월)에서 캐나다연합교회를 그대로 인정함으로써 영재형이 한국장로교회에 설자리가 없어진 것도 그가 한국을 떠날 수밖에 없었던 요인이었다.[43]

여기서 알 수 있는 것은 영재형 선교사가 장로주의체제를 통한 교회형성을 중요하게 생각했다는 것이고, 본국 교회인 캐나다장로교회가 김치선에게 '문답지도학생'이라는 신분으로 관리하면서 그 역할을 맡겼다는 것이다. 이것은 신학적으로나 교회형성의 원리 측면에서도 생각할 여지가 많다. 어떻든 김치선이 유학을 떠나기 전과 후의 신분이 달라졌다는 것을 확인하기 위하여 그의 이전 신분을 다시 생각해 보았다.

유학을 마치고 1935년 가을에 일본으로 돌아간 김치선은 유학을 가기 전과 비교할 때 신분이나 역할이 많이 달라졌다. 또한 그가 직면한 일본의 사회적, 정치적 환경도 많이 달라져 있었다. 우선 유학에서 돌아온 김치선은 목사로서 담임, 또는 임시 당회장이라는 신분으로 여러 교회를 돌보아야 했다. 또한 유학을 가기 전에는 재일동포들의 교회가 조선예수교연합공의회와 캐나다장로교 선교부가 각각 지원과 선교를 하면서 교회들을 관리했다. 그러나 그가 유학하고 있는 동안인 1934년에 '재일본조선기독교대회(총회)'를 설립함으로써 독자적인 교회정치가 가능해졌기 때문에 캐나다장로교선교부도 이 조직하에서 활동하게 되었다.[44]

42 李清一, 『在日大韓基督教會 宣教100年史 1908~2008』, 71.
43 金良善, 『韓國基督教解放十年史』(대한예수교장로회총회 종교교육부, 1956), 186.
44 李清一, 『在日大韓基督教會 宣教100年史 1908~2008』, 99.

4.1. 고베(神戸)교회(1935~1939)

고베는 김치선의 양부이며 캐나다장로교회 선교사로서 재일대한기독교회를 창립하는데 결정적인 역할을 한 영재형 선교사가 거점도시로 정하고 활동한 곳이다. 따라서 고베는 영재형의 활동거점인 것과 함께 살펴야 할 공동체도 여럿이었다. 김치선이 유학을 가기 전에는 재일동포사회의 교회들은 아직 선교교회 상태로서 조선예수교연합공의회와 캐나다장로교 선교부의 관할 하에 관리되고 있었다. 하지만 김치선이 유학을 마치고 돌아왔을 때에는 재일조선인교회가 교단을 설립하여 자치권을 가진 독립된 교회로서의 체계를 갖고 있었기 때문에 제도와 질서에 따라서 사역을 해야 했다.

이때 김치선이 고베에 정착하게 된 것은 전적으로 영재형의 계획에 따른 것이다. 이 과정에 대해서 김동화는 고베교회를 개척한 것으로 서술하고 있으나[45] 고베교회는 이미 1921년에 설립된 교회였고, 김치선은 그 교회의 담임자로 부임한 것이다. 김동화의 기록은 어렸을 때의 기억을 조합한 것이기 때문에 차이가 있음을 발견하게 된다. 고베의 모교회라고 할 수 있는 고베교회는 2021년 10월 31일 100주년기념예배당을 완공하고 감사예배를 드렸다.

1935년 가을에 미국에서 돌아온 김치선은 조선에 있던 가족들을 고베로 오게 했고, 고베교회의 담임자로서 목회를 시작했다. 이때 김치선은 영재형 선교사가 필요로 하는 일을 도우면서 고베교회 담임자로서 목회와 주변 교회들을 돌보는 일을 했다. 김동화의 기록에 의하면 가족들이 다시 고베로 간 것이 1935년이라고 한다.[46] 그렇다면 김치선은 자신이 그해 가을에 미국에서 고베로 가면서 가족들도 고베로 올 수 있도록 영재형의 협력을 구했을 것이고, 그의 조치에 따른 것으로 생각할 수 있다. 이렇게 해서 가족이 다시 고베에서 만나게 되었고, 일본에서의 본격적인 목회생활을 시작할 수 있게 되었다.

---

45 김동화, 『나에게 있어서 영원한 것』, 63.
46 김동화, 『나에게 있어서 영원한 것』, 62.

고베교회를 담임하는 동안 김치선은 영재형 선교사로부터 안식년을 허락
받았다. 1937년, 그러니까, 김치선이 고베에 정착한지 1년 남짓한 때였지만, 영
재형 선교사가 김치선을 일본으로 불러들인 시점부터 생각하면 꼭 10년이 되
는 해였다. 김치선은 1년간의 안식년을 허락받고, 가족들과 함께 고향인 함경도
함흥의 서호리로 갔다. 그곳은 김치선의 고향임과 동시에 영재형 선교사가 세
운 서호교회가 있었는데, 이 교회에서 설교도 하고 신자들을 돌보는 일을 하면
서 1년 동안 안식년을 보냈다. 이것이 김치선에게 있어서 고향에서의 처음이자
마지막 봉사였다.[47] 그러나 안식년 기간 중에도 영재형 선교사와 일본 현지 교
회의 요청이 있을 때에는 일본의 교회를 방문하여 살피는 일을 했을 것이라는
정황은 일본의 조선인 교회들에서 발견된다.

안식년을 마친 김치선은 다시 고베로 귀임했다. 그 때가 언제인지 정확하
게 알 수는 없다. 김동화의 기록에도 그 날짜에 대해서는 언급이 없다. 1년간의
안식년이라고 했으나 다시 고베로 돌아간 기록은 확인할 수 없다. 다만 김동화
의 기록에는 그 이듬해인 1938년 봄에 도쿄로 이사를 했다고 한다.[48] 그러나 이
기록도 착오라고 판단된다. 왜냐하면 도쿄신주쿠주오(東京新宿中央)교회와
고베교회의 기록에 의하면, 신주쿠주오교회에 부임한 것이 1939년으로 되어
있기 때문이다.[49] 실제로 부임감사예배도 1939년 11월 5일에 드렸다. 그렇다면
김치선이 고베교회에 재임한 것은 1935년 말부터 1939년 10월경까지이며, 그
어간에 1년은 안식년을 보냈다고 할 수 있다.

---

47 김동화, 『나에게 있어서 영원한 것』, 69~71.
48 김동화, 『나에게 있어서 영원한 것』, 74.
49 辛鐘國, 『神戸教會70年史』(神戸教會, 1991), 104; 吳允台, 『在日大韓基督教
東京教會七十二年史』(東京: 惠宣文化社, 1980), 177. 여기서 "1939년 김치
선 목사가 우베(宇部)교회(현 무고가와교회) 목사로 있다가 동경중앙교회로
부임하게 되었다"고 기록하고 있는데, 이것 역시 오기이다. 김치선은 동경으
로 가기 전에 고베교회의 담임으로 있었기 때문이다. 다만 고베교회의 담임
자로 있으면서 우베교회의 임시 당회장으로 돌보는 일은 했을 수 있다.

4.2. 도쿄(東京)교회(1939~1942)

향리에서 안식년을 보낸 후 다시 고베로 귀임한 김치선은 그곳에서 2년이 못되는 동안 목회를 한 후, 1939년 이번에는 일본의 수도인 도쿄의 조선인 교회, 즉 당시에는 도쿄신주쿠주오교회(현 東京敎會)로 부임하게 되었다. 부임과 함께 그해 11월 5일에 부임 감사예배를 도쿄YWCA강당에서 성대하게 드렸다. 부임감사예배는 도쿄시내에 상당한 규모의 신자들이 회집함으로써 자부심을 느끼게 했다.[50] 따라서 도쿄에 살고 있었던 조선인들 사이에는 비록 신자가 아닐지라도 당시로서는 번듯한 조선인교회가 도쿄시내 한 복판에 있다는 것만으로도 위로와 자긍심을 갖게 했다.

당시 일본은 이미 중일전쟁을 하고 있었고, 이어서 태평양전쟁을 일으킬 계획을 하면서 강력한 국가적 결속을 필요로 했기 때문에 식민지 국민들을 적극 활용하기 위해서 강제동원과 수탈을 자행하고 있었다. 그러한 일본제국주의자들의 만행은 교회라고 예외를 두지 않았다. 따라서 김치선의 부임감사예배와 함께 성도들과 기쁨을 나눈 것도 잠시, 도쿄신주쿠주오교회는 이내 어려움에 직면했다. 그 첫 번째 사건은 재일조선인교회는 모두 일본기독교회에 가입하게 한 것이었다.[51] 이것은 조선인들의 교회를 통제하기 위한 수단이었고, 이 일에 충성된 역할을 한 것은 역설적이게도 일본 정부를 대신한 일본기독교회의 목사들이었다. 즉 제국주의를 위한 충견 역할을 한 것이 일본기독교단의 인사들이었다. 일본국 당국자들도 생각하지 못한 방법들을 고안해서 조선인 교회와 목회자들을 박해했으며, 조선인 교회를 폐쇄시키는 일까지도 서슴지 않았다.

이때 조선인 교회가 일본기독교회에 가입하기 위해서는 일정한 자격요건을 제시하고, 그것에 합당한 교회나 전도소(기도처)만을 가입을 허락했다.[52] 그

---

50 김동화, 『나에게 있어서 영원한 것』, 75~76.
51 吳允台, 『在日大韓基督敎 東京敎會七十二年史』, 179, 240.

러면 가입하지 못한 교회는 어떻게 되는 것일까? 폐쇄조치를 가하거나 일본인 목사가 그 교회를 대신 담임을 함으로써 교회의 이름을 유지하게 했다. 또한 교회는 가입되었어도 담임 목사가 가입 허락을 받지 못하게 되면 일본인 목사들이 교회 대표자로 등록했다.[53]

여기서 더 큰 문제의 요소는 교회만이 아니라 목사도 자격심사를 거쳐서 가입을 허락하겠다는 것이었다. 따라서 이때 일본기독교회로부터 가입허락을 받지 못하면, 목사로서 직무를 수행할 수 없게 했다. 김치선도 예외가 아니었다. 그리고 김치선은 결국 자격을 박탈당하게 되었다. 이때가 정확히 언제인지 기록을 확인할 수 없지만 1942년이라고 여겨진다. 즉 도쿄교회는 1940년 말경에 일본기독교 도쿄지방회에 가입을 허락받았다.[54] 그러나 담임 목사인 김치선은 자격심사에서 최종적으로 탈락시켜 "無任所로 指定"함으로 더 이상 도쿄교회에서 일을 할 수 없게 했다.[55] 결국 김치선은 목사 자격심사에서 탈락을 당했고, 도쿄교회도 요요기(代代木)교회라는 이름으로 바꾸었고, 더 이상 목회를 할 수 없게 했다. 따라서 도쿄교회의 경우 1942년에는 일본인 목사 신미즈(晋

---

52 吳允台, 『在日大韓基督敎 東京敎會七十二年史』, 180~81. 이때 가입허가를 위한 서류는 14가지나 되었고, 거기에는 교회의 부동산과 동산에 관한 것까지 포함되어있다. 또한 조선인교회들을 대등한 관계에서 통합이 아니라 사실상 일본기독교회가 합병하는 것이 되도록 매우 의도적으로 제재를 가했다. 이인하, 『기류민의 신학』양현혜 역(서울: 대한기독교서회, 1998), 207~208.

53 吳允台, 『在日大韓基督敎 東京敎會七十二年史』, 181.

54 吳允台, 『在日大韓基督敎 東京敎會七十二年史』, 180. 이때 도쿄지방회에 가입을 허락받은 교회는 도쿄교회, 니시간다(西神田)교회, 시나가와(品川)전도소, 그리고 메구로(目黑)전도소, 조시가야(雜司ケ谷)전도소 뿐이었다.

55 吳允台, 『在日大韓基督敎 東京敎會七十二年史』, 186. 여기서 무임소란 목사 자격이 없거나 임지를 가질 수 없음을 의미하는 것 같다. "日本基督敎團이 定式으로 成立 出帆하자 宗敎團體法에 따라 複雜한 書式의 敎會設立許可申請書를 提出케 하고 그 書類를 審査한 後 金致善 牧師 崔錫柱 牧師 以下 여러 牧師들을 無任所로 指定하여 東京에서 일도 할 수 없게 하여 不得己 古國으로 돌아갈 수밖에 없게 만들었다." 이것은 김치선이 도쿄교회를 떠날 수밖에 없었던 결정적인 이유였다.

光),[56] 1943년에는 일본인 목사 다카야마 사카에(貴山榮)의 이름으로 인가되었다는 기록을 볼 때, 일본인 목사에 의해서 관리되는 형편에 처하게 되었다고 할 수 있다.[57] 따라서 김치선은 도쿄교회를 떠나야 했고, 메구로(目黑)전도소의 교인들과 함께 하게 되었다고 할 수 있다.

이 문제는 조금 더 다루어야 할 여지가 있다. 왜냐하면 <도쿄교회72년사>에 수록된 내용은 정확한 시점을 알 수 없고, 처음부터 김치선 목사가 시험에서 탈락된 것으로 오인할 수 있기 때문이다. 필자가 자료를 찾던 중 발견하게 된 것은 김치선 목사가 "無任所로 指定" 되어 도쿄교회에서 더 이상 일할 수 없게 된 것은 사실이다. 그러나 처음부터 그렇게 된 것이 아니다. 1940년 3월 12일 일본기독교 도쿄중회(東京中會, 노회)가 조선인 교회를 가입시키기 위한 상치위원회(常置委員會)를 설치하고 위원장 호리우치 도모시로(堀內友四郞)를 비롯한 5명의 위원이 조사를 시작했다. 그리고 그해 4월 4일에 가입 대상인인 조선인 교회와 함께 목사들에 대한 시험을 실시했다. 이때 김치선, 최석주, 주관유, 정훈택 등 4명의 목사를 합격시켜 받아들였다.[58] 이러한 사실은 앞에서 인용한 이가라시 요시가츠(五十嵐喜和)의 "조선기독교회 합병문제"라는 글에서 구체적으로 확인할 수 있다.

그렇다면 <도쿄교회72년사>의 기록은 어떤 의미인가 하는 문제가 남는다. 이것은 일본제국이 태평양전쟁을 일으키면서 1941년 6월 이미 조선인교회를 합병한 일본기독교회를 비롯한 모든 교파를 망라해서 통폐합시켜 하나의

---

56 吳允台, 『在日大韓基督教 東京教會七十二年史』, 265. 일본인 목사의 이름은 정확히 어떻게 발음하는지 알 수 없어 일반적으로 사용하는 발음으로 표기했다. 또 다른 발음은 신 히카리로 읽을 수 있다.

57 吳允台, 『在日大韓基督教 東京教會七十二年史』, 181. 일본인 목사의 이름은 정확히 어떻게 발음하는지 알 수 없어 일반적으로 사용하는 발음으로 표기했다. 또 다른 발음은 기야마 사카에로 읽을 수 있다.

58 五十嵐喜和, "朝鮮基督教會 合併問題 下 - 日本基督教としての歷史的責任," 「福音と世界」(新教出版社; 1992年 7月號), 24~25.

일본기독교단을 창립했다. 이때까지도 김치선 목사는 도쿄주오(東京中央)교회, 조지가야(雜司ケ谷)전도소, 메구로(目黑)전도소의 책임자로 등록되어있었다.[59]

그러나 1942년 10월 일본기독교단은 "일본기독교단전시포교지침"이라는 포고문을 전국교회에 배포하여 일본이 일으킨 태평양전쟁에서 필승할 수 있도록 각 교회들이 감당해야 할 세 가지 강령을 하달했는데, 이때 각 교회와 신자들이 감당해야 할 의무가 구체적으로 강요되었다.[60] 지금까지의 자료를 통해서 추측컨대 김치선은 바로 이때 또 다른 심사에서 탈락한 것으로 보인다. 그러니까, 1940년 가입 당시에는 시험을 통과했고, 그 후 태평양전쟁을 시작한 다음 모든 교파를 일본기독교단으로 통폐합시켜 강화된 교회에 대한 탄압을 하면서 미국에 유학을 다녀온, 그리고 이미 조선에서 3.1독립만세운동에 가담한 경력을 갖고 있는 김치선을 탈락시킨 것으로 볼 수 있다. 따라서 1942년 10월 이후 그는 도쿄교회를 떠날 수밖에 없었다는 추측이 가능하다.

두 번째 김치선이 직면하게 된 사건은 조선인 목사들을 검속함으로써 전쟁에 대비하고자 하는 일본제국주의자들의 계략에 의한 박해이다. 이 계략에 따라서 어떤 명목으로든 조선인 목회자들 가운데 유력한 사람들을 검속하여 죄명을 씌워 구속했다. 김치선 역시 예외일 수 없었다. 김치선에게 주어진 죄명은 "國際的 密偵" 즉 국제 스파이라는 것이었다. 김치선이 도쿄주오교회에 부임한 후인 1940년 9월 조선에서 활동하고 있던 곽안련(Charles Allen Clark) 선교사가 도쿄교회를 방문했는데, 마침 그날따라 비가 내리는 가운데 80여명 밖에는 수용할 수 없는 예배당에 350여명이 모임으로써 많은 사람들이 우산을 들고 밖에서 예배를 드릴 수밖에 없는 상황이 벌어졌다. 이 광경을 직접 목격한 곽안련은 한국에서 활동하다 별세한 마포삼열(Samuel A. Moffett) 선교사가 생

---

59 李清一, 『在日大韓基督敎會宣敎100年史』, 139.

60 李清一, 『在日大韓基督敎會宣敎100年史』, 141.

전에 사례비에서 떼어 조금씩 저금을 했던 돈을 곽안련을 포함한 3인의 선교사에게 맡기면서 유언하기를 조선 사람이 모이는 교회가 예배당을 마련하기 위한 부지가 꼭 필요한 곳에 사용해달라고 했다는 말을 하면서, 그 돈을 도쿄주오교회 예배당을 짓는데 사용할 수 있도록 해야겠다는 말과 함께 조선으로 돌아가서 협의한 후, 당시 돈 2만 5천 달러(일본 돈으로 5만 2천엔 정도)라는 거금을 보내왔다. 그 돈은 예배당 부지를 사고도 남는 돈이었고, 그렇게 해서 도쿄주오교회의 예배당 터를 마련했다. 그런데 이 돈이 미국사람이 보냈다는 이유로 김치선과 부목사 황재경, 건축위원 양학만 등이 일본 헌병에게 체포되어 죽을 고역을 당하게 되었다.[61] 이 사건은 김치선이 자격을 박탈당하는 또 하나의 이유가 되었다고 볼 수 있을 것이다.

그런데 김치선이 체포되어 수감생활을 하면서 고통을 당한 것에 대해서 김동화는 조금 다른 측면에서 기록하고 있다. 즉 "교회에서 어떤 사람이, 아니 교회의 중직 한 사람이 아버지가 한국말로 설교했다고 경찰에 신고했다."[62]고 한다. 조선말을 사용하지 못하게 한 것도 조선인 교회에 가해진 박해들 가운데 하나였기 때문에 있을 수 있는 이야기이다.

김치선은 1940년 일본경찰에 구속되었고,[63] 수감생활은 정확하게 얼마 동안인지 알 수 없으나 김동화는 '수 개월'이라고 한다.[64] 어떻든 김치선은 도쿄교회에 부임한 후 제대로 된 목회를 해보지도 못하고, 수난의 날들을 보내다가 1942년 말경에는 목사 자격까지 사실상 박탈당하는 수모를 당하게 됨으로 자괴감과 절망감과 함께 가장 왕성하게 활동할 수 있는 나이에 참담한 마음으로 모든 것을 내려놓게 되었다. 이렇게 김치선은 1939년 가을에 도쿄주오교회에

61 吳允台, 『在日大韓基督教 東京教會七十二年史』, 177~79, 185; 李清一, 『在日大韓基督教會宣教100年史』, 115.
62 김동화, 『나에게 있어서 영원한 것』, 82.
63 김동화, 『나에게 있어서 영원한 것』, 81.
64 김동화, 『나에게 있어서 영원한 것』, 85.

부임하여 1942년 말까지 수난의 날들을 보내다가 끝내는 목사 자격을 박탈당함으로써 도쿄주오교회를 떠나야 했다.

4.3. 메구로(目黑)전도소(1942~1944)

그러면 김치선이 메구로전도소로 임지를 옮긴 것은 언제일까? 김동화는 출옥한 후 옮긴 것으로만 기록하고 있다.[65] 그런데 문제는 이 전도소는 해방과 함께 동경지역에 있던 여러 한인교회들이 통합되어 도쿄교회로 개편될 때 문을 닫았기 때문에 현재 그 역사를 알 수 있는 방법이 없다는 것이다. 즉 해방 이후 재일조선인교회는 1945년 12월 30일부로 일본기독교단을 탈퇴하는 선언과 함께 합병 이전으로 환원하는 법적인 절차를 밟았다.[66] 이 성명서를 발표하기 전인 11월 15일 재일본조선기독교연합회(총회)를 결성하는 총회에서 일본기독교단을 탈퇴하기로 결의했고, 그 사실을 일본기독교단에 통보했다.[67]

1945년 일본의 패전과 함께 주어진 상황은 조선인들과 교회들에게 최악의 상태였다. 태평양전쟁을 일으키고 전시동원령까지 내리면서 싸웠지만 패망함으로 남겨진 것은 모든 면에서 최악이었다. 그러한 상황에서 도쿄시내에 있었던 조선인 교회들이 각각 자립하는 것은 불가능했다. 따라서 도쿄시내에 있었던 조선인 교회들이 모두 연합하여 도쿄교회라는 이름으로 하나의 교회를 만들었다. 1945년 12월 10일 도쿄시내에 있었던 한인교회인 요요기(代代木)교회(이 교회는 조지가야교회, 다카다(高田)성결교회, 주오(中央)교회가 연합한 교회), 메구로전도소, 시나가와(品川)동부교회, 수덕구(崇德)교회, 게이한(京韓)교회, 미카지마(三河島)교회 등이 연합하여 도쿄교회를 형성했다.[68]

---

65 김동화, 『나에게 있어서 영원한 것』, 89.
66 吳允台, 『在日大韓基督敎 東京敎會七十二年史』, 192~94; 이인하, 『기류민의 신학』, 208.
67 吳允台, 『在日大韓基督敎 東京敎會七十二年史』, 192.
68 吳允台, 『在日大韓基督敎 東京敎會七十二年史』, 268.

여기서 유추할 수 있는 것은 다시 김동화의 기록을 전제로 할 수밖에 없는 한계가 있다. 그런데 이 역시 김동화의 기억에 의존한 것이라는 점에서 몇 가지 고려해야 할 것들이 있는 것도 사실이다. 즉 김동화는 아버지가 구치소에서 출소한 후 도쿄교회를 사임하고 메구로교회로 옮겼다고 했다. 그러나 정확하게 몇 년도에 옮겼는지 그 기록은 없다. 이에 대해서는 도쿄교회의 상황을 전제로 추측할 수밖에 없는데, 이미 앞에서 살펴보았던 것처럼 1940년 검속되었다가 그해에 출소했고, 1941년 일본기독교회에 합병되었으며, 1942년에 재차 실시된 목사 자격을 검증하는 과정에서 탈락되었다. 또한 1942년에 도쿄교회는 일본인 목사가 대표로 등록이 되었다는 것을 전제로 생각한다면, 김치선이 도쿄교회를 사임한 것은 1942년으로 보는 것이 타당할 것이다.

이러한 정황을 볼 때 김치선은 1942년 하반기에 메구로전도소에 부임한 것 같다. 그렇다고 하더라도 해결해야 하는 문제가 또 하나가 남는다. 그것은 김치선이 목사 자격을 득하지 못한 상태에서 도쿄교회를 사임할 수밖에 없었다면, 어떻게 메구로전도소의 담임자로 부임할 수 있었는가 하는 것이다. 이것은 상식적으로 생각할 때 납득이 어려운 것이 사실이다. 다른 어떤 대답이 필요한 것이 분명하지만 사료로 검증할 수 있는 방법이 현재로서는 없다.

그러나 김동화의 기록을 전제로 생각한다면, 김치선은 분명히 메구로전도소에 부임했다. 메구로전도소는 여러 전도소들 가운데 조지가야(雜司ケ谷) 전도소, 오지(王子)전도소와 함께 일본기독교회에 합병되어 각각 전도소로서 존속할 수 있었다.[69] 그런데 문제는 목사 자격을 인정받지 못한 상태에서 메구로전도소에 부임했다는 것을 어떻게 이해할 수 있는 것인지? 이에 대한 추측이

---

69 吳允台, 『在日大韓基督教 東京教會七十二年史』, 180.
70 김동화, 『나에게 있어서 영원한 것』, 89-90. "교회는 예배 볼 곳이 없어 큰 다다미방을 얻어 앉아서 예배를 드렸다. … 2-30명을 놓고 예배를 보는 그 강단은 얼핏 보면 참으로 허술한 듯 보였지만 그 강단이야말로 은혜로운 강단이었고…"

가능한 것은 김동화의 기록에 숨겨져 있는 것 같다. 그것은 당시 메구로교회가 집회장소가 없었기 때문에 가정집에서 모였다는 기록을 하고 있다.[70] 여기서 유추할 수 있는 것은 도쿄주오교회에서 더 이상 목사로서 직무를 수행할 수 없었기 때문에 떠날 수밖에 없었고, 김치선을 추종했던 도쿄주오교회와 메구로전도소의 일부 신자들이 이탈해서 김치선을 중심으로 가정교회로 모임을 가졌던 것이 아닌가 하는 것이다. 현재까지 확인되는 자료로서는 이렇게 정리하는 것이 최선일 것 같다.

5. 나가면서

1927년 9월 일본으로 건너간 김치선은 그곳에서 신학공부를 하고, 목사가 되었으며, 다시 미국으로 건너가 유학을 하고 일본으로 돌아가서 재일조선인 교회들을 섬기다가 1944년 3월에 귀국했으니, 그 여정은 약 17년이었다.[71] 일본에서 그의 사역은 남쪽 끝 오키나와에서 북쪽 끝 홋카이도에 이르기까지 일본 전역을 망라했다.[72] 대부분의 경우는 순회전도 집회를 인도하는 것, 그리고 지역을 순회하면서 공동체를 돌보는 일이 중심이었다. 그는 앞에서 전술한 무고가와교회, 고베교회, 도쿄신주쿠주오교회(현 東京敎會), 메구로전도소 등 네 교회에서 담임 목사의 신분을 가지고 목회를 했다. 그러나 1927년 처음 일본에 입국했을 때부터 그에게는 순회 집회와 각지에서 교회 설립을 위한 역할을 감당하는 일까지, 그리고 영재형 선교사가 필요로 생각하는 곳에 보냄을 받아 그 일을 감당했다. 이러한 그의 역할에 대해서 영재형은 물론 캐나다장로교회

71 김동화, 『나에게 있어서 영원한 것』, 104.
72 김동화, 『나에게 있어서 영원한 것』, 47.
73 김동화, 『나에게 있어서 영원한 것』, 101~102.

선교부는 매우 만족했다.

하지만 일본이 태평양전쟁을 일으킨 후 몰락해가는 과정에서 불안해진 일본사회의 분위기는 조선인들에 대한 박해와 감시가 점점 더 극심해졌다. 결국 김치선이 검속되어 심문을 받고 구치소에 감금되는 일로 이어졌다. 구치소에서 그가 경험해야 했던 모멸감과 좌절감은 형용하기 어려운 것이었다. 결국 구치소에서 풀려난 후 목사직 박탈과 함께 도쿄신주쿠주오교회를 사임하게 되고, 가정에서 모임을 가진 메구로전도소로 옮겨서 눈물로 동포들의 신앙을 이끌다가 패망 직전에 처한 일본의 발악하는 모습을 보면서 차라리 조국으로 돌아가서 고생을 하는 것이 낫겠다는 생각과 함께 현해탄을 건너기 위한 기차에 온 가족과 함께 몸을 실었다. 시모노세키(下關)를 향해서 출발하는 기차에는 태어난 지 1개월밖에 되지 않은 막내딸과 해산한 후 몸도 성치 않은 부인, 그리고 아이들까지 모두 함께였다.[73] 일본에서의 경험과 추억까지 뒤로 한 채 조선으로 돌아가기 위한 모두의 발걸음은 미래에 대한 불확실과 함께였다.

참고 목록

김동화, 『나에게 있어서 영원한 것』, 서울: 기독교연합신문사, 1998.

金良善, 『韓國基督敎解放十年史』, 대한예수교장로회총회 종교교육부, 1956.

文宗洙, 『在日本朝鮮基督敎大會第二會錄』, 大阪: 秀英社, 1936.

辛鐘國, 『神戶敎會70年史』, 神戶: 神戶敎會, 1991.

吳允台, 『在日大韓基督敎 東京敎會七十二年史』, 東京: 惠宣文化社, 1980.

李聖雨, 『武庫川敎會80周年記念誌』, 尼崎: 武庫川敎會, 2011.

이인하, 『기류민의 신학』 양현혜 역, 서울: 대한기독교서회, 1998.

李淸一, 『在日大韓基督敎會 宣敎100年史 1908~2008』, 大阪: 合同會社かんよう出版, 2015.

在日大韓基督教會 歷史編纂委員會,『在日大韓基督教會 宣教90周年記念誌 (1908~1998)』, 서울: 쿰란출판사, 2002.

在日大韓基督教總會 神學委員會,『在日大韓基督教 神學研究會資料 第1集』, 東京: 國光美術印刷, 1984

創立80週年記念準備委員會,『武庫川教會80週年記念誌』, 武庫川教會, 2011.

黃義生,『名古屋教會70年史』, 名古屋: 名古屋教會70年史出版委員會, 1998.

『日本基督教團牧師名簿』

Anderson, Robert K., *My Dear Redeemer's Praise; The Life of Luther Lisgar Young D.D.*, Hantsport: Lancelot Press, 1979.

이상규, "김치선 박사의 한국교회사적 의의,"「대한논총」제2호(2009).

五十嵐喜和, "朝鮮基督教會 合併問題 下 – 日本基督教としての歷史的責任,"『福音と世界』(新教出版社; 1992年7月號).

제2장

해방 후
김치선의 사역과 그의 신학

1. 들어가는 말

김치선이 한국장로교회사는 물론 한국교회사에서 소외된 것은 한국장로교회의 분열과 함께 주어진 상황과 현실적인 요인들 때문이다. 즉 한국장로교회의 제3차 분열의 과정에서 그가 선택한 것은 독자적인 노선을 가는 것이었다. 결정적으로 1959년 합동측과 통합측으로의 분열은 한국장로교회의 역사에 커다란 변화를 동반시켰고, 주류 장로교단의 신학적, 정치적 상황을 바꾸는 결과를 낳았기 때문이다.

그 과정에서 해방과 더불어 한국장로교회를 넘어서 민족복음화를 위한 선도적인 역할을 하고 있었던 김치선은 관심 밖으로 밀려나게 되었다. 즉 그는 오직 식민지로부터 해방된 국가의 미래를 걱정하면서 민족의 미래는 복음을 통해서 거듭나게 하는 길 밖에는 없다는 확신을 가지고 민족복음화를 목적으로 하는 <300만부흥운동>을 주도하고 있었다.[1] 김치선은 1945년 해방과 동시에 민족복음화를 위한 <300만부흥운동>을 계획하고, 전국을 순회하면서 지역중심의 대규모 집회를 인도했고, 그 실천방안을 직접 챙겼고, 선두에서 이 운동을 이끌었다.

그는 오직 민족복음화만이 자신에게 주어진 사명이라고 생각했다. 이러한 그의 입장은 그가 학자로서 남긴 업적이나 영향력이 상대적으로 적을 수밖에 없는 결과를 낳았다. 그럼에도 불구하고 그의 신학적 영향력은 해방 이후 한국장로교회에 일정한 영향을 미쳤다. 특별히 대한신학교와 장로회총회신학교를 중심으로 한 그의 가르침은 그의 후학들에게 영향을 크게 미쳤고, 그것은 1961년에 설립된 대신교단의 기초가 되었다. 그러한 의미에서 그의 신학사상이 어떤 것인지를 정립하는 것은 중요하다.

그렇지만 그의 신학에 대해서 본격적인 연구가 아직까지도 미진하다는 것은 대신교단의 책임이고, 동시에 한국교회사에 있어서 소외를 방관한 후학들의 책임일 것이다.[2] 따라서 이 연구는 해방 이후 그의 사역을 살펴보면서 그의 행적과 가르침에 담긴 신학적 입장을 정립하는 것을 목적으로 한다. 그러나 앞에서 언급한 바와 같이 그에 대한 선행연구가 적다는 것과 자료 또한 많이 부족하기 때문에 심도있는 연구도 어려움이 있다. 또한 그의 사역이 민족복음화운동에 집중했기 때문에 신학적 가르침보다 실천적인 가르침에 집중되어있는 것을 전제할 때, 그의 신학사상을 충분하게 읽어내는 것은 녹록하지 않다.

그렇지만 이 글을 엮어감에 있어서 그가 남긴 육필노트와 짧은 글들을 분석해서 그의 신학이 어떤 것이었는지 살피면서 정립을 시도할 것이다. 부족하지만 이 글을 통해서 김치선의 신학이 정립되고, 더 깊은 이해에로 나아갈 수 있는 길이 열릴 수 있기를 기대한다.

2. 해방 이후 그의 사역

해방과 함께 주어진 환경은 온 나라가 힘겨운 것이었다. 정치, 사회, 경제 어느 것도 온전한 것이 없었다. 게다가 전혀 생각하지 못했던 남북으로의 분단까지 새로운 정치적 사회적 환경이 주어졌다. 한 사람의 목회자로서 해방을 맞았지만 당시의 수준에서 일본과 미국에서 공부한 지식인으로서, 그리고 목사

---

1 三百萬復興運動社 編, 『復興』 第1號(1945); 『한국기독교대백과사전』,
2 지금까지 김치선의 신학사상을 연구한 책이나 논문이 매우 적다. 안양대학교가 발행하는 『신학지평』 제13집(2000)이 김치선을 특집으로 다룬 논문들을 실었다. 거기에는 강경림, "김치선 목사의 반우상숭배론," 이은선, "김치선 목사의 국가관," 한성기, "김치선 목사의 신학사상," 이은규, "김치선 목사의 교육사상," 김재규, "김치선 목사의 설교," 등이 있다. 그밖에는 이은선, "김치선 목사의 개혁과 부흥운동," 『신학지평』 제23호(2010), 121~161. 이종전, "삼백만부흥운동에 나타난 김치선의 신학사상," 『대한논총』 제2호(2009). 349~382. 이상규, "김치선 박사의 한국교회사적 의의," 『대한논총』 제2호(2009), 293~318. 이종전, "김치선과 삼백만부흥운동의 의의," 『개혁논총』 제39권(2016), 161~197. 이종전, "삼백만부흥운동의 성격과 실체에 관한 연구," 『개혁논총』 제22권(2012), 233~264. 이종전, "신학과 신조에 나타난 김치선의 신학사상," 『대한논총』 제3호(2011), 235~266.

로서 교수 신분을 가진 김치선에게는 어깨가 무거운 것이었다. 그렇다고 주어진 현실을 외면할 수도 없는 것이었기에 그는 지금까지 자신에게 준비된 것들을 통해서 민족을 구원해야 한다는 사명감으로 사역에 임했다.

특별히 그의 사역을 이해함에 있어서 놓쳐서는 안 될 것은 그가 철저한 기도의 사람이었다는 것이다. 그는 목회나 모든 사역에 있어서 무슨 일이든지 눈물의 기도로 시작했고 기도로 마쳤다. 그래서 얻은 별명이 '눈물의 예레미야'이다.[3] 그의 눈물의 기도는 부흥회는 물론이고, 신학교 강의실에서도 다르지 않았으며, 그가 주도했던 삼백만부흥운동을 전개하는 과정에서도 다르지 않았다. 다음은 1947년 가을에 있었던 <삼백만부흥전도회의 추기대부흥회의 전모>라는 보고서에 나타난 그의 기도를 통한 사역의 일면이다.

> 집회가 열리기 3일 전을 기하여 은혜를 갈구하는 3,4백명의 남녀 성도들은 삼각산 향린원 靈場에서 박재봉, 김치선 목사의 지도하에 3일간 준비기도회를 열었다. … 우거진 대나무밑과 돌바위에, 잔잔한 시냇가에 업대여 밤과 낮으로 기도하는 광경은 진실로 죄악에 흐린 도시의 속생활에 비하여 감격할 만한 현상이었다.[4]

어떤 의미에서 그의 사역과 사상에 대한 이해는 구 대한신학교의 교가의 가사를 살펴보면 파악하기에 가장 쉬울 것이다. 대한신학교 교가는 그가 무엇을 어떻게 하기를 원했는지를 모두 알 수 있는 내용을 담고 있기 때문이다. 이것은 1964년부터 사용되었으나 그 역사를 잇는 학교가 교훈은 물론 교가까지도 더 이상 사용하지 않음으로 현재로서는 역사에 묻히고 만 상태이다.[5]

---

3   남대문교회사 편찬위원회, 『남대문교회사』(서울: 남대문교회, 1979), 182.
4   姜興秀 編, 「復興」제7호(1947), 29~30; 최정인, "김치선 목사의 생애," 『신학지평』제13집(2000), 27.

2. 1. 목회사역

김치선은 한국교회 최초의 구약학자이지만 그의 사역은 목회가 중심이었다. 해방 이전 일본에 있는 동안에도 그는 학자로서의 사역은 찾아보기 어렵고, 순회전도자, 순회 부흥회 강사, 임시 목사로 교회설립자, 담임목회자로서 한인교회들을 섬겼다.[6] 실제로 그는 일본에 있는 동안 신학과 관련한 연구물을 내놓거나 신학교에서 가르쳤다는 것은 지금까지 확인되지 않고 있다. 그러한 의미에서 그는 목회자, 부흥회 인도자로서 평가할 수 있을 것이다.

2. 1. 1 남대문교회(1944년 5월 ~ 1952년 12월)

김치선은 해방 직전인 1944년 3월에 귀국하여 5월에 남대문교회의 청빙을 받아 남대문교회 6대 담임자가 되었다. 그가 담임목회를 시작하면서부터 남한의 교회들 가운데 처음으로 매일 새벽기도를 시작하면서 한국에서의 목회를 시작했다.[7] 그렇게 시작한 그의 목회는 해방 전후 최악의 사회, 정치, 경제적인 상황에서 6.25사변까지 겪기까지 이어졌다. 특별히 그에게 있어서 민족의

---

5 최정인, "김치선 목사의 생애," 38~39.

6 영재형 선교사의 요청으로 일본에 처음 갔을 때는 아직 신학생의 신분이기도 했지만, 순회전도자로서 일본 전국의 한인교회들을 방문하여 집회를 인도하면서 지역의 교회들을 살폈다. 일본에서 귀국하기 전까지 그의 목회사역은 무고가와교회(1931~33년), 효고교회(현 고베교회, 1935~1938), 동경교회(1939~1942), 메구로교회(1942~1944) 등에서 목회를 하면서 재일대한기독교단에 속한 교회를 살폈다. 김동화, 『나에게 있어 영원한 것』(서울: 기독교연합신문사, 1998), 50, 63, 74; 辛鐘國, 『神戸教會70年史』(在日大韓基督教 神戸教會, 1991), 104; 60周年記念誌準備委員會 編, 『武庫川教會60周年記念誌』(尼崎: 武庫川教會, 1991), 28; 李淸一, 『在日大韓基督教會宣教100年史』(東京: かんよう出版, 2015), 115. 년도 표기는 사료에 각각 달리 표기된 부분에 대한 전후 사정을 참고해서 필자가 정리한 것도 있다.

7 정성한, "한국교회의 해방 전후사 인식(I)," 『신학과 목회』 제28집(2007), 100.

구원과 국가의 미래라는 대명제가 그의 전 사역의 중심에 있다는 사실을 이해하는 것이 그의 사역과 사상을 이해하는데 있어서 가장 중요한 핵심이다. 그의 목회를 비롯한 모든 사역의 근저에는 "구국" "구령" "민족구원"이라는 목적이 분명하게 담겨있다는 사실이 이를 증명하기 때문이다.[8]

그의 남대문교회에서의 사역은 1944년 5월부터 1952년 12월까지로 표기하지만, 이것은 실제와는 다른 면이 있다. 실제로 남대문교회에서 떠나게 되는 것은 1950년 6월 28일 그가 삼각산으로 피난을 가면서다.[9] 그 이후 그는 계속해서 피난생활을 하면서 용인, 안성을 거쳐서 부산, 그리고 다시 대구에서 피난생활을 했기 때문에 실제로 서울에 있는 남대문교회와는 단절된 생활을 했다. 따라서 1953년 7월 휴전 이후에 서울로 돌아왔을 때, 이미 그는 남대문교회로 돌아갈 수 없는 상황이었다. 김치선은 서울로 돌아오면서 1953년 말 바로 중구 남창동 10번지에 있는 새로운 교회로 부임했다.[10] 이것이 창동교회(현 한양교회)의 역사이다.

그가 남대문교회로 돌아갈 수 없었던 것은 1949년부터 동사목사로 시무했던 배명준 목사가 피난을 가지 않고 계속해서 목회를 했기 때문이다. 배명준은 일본 동아신학교에서 공부한 사람으로 남대문교회의 유력한 장로 김성섭

---

8 이종전, "김치선과 삼백만부흥운동의 의의," 165; 姜興秀 編, 「復興」 제10호(1948), 2. "남북통일의 민족적 과업이 앞에 아득히 남아 있으며 도탄에 빠진 민생문제 해결이 실로 급하다. 그러나 무엇보다도 이 난국을 타개함에 급선무인 것은 그리스도의 복음운동이다. 복음의 위력이 아니면 이 땅이 백성의 살길을 능히 개척할 수 없다." 여기서 김치선의 의중을 충분히 알 수 있다.

9 김동화, 『나에게 있어 영원한 것』, 186~87.

10 김동화, 『나에게 있어 영원한 것』, 274. 김동화는 이것을 개척이라고 표현하고 있으나, 현재 한양교회 연혁에는 이미 1945년에 전인선 목사가 남창동 일본인 조합교회 건물을 인수해서 일본에서 귀국한 사람들을 중심으로 서울교회를 창립했고, 1953년 8월 12일 김치선 목사를 임시목사로 청빙했다는 기록으로 보아 한양교회의 기록이 맞다는 생각이다.

(의사)의 처남으로 사실상 교회 안에서 그의 위치가 만들어져 있었다. 또한 피난을 가지 않고 교회를 지켰다고 하는 명분이 자연스럽게 남대문교회 담임자로 위치를 확보하게 되었다. 그러나 피난을 가지 않은 대신 북한의 기독교연맹에 가입해서 그들의 지시를 따라야 했던 것은 배명준에게 주어진 멍에가 되었다.[11]

그러한 의미에서 김치선이 남대문교회에서 목회를 실제로 한 것은 1944년 5월부터 6.25사변이 일어난 후 삼각산으로 피난을 떠난 6월 28일까지라고 하는 것이 옳을 것이다. 그 이후에 실제로 그가 다시 서울로 돌아온 것이 3년이나 지난 1953년 7월이었고, 그는 다시 남대문교회로 돌아가지 못했기 때문이다.

하지만 그가 남대문교회에서 6년여 어간을 목회하면서 남긴 업적은 한국교회사에서 결코 잊힐 수 없는 것들이고, 그 결과 또한 한국교회에 지대한 영향을 미치는 것이었다. 남대문교회에서 목회하는 동안 김치선의 행적은 그 하나하나가 귀한 한국교회의 유산들이다. 즉

① 새벽기도실시 – 그는 남대문교회에 부임과 동시에 매일 새벽기도를 시행했다. 그 때문에 새벽기도를 원하는 서울 장안의 그리스도인들이 남대문교회에 모여서 기도를 했다. 그의 기도와 기도의 가르침은 장안에 소문이 났다. 따라서 해방이후 한국교회에 기도운동을 일으킨 사람이며, 그는 기도의 사람이었다.[12]

② 삼백만부흥운동전개 – 1945년 해방과 동시에 그는 우리 민족의 소망은 복음뿐이라고 확신하고, 어떻게 하면 민족을 구원하고 나라를 세울 수 있을 것인가를 생각하면서 기획하고 전개한 것이 삼백만부흥운동이다. 그리고 그 운동의 중심에 남대문교회가 있었다. 남대문교회는 이 운동을 위해서 실제로 많은 인력과 재정을 지원했기 때문에 가능할 수 있었다.[13] 삼백만부흥운동은 단순히 부흥회를 전개하는 것만이 아니라 구체적인 몇 가지 실천방안을 수

---

11 김동화, 『나에게 있어 영원한 것』, 273.
12 김동화, 『나에게 있어 영원한 것』, 147

립해서 전개한 운동이다.[14)]

③ 대한신학교설립 – 대한신학교의 설립은 삼백만부흥운동의 구현을 위한 하나의 방법이었다.[15)] 그가 신학교를 세운 것은 민족을 구원하기 위한 일꾼을 양성하는 것을 목적으로 한 것이었다. 특별히 북한에서 피난 온 사람들 가운에 사명자들이 많았고, 시대가 시대인 만큼 경제적으로 매우 어려웠기 때문에 주경야독하는 야간신학교를 착안했다. 이것은 또한 우리나라 신학교 역사에서 최초의 야간신학교였다.

④ 교회 설립 – 짧은 기간 동안 남대문교회에서 목회를 하면서 북한으로부터 많은 그리스도인 피난민들이 서울로 밀려왔고, 그들은 신앙의 자유를 찾아내려온 이들이기 때문에 자연스럽게 남대문교회에 몰려들었다. 서울 장안에서 피난민교회로 세워져서 한국교회를 대표했던 영락교회가 아직 설립되지 않았을 때에는 남대문교회에 대한 소문에 소문을 듣고 신자들이 모여들었다. 그들을 살피면서 목회를 하던 그는 해방촌교회(1947), 흑석동교회(1950)를 새롭게 설립했다.[16)]

2. 1. 2. 피난지 목회(1950년~1953년)

1950년 발발한 6.25사변은 김치선에게 혹독한 시련과 함께 그의 사역에 큰 변화를 초래시켰다. 그는 함경도 출신이고, 일본과 미국에서 유학과 목회를 했던 사람으로서 공산주의에 대해서 누구보다 잘 알고 있었다. 또한 그는 서울과 동경에서 형무소생활을 경험했기에 피난은 선택이 아니었다. 따라서 그는

---

13 柳智瀚, "獻金芳名을 실으면서," 「復興」 9(1948), 32; 정성한, "한국교회 해방전후사 인식(I)," 「神學과 牧會」 제28집(2007), 98.

14 이에 대해서는 필자의 "삼백만부흥운동의 성격과 실체에 관한 연구,"를 참고하라.

15 이종전, "김치선과 삼백만부흥운동의 의의," 250~54.

16 김동화, 「나에게 있어 영원한 것」, 147.

삼각산, 퇴계원, 용인, 안성을 거쳐 1950년 12월에 부산에 도착했다.[17] 그가 안성에서 부산에 도착하기 까지는 선교사들의 도움이 결정적이었기 때문에 비교적 용이하게 피난지에 도착할 수 있었다. 또한 부산에 도착했을 때 그곳에는 이미 김치선과 친분이 있는 유력한 목회자들이 있었고, 그에 대해서 알고 있는 사람들이 많았기 때문에 단순히 피난생활만 한 것이 아니라, 그곳에서도 목회와 신학교, 그리고 기도운동을 계속했다.

① 부산지역 교회에서 설교 – 그가 부산에 도착해서 찾아든 곳은 부산중앙교회였다. 그곳에는 노진현 목사가 시무하고 있었는데, 그는 고베중앙신학교(현 고베개혁파신학교)에서 김치선과 함께 공부한 동창생으로 절친 이었다. 또한 서울에서 부산으로 피난 온 서울의 유력한 지도자들도 주변에 함께 있었다.[18] 따라서 김치선은 부산의 여러 교회들의 초청을 받아 설교를 계속할 수 있었다. 그 중에서도 부산중앙교회와 초량교회를 중심으로 설교하는 기회가 주어졌다.[19]

② 민족을 위한 특별 금식기도 – 김치선의 기도는 피난생활에서도 계속되었다. 시간과 장소의 제한을 두지 않고 어디서든지 기도하는 것을 최우선으로 했다. 특별히 피난민들의 입장에서는 기도 외에는 자신들에게 주어진 상황을 극복할 수 있는 방법이 없었기 때문에 더욱 뜨거웠다. 그 기도모임을 이끌었던 것이 김치선이다. 그는 부산에 머무는 동안 함께 피난 온 목회자들과 부산지역의 목회자들과 뜻을 나누고 "민족을 위한 특별금식기도"를 선포하고 기도모임을 이끌었다.[20]

③ 피난지에서의 신학교육 – 6.25사변은 한반도에 있는 그리스도인들에

---

17 김동화, 『나에게 있어 영원한 것』, 215.
18 김동화, 『나에게 있어 영원한 것』, 215.
19 김동화, 『나에게 있어 영원한 것』, 215.
20 김동화, 『나에게 있어 영원한 것』, 216; 120년사편찬위원회, 『초량교회 120년 약사』(부산: 육일문화사, 2013), 75.

게 절체절명의 위기를 느끼게 했다. 따라서 부산은 피난민들의 마지막 집결지였고, 그곳에는 그리스도인들 역시 많았다. 비록 당장은 앞날이 어떻게 될지 모르지만 민족을 구원하는 일은 반드시 해야 하는 일이기에 김치선은 부산에서 신학교육을 계속하기를 원했다. 즉 1952년 9월 부산과 제주도에 전시(戰時) 대한신학교 분교를 설립해서 운영하면서 피난지에서의 신학교육을 계속했다. 부산분교장은 노진현 목사, 제주분교장은 윤필성 목사가 각각 맡았다.[21]

이렇게 시작한 분교들은 부산지역에서 복음전도자들을 양성하는 기관으로 성장했는데, 현재 그 역사를 부산장신대학교가 잇고 있다.[22]

또한 제주도에 설립된 분교는 복음의 불모지인 제주도에 복음전도자를 양성하는 매우 귀한 역할을 감당함으로 일시적이기는 하지만 제주도 복음화에 기여했다.[23] 제주분교는 1952년 9월 15일 피난민들이 세운 교회에서 개교식을 가졌고, 72명의 입학생이 공부를 시작했다. 뿐만 아니라 단기 성경학교도 개

---

21 김동화, 『나에게 있어 영원한 것』, 241.
22 http://www.bpu.ac.kr/Pages.aspx?ID=7 부산장신대학교 연혁을 참고하라; 김인수, 박정한, 『한국교회 첫 선교지 살리는 공동체 100년; 제주성안교회 100년사』(제주: 성안교회, 1010), 317. 김동화의 글에는 부산분교장 윤필성, 제주분교장 이환수로 되어있다. 부산장신과 제주도에 남겨진 기록, 그리고 『기독공보』(1953. 10. 13.), 1. "제주읍에서는 아직도 피난 기독교인이 수천 명을 산하는데, 그중에는 교역을 희망하여 신학을 원하는 이들이 다수 있으나 육지에 나가서 신학을 연구할 만한 형편은 못되고, 시일은 이렇게 오래 지체되므로 몇몇 유지들이 대한신학교 제주분교를 제주에 두기로 생각하고, 부산 본교 교장 김치선 박사와 연락 교섭한 바 동 박사의 허락을 얻어 즉시 이사회를 조직하고 강사를 택하였고 학생 모집광고를 내걸었든 바 지원자가 70여 명에 달하야 9월 15일에 개교식을 성대히 거행하였다." 부산분교에 대한 소식은 『기독공보』(1953. 3. 23.), 1.에서 확인할 수 있다.
23 김인수, 박정한, 『한국교회 첫 선교지 살리는 공동체 100년: 제주성안교회 100년사』, 316. 당시 제주분교에 첫 입학생은 "예과 60명, 본과와 별과 12명으로 모두 72명이었으며, 신학교의 개교식은 1952년 9월 15일 제주피난민교회에서 성대히 개최되었다. 이사장 이인식 목사의 사회로 개회된 개교식에는 제주노회장 강문호 목사가 설교했다. 신학교 교사(校舍)는 제주도 피난민교회당이었다."

설해서 자녀들의 교육도 감당했다. 아쉬운 것은 대한신학교 제주분교는 1기생만 모집해서 교육을 했고, 신학교의 역사를 이어가지는 못했다.[24] 그럼에도 불구하고 제주도 복음의 역사에서 매우 귀중한 역할을 했다고 제주도의 교회들은 기억하고 있다.

2. 1. 3. 창동(한양)교회(1953년~1960년)

앞에서 정리한 것처럼 김치선은 1950년 6월 삼각산으로 피난을 떠난 것이 사실상 남대문교회과 결별하게 되고 말았다. 휴전이 된 후 그가 피난지에서 서울로 돌아올 때는 그 자신이 남대문교회로 직접 복귀하지 않았던 것으로 보아, 이미 그는 남대문교회로의 복귀는 사실상 불가능하다는 것으로 인지한 것 같다.[25]

따라서 그는 1953년 서울로 돌아오면서 남대문교회로 가지 않고, 서울 중구 남창동 10번지의 2층 건물에 마련된 창동교회(현 한양교회)로 부임했다.[26] 이때 남대문교회 신자들 가운데 일부 신자들은 김치선이 창동교회로 부임한다는 소식을 듣고, 창동교회에 합류한 것도 부정할 수 없는 사실이다.[27]

창동교회는 날로 성장해서 1956년 9월 남산으로 이전했다. 약 2,500평에 달하는 넓은 대지와 큰 건물을 확보하여 옮긴 것이다. 김치선은 1949년 1월부터 서소문에 독립된 건물을 얻어서 대한신학교를 운영하다가 6.25사변을 맞았고, 피난 후 1953년 9월 돌아와 한양교회에 부임하여 목회를 하는 것과 동시에 대한신학교도 운영하였다. 따라서 한양교회가 남산으로 이전하는 것은 대한신학교와 함께하는 것이었다. 당시 남산에 있었던 삼애보육원(일제시대의 神

---

24 김인수 편, 『제주기독교100년사』(제주: 대한예수교장로회 제주노회, 2016), 267, 275~76.
25 김동화, 『나에게 있어 영원한 것』, 273~74.
26 김동화, 『나에게 있어 영원한 것』, 274.
27 김동화, 『나에게 있어 영원한 것』, 276.

社건물)을 교회 건물로 확보하여 이전을 하면서 교회명을 한양교회로 바꾸었다.[28] 그러나 남산으로 옮긴 이듬해인 1957년 한양교회는 원인을 모르는 화재로 전소되고 말았다.[29] 화재 이후 미군이 사용하던 콘세트를 구해서 임시막사를 짓고 서계동으로 이전하기까지 한양교회와 대한신학교가 같이 사용했다. 이 과정에서 김치선은 많은 어려움을 겪었고, 신학교의 운영난에 처하게 되었다.

① 민족복음화운동 - 한편 한양교회에서 목회하는 동안 김치선의 사역은 어떠했을까? 그는 민족복음화를 위한 집회와 기도회를 지속적으로 인도했다. 그의 집회에는 많은 사람들이 몰렸다. 그의 생애에 있어서 가장 많은 군중을 모이게 하면서 전국 각지와 남산공원에서의 집회는 당대 한국교회의 신자라고 하면 그 명성을 기억하고 있을 만큼 대중적인 인기가 있었다. 그의 집회인도는 이미 해방 직후 삼백만부흥운동의 연장선에서 진행된 것으로 볼 수 있을 것이다. 또한 그의 집회인도는 그가 일본에서 귀국한 이래로 계속한 것으로 그의 사역에 있어서 한 축을 이루고 있다. 이 기간은 김치선이 한국의 빌리 그레함이라고 할 수 있을 만큼 많은 집회를 인도했다.

② 벧엘기도원 설립 – 김치선의 기도에 대한 열정은 일반 목회와 새벽기도

---

28 김동화, 『나에게 있어 영원한 것』, 297~98.
29 김동화, 『나에게 있어 영원한 것』, 306~07.
30 김동화, 『나에게 있어 영원한 것』, 293.
31 金守珍, 『韓日敎會의 歷史』(서울: 대한기독교서회, 1989), 227. 재일대한기독교회의 역사를 연구한 김수진은 여기서 "고베중앙신학교를 졸업하고 미국에서 구약학 전공으로 박사학위를 취득했던 김치선 목사가 순회전도목사로 잠시 일본 여러 곳을 순회한 일이 있었다. 이러한 때에 김치선 목사는 동경중앙교회 담임목사로 청빙을 받고 부임하였다. 원래 김치선 목사는 정열적인 사람이었기 때문에 그는 눈물로 호소하면서 목회에 열중하게 되었다. … 김치선 목사는 자신의 눈물어린 기도가 이루어짐을 감사해서 더 열심히 기도하고 나섰다. 때로는 철야기도하면서 하나님께 눈물로 호소하였고, 모든 교인들도 동경 한복판에 보라는 듯이 한국인 교회를 짓겠다고 다짐하고 나섰다."고 서술하고 있다; 김동화, 『나에게 있어 영원한 것』, 120, 147; 정성한, "한국교회의 해방 전후사 인식(I)," 112.

에 만족하지 않고 직접 기도원을 설립했다.[30] 이것은 한국의 신학자들 가운데 유일한 사역이었다. 그만큼 그는 기도의 중요성과 하나님의 뜻을 구하는 자세로 목회와 사역에 임했다고 할 수 있고, 훗날까지 그의 이러한 열정은 대한신학교와 대신교단의 정서를 형성시키는 동기가 되었다. 즉 그는 기도의 사람이었다.[31] 후에 이 기도원은 대한신학교 학생들이 중심이 되어 예배당을 지었고, 그들의 기도처소와 경건훈련장이 되었다. 관악구 봉천동 관악산 기슭의 탑동이라는 마을을 지나서 높은 곳에 있었다. 그곳은 현재 서울대학교 기숙사가 있는 곳인데, 1976년 서울대학교가 이곳으로 이전계획을 세우면서 강제수용을 당했다. 그 보상금으로 1977년 현 안양대학교가 자리 잡고 있는 터 15,000평을 구입하여 대한신학교의 변천을 꾀하게 되었다.[32]

③ 대창교회 설립 – 한양교회 예배당이 화재로 전소된 다음 재산권 분쟁이 교회 안에서 일어났다. 당시 한양교회 담임은 김치선이었고, 대한신학교 교장도 김치선이었다. 따라서 2,500평의 부지를 반으로 나누자는 것이 김치선의 입장이었고, 그것은 교회의 것이기 때문에 나눌 명분이 없다는 것이 교회에서 김치선을 지지하지 않는 사람들의 입장이었다. 이 갈등은 끝내 김치선의 건강을 악화시키는 동기가 되었고, 결국 한양교회를 떠나게 되는 요인이 되고 말았다.

이때 한양교회를 떠나면서 서울역 앞에 건물을 얻어 대창교회를 설립한 것이다. 이것이 정확한 일시를 알 수 없지만 김동화의 기록을 전후로 살펴보면 1959년 초의 일이다.[33] 그러나 김치선은 이곳에서 목회를 계속할 수 없었다. 건강이 악화되었고, 재산권싸움으로 인한 심신의 피로가 더 이상 대창교회를 이끌어갈 수 없게 된 것이다. 따라서 당시 부산에서 피난민들을 대상으로 목회를

---

32 김동화, 『나에게 있어 영원한 것』, 462; 김동화, 『사진으로 보는 최순직 박사의 생애』(서울: 기독교연합신문사 출판팀, 2009), 55.

33 김동화, 『나에게 있어 영원한 것』, 342~43; http://m.newspower.co.kr/a.html?uid=37835 강변교회 원로목사이며 전 합동신학대학원의 교수였던 김명혁 목사는 자신의 고등학교와 대학시절에 다녔던 창동교회와 대창교회

하고 있던 둘째 사위인 최순직을 불러올려 대창교회를 맡기고 김치선은 한성교회로 부임하여 목회를 이어갔다.[34] 그러나 대창교회를 담임하면서 대한신학교의 일을 전담했던 최순직은 불과 얼마가지 못하고 1960년 7월 대창교회를 사임하게 되었다. 그리고 대창교회에는 엄기영 목사가 부임했다.[35]

이 시기가 1959년 총회가 합동과 통합으로 분열할 때와 맞물려있다는 것은 그의 사역을 생각할 때 고려되어야 할 부분이다. 즉 그에게 닥쳐진 위기를 극복하지 않으면 안 되는 전환점이 되는 때이기 때문이다.

2. 1. 4. 서울(청파)중앙교회(1962년 3월~1968년 2월)

김동화의 기록에 1959년 초 대창교회를 사임한 김치선이 한성교회로 부임해간 것을 언급하고 있다. 그러나 한성교회의 역사를 확인할 수 없어서 1959년부터 대한신학교가 용산구 서계동으로 이전하는 1962년 3월까지의 김치선의 목회사역에 대해서 확인할 길이 없다. 다만 한성교회가 함경도 출신 피난민들이 중심이 되어 형성한 교회로만 김동화는 기록하고 있다.[36]

김치선이 새로운 목회는 대한신학교가 서계동으로 이전하게 되면서 서울중앙교회라고 하는 간판을 걸고 사실상 새롭게 시작했다.[37] 이때 김치선을 따

에 대한 인터넷신문 뉴스 파워에 기고한 글에서 언급하고 있는 것을 볼 수 있다. 그러나 김동화의 기록과 다른 점은 김명혁은 창동교회가 대창교회로 이름을 바꾼 것으로 보고 있는 반면 김동화는 다른 교회로 기록하고 있다. 이것은 김동화의 기록이 맞다는 판단이다. 왜냐하면 창동교회는 한양교회(통합측)로 이름을 바꾸어 지금까지 그 역사를 잇고 있고, 대창교회는 동암교회(합동측)로 이름을 바꾸어 역사를 잇고 있는 것으로 확인할 수 있기 때문이다. 다만 김치선 목사가 부임해간 한성교회가 어떻게 되었는지는 확인할 수 없다.

34 김동화, 『나에게 있어 영원한 것』, 343; 김동화, 『오직 한 길』(서울: 기독교연합신문사, 2004), 131.

35 김동화, 『나에게 있어 영원한 것』, 357; 김동화, 『오직 한 길』, 142.

36 김동화, 『나에게 있어 영원한 것』, 343.

랐던 신자들은 다시 서울중앙교회로 모여들어서 새롭게 시작하는 교회였지만 이내 성장하기 시작했다.[38] 대한신학교의 이전과 서울중앙교회를 새롭게 시작할 수 있었던 것은 전적으로 ICCC(International Council of Christian Church)의 총재인 칼 맥킨타이어(Carl McIntire)가 한국에 회원교단을 확보하기 위해서 찾던 중 진퇴양난에 처해 있었던 김치선을 만나서 제안함으로 김치선에게는 구세주와 같은 존재였다. 선택의 여지가 없는 상황이었기 때문에 미국의 성경장로회총회와 같은 이름으로 새로운 교단을 만들어 ICCC의 회원 교단으로 가입할 것을 전제로 김치선을 전폭적으로 지지하고, 지원을 하여 서계동에 교사를 구입하게 되었다. 따라서 신학교의 이전과 함께 신학교 안에 교회를 설립하게 되었다.

김치선을 따랐던 신자들이 모였기 때문에 어렵지 않게 교회는 성장했고, 이내 장로장립도 하여서 교회로서의 면모를 갖추고, 교회적 사명도 감당할 수 있게 되었다. 하지만 김치선의 병세는 날로 나빠졌다. 게다가 1966년 가을 네덜란드에서 열린 ICCC총회에 참석하기 위해서 출국했던 김치선은 돌아오는 길에 아들 김세창이 있는 곳을 들러오기 위해 미국 동부의 필라델피아에 있는 훼이스신학교(Faith Theological Seminary)에 여장을 풀었다. 그런데 그곳에서 그는 쓰러졌고, 맥킨타이어는 어떤 이유에선지 그를 돌보지 않았다. 아들 김세창이 자신이 있는 세인트 루이스로 옮겨 그곳에서 수술을 받게 했고, 다행히 수술이 성공적으로 되어 퇴원하여 곧 바로 한국으로 돌아왔다.[39]

그는 중병으로 수술과 치료를 받고 있으면서도 서울중앙교회에서 설교하는 것을 놓지 않았다. 휠체어를 타고 앉아 강단에서 설교할 정도였으니, 그의 설교에 대한 집념은 아무도 말릴 수 없는 정도였다. 도저히 설교를 할 수 없을 때

---

37 김동화, 『오직 한 길』, 150
38 김동화, 『나에게 있어 영원한 것』, 379.
39 김동화, 『나에게 있어 영원한 것』, 400~402.

는 그가 신뢰하는 한기춘 목사를 세우곤 했다. 1966년 12월, 그러니까 김치선이 미국에서 수술을 받고 귀국한 직후였다. 김상묵 전도사를 청빙해서 예배를 인도하게 하다가 이듬해인 1967년 4월 12일에 목사 안수를 받게 하여, 김치선을 대신해서 목회를 이어가게 했다. 이렇게 한 것은 아들인 김세창을 대한신학교의 교장과 서울중앙교회의 목사로 세우기 위한 과정이었다고 김동화는 기록하고 있다.[40]

김치선은 이렇게 1968년 2월 별세하기까지 서울중앙교회를 지켰다.

2. 2. 신학교 사역

지금까지 살펴본 것처럼 김치선은 학자로서의 활동보다는 목회자, 부흥회를 인도하는 강사, 민족복음화를 위한 전략을 기획하고 이끌어가는 지도자로서의 활동이 더 많았다는 평가를 할 수 있다. 그만큼 그에게 있어서 민족복음화는 최종적인 사명이었다. 따라서 비록 신학교를 운영하거나 가르치는 교실에서조차 눈물로 기도와 강의를 이어갔다. 그의 별명이 '한국의 예레미야' '눈물의 예레미야'였고, 그의 강의는 열정이 넘쳤다. 그가 눈물과 함께 열강을 했던 강의실에 학생의 신분으로 수업을 들었던 원용국은 그 장면을 "김치선 박사는 예과 2년 때에는 에스겔서 강해였고, 본과 1학년 때는 소선지서 강해였다. 그는 매시간 학생들이 등사하여 만든 교재를 가지고 강의하기를 15분이 지나서부터 감격 흥분하여 발로 발판을 구르며 울면서 하나님의 사랑과 주의 죽으심과 구원과 전국 복음화를 외쳤다."고 소회하고 있다. 그리고 당시 그러한 김치선을 보면서 신학자들이나 목회자들이 평하기를 '한국의 예레미야'라고 했다고 한다.[41]

이렇게 해방 후 그의 사역의 중심에 교수와 신학교 설립자로서의 역할은

---

40 김동화, 『나에게 있어 영원한 것』, 406~08, 410.
41 원용국, "김치선 목사와 나," 3.

별세하기 까지 중단된 적이 없었다. 굳이 해방 후라고 하는 시간적 한계를 짓는 것은 해방 이전에 그의 사역에서는 신학교와 학자로서 활동이 보이지 않기 때문이다. 다만 해방 이전에 그가 저술한 책들은 아직 학자로서 활동은 할 수 없었지만 학자로 준비된 사람이었음을 알 수 있게 한다. 지금까지 남겨져 있어서 확인할 수 있는 책 중에 '복음의 진수' 초판이 해방 전에 저술된 것이다.[42]

2. 2. 1. 대한신학교(1948년 8월~1968년 1월)

김치선이 대한신학교를 설립한 것은 해방과 함께 전개한 삼백만부흥운동을 구현하기 위한 것이었다.[43] 그러나 대한신학교의 설립은 그에게 있어서 업적이면서 동시에 과보(果報)이기도 하다. 이렇게 표현할 수 있는 것은 그의 일생을 통해서 어떤 결정을 할 때 그 기준이 대한신학교였기 때문이다. 결과적으로 대한신학교를 통해서 수많은 지도자를 양성했다는 의미에서 그의 공을 분명히 말할 수 있다. 동시에 대한신학교 때문에 그는 학자로서의 명성을 이어가지 못했다고 할 수 있다. 또한 그의 대한신학교에 대한 집착은 가족관계도 어렵게 만들었고, 끝내는 선교부(독립장로교회)와의 관계도 결별하게 되었다.[44] 그러한 의미에서 교단의 결속력과 성장에는 걸림돌이 되었다고 할 수 있다.

앞에서 서술했듯이 그는 해방과 함께 민족복음화라고 하는 목적을 가지고 삼백만부흥운동을 계획했고, 그 운동을 주도하면서 해방 이후 극심한 이념적, 사회적, 정치적, 경제적 혼란과 어려움을 극복하기 위해서 몸부림쳤다. 대한신학교의 설립도 그 차원에서 시작한 것이고, 대한신학교 재학생과 졸업생들은 민족복음화의 첨병이 되어 전국 각지에서 목회와 복음 전하는 일을 감당했

---

42 김치선, 『복음의 진수』(경성; 복음세계사, 1940)

43 이종전, "삼백만부흥운동의 성격과 실체에 관한 연구," 「개혁논총」 제22권 (2012), 250.

44 김동화, 『나에게 있어 영원한 것』, 427; 이종전, 『한국장로교회사』(인천: 아벨서원, 2014), 433.

다. 그러한 의미에서 대한신학교의 설립과 그곳에서 그의 강의는 곧 그의 사역의 현장이었다.

그는 대한신학교에서 구약과 관련한 과목만 가르친 것이 아니다. 그가 남긴 강의노트를 살펴보면 구약개론, 신약개론, 구약사기, 구약과 신약의 각론, 조직신학 등을 강의한 것을 확인할 수 있다. 추측하기는 이 보다 더 많은 과목을 가르치지 않았을까 하는 생각이지만 근거를 확인할 길이 없다. 왜냐하면 당시 신학교에서 가르칠 수 있는 교수요원이 극히 적었기 때문에 그가 가르쳐야 하는 과목이 더 있었을 것이기 때문이다.

그는 1948년 대한신학교를 설립한 이래로 지병으로 눕기까지 강의를 계속했다. 하지만 지병의 병세가 악화되면서 대한신학교의 미래에 대한 그의 염려는 대한신학교를 확실하게 아들 김세창에게 넘겨주는 것이었다. 따라서 1967년 12월 21일 와병중에 자신을 추종하는 이사와 아들을 집으로 불러 비밀리에 이사회를 열었다.[45] 이 회의는 선교부와 돌이킬 수 없는 관계를 만드는 것이 되었다. 이미 1966년 9월 6일 대한신학교 교장을 아들 김세창(당시 25세)에게 물려주는 과정을 통해서 선교부와 불편한 관계를 만들었는데, 이 회의를 통해서 대한신학교는 김치선 개인의 것이 되었다. 결국 이 회의는 선교부측과 신학교측으로 분열되는 아픈 역사를 만들었다.[46]

2.2.2. 장로회신학교(1950년~1959년)

김치선의 신학교 사역은 직접 신학교를 설립하고 운영하는 것 말고, 총회신학교에서 교수하는 것을 포함한다. 해방과 함께 남한에는 장로교회 신학교로서는 조선신학교가 유일했다. 기존의 장로회신학교(일명 평양신학교)는

---

45 김동화, 『나에게 있어 영원한 것』, 421.
46 이에 대해서는 『週刊한국』, (1967년 12월 17일), 15; 김동화, 『오직 한 길』, 188; 최순직, "大神의 外的 變遷史," 「생수」 제4집(1974), 26; 이종전, 『한국장로교회사』, 417~442.

1938년 자진 폐교했음으로 해방 당시에는 총회가 인준한 것은 아니지만 실제로 조선신학교가 유일했다. 따라서 총회는 조선신학교를 총회신학교로 받아드릴 수밖에 없었다. 그러나 기존의 신학사상과는 많이 다른 자유주의신학을 기반으로 하는 교육을 하고 있었기 때문에 평양신학교에서 공부를 했던, 그러나 졸업을 하지 못해서 해방 후 남한에서 다시 신학공부를 이어가는 학생들의 저항을 받게 되었다. 이 사건은 끝내 한국장로교회를 분열하게 하는 하나의 원인이 되었다.[47]

김치선의 교수로서 사역은 이 사건 이후에 총회가 새로운 신학교를 설립하기로 한 것에서 시작되었다. 해방과 함께 삼백만부흥운동을 주도하는 일에 몰두하고 있었던 그이지만, 당시 교수를 할 수 있는 사람이 희귀했기 때문에 교수로 불림을 받지 않는 것이 이상한 일이었다. 조선신학교 사건은 결국 총회가 총회신학교의 지위를 취소하고, 새로운 신학교를 만들 것을 결의했지만 순조롭게 진행되지 못했다.[48] 우여곡절 끝에 아직 전쟁중인 1951년 9월 18일 대구에서 개교한 장로회총회신학교가 설립되면서 초대(初代) 교수로 초빙되었다. 이 것은 한국장로교회사에서 소위 평양신학교 이후 총회가 직접 설립한 최초의 신학교, 최초의 교수가 된 것이다.[49] 이렇게 시작한 총회신학교 교수로서의 사역은 1960년 그가 사실상 성경장로회총회를 설립하는 결정을 하기 까지 계속되었다. 그러한 의미에서 한국장로교회가 분열의 역사를 겪는 과정에서 항상 정통신학이 계승되는 곳에 그가 있었다는 것을 기억해야 한다.

총회신학교는 비록 전시에 설립해서 개교했지만 학생들은 상상을 초월할 만큼 몰려들었다. 준비된 교사(校舍)가 없어서 대구 서문교회, 서남교회, 그리

---

47 金良善, 『韓國教會解放十年史』(서울: 大韓耶蘇教長老會 總會教育部, 1956), 53, 214.
48 김요나, 『총신90년사』(서울: 도서출판 양문, 1991), 337~38; 「제36회 총회록」, 134~35.
49 김요나, 『총신90년사』, 349~50.

고 안두화(Edward Adams) 선교사의 사택 등을 임시교사로 사용하면서 총회신학교가 운영되었다. 시설이 절대 부족했고, 전쟁 중임에도 하나님의 부르심에 응답하고자 하는 학생들이 494명이나 몰려들었으니 놀랍지 않을 수 없다. 또한 이것이 휴전 후에 한국교회가 성장하는 초석이 되었다는 것도 가늠할 수 있게 한다. 당시 교수로 임용된 사람들은 박형룡, 김치선, 계일승, 권세열(Francis Kinsler, 1904~1992) 등이다.[50]

2.2.3. 저술과 논문

앞에서도 서술했지만 김치선은 민족복음화라고 하는 그에게 주어진 시대적 사명에 충실하고자 했던 것이 그의 사역의 현장에서 확인된다. 따라서 그의 사역의 중심에는 목회와 복음전도를 위한 부흥회를 인도하는 일이 있었다. 그의 목회경력에서 볼 수 있는 것처럼 담임목회는 물론, 그 과정에서 기회가 되는 대로 개척을 했다. 또한 해방 직후부터 삼백만부흥운동을 주도하면서 전국적인 집회인도를 위한 여정은 그에게 쉼을 허락하지 않았다.

따라서 그에게 학자로서 남겼어야 하는 연구실적은 상대적으로 적은 편이다. 남겨진 글들도 대부분 학문적인 것이라고 하기 보다는 복음을 전하기 위한 것들이고, 설교집 내지는 강해집 수준의 저작물들이 대부분이다. 전공과 관련해서 깊이 있는 연구물은 아쉽게도 남기지 못했다. 이것은 귀국한 이후 그에게 주어진 시대적 상황이 그로 하여금 민족복음화에 집중할 수밖에 없게 했기 때문에 그의 사역의 중심과 관심이 거기에 있었다는 것을 전제한다면, 이 또한 단순하게 판단할 일은 아니다. 오히려 학자로서 시대의 필요에 따라서 응답하는 모습이었다고 하는 것이 옳을 것이다.[51]

김치선이 남긴 저작물들은 지금까지 확인된 것은 다음과 같다.

---

50 김동화, 『나에게 있어 영원한 것』, 245~46.

<단행본>

1) 『복음의 진수』, 복음세계사, 1940.

2) 『福音의 講壇』, 기독공보사, 1947.

2) 『기독인의 초석』, 복음세계사, 1954.

3) 『구약사기』, 복음세계사, 1955.

4) 『갈라디아서 주해』, 길영사, 1956.

5) 『에베소서 강해』, 등사판(1950대 중반)

6) 『경건의 비밀』, 경천애인사, 1960.(복음의 진수와 같은 책)

7) 『요한계시록 강해』,

8) 『사도행전 강해』,

9) 『다니엘서 강해』,

10) 『에스겔서 강해』,

<강의록>

1) 『구약개론』

2) 『신약개론』

3) 『조직신학』

4) 『소선지서』

5) 『예레미야서』

---

51 이은규, "김치선 목사의 교육사상," 173. 이은규는 이 글에서 박용규가 김치선에 대해서 평가하는 "학자이지 목회자는 아니었다."라는 것에 대해서 "터무니 없는 평가라고 하고 싶지만 …"이라고 표현하면서 말을 잇지 않았다. 박용규와 이은규의 평가가 다른 것은 박용규는 사실상 김치선의 생애와 사역에 대한 충분한 이해가 없었다고 생각이 된다. 즉 그의 평가는 김치선의 공부한 이력과 귀국한 후에 총회신학교와 대한 신학교에서 가르친 것을 전제로 한 것이 아닐까 한다.

<논문>

1) "그리스도의 사초상," 『신학지남』 통권115호(1954. 7.)

2) "기독교의 본질," 『신학지남』 통권116호(1954. 10.)

3) "기독교는 무엇인가?," 『신학지남』 통권117호(1955. 12.)

　　이 글은 설교문임.

4) "복음의 진수의 도전자," 『신학지남』 통권119호(1960.9.)

5) "The Mosaic Authorship of the Pentateuch," Evangelical Theological College,

　　1935. 이 논문은 최선이 번역하여 출판되었다. 『김치선 박사의 모세와 오경』

　　(서울: 선교횃불, 2015)

<기독교잡지에 실린 글>

1) "세계는 기로에 서다," 『神學正論』 제3권1호(1953. 1.)

2) "신관념의 기원," 『복음세계』 제1권1호(1954. 3.)

3) "신학과 신조," 『복음세계』 제1권2호(1954)

4) "한국인이 요구하는 인물," 『복음세계』 제1권2호(1954)

5) "믿는 자의 생명되신 그리스도: 빌립보서연구(2),"

　　『복음세계』 제1권2호(1954)

6) "기독교의 근본문제," 『복음세계』 제1권3호(1954. 11.)

7) "실업청년과 복음운동," 『복음세계』 제1권3호(1954. 11.)

8) "그리스도 믿는 자의 생명: 빌립보서강해(3),"

　　『부흥』4호(1947. 3.)

9) "감사: 빌립보서강해(5)," 『부흥』9호(1948. 4)

10) "우리를 교양하시되," 『크리스챤 봉화』 제1권4호(1965. 4.)

11) "하나님을 경외하라," 『크리스챤 봉화』 제1권8.9호(1965. 8.)

12) "하나님을 경외하라(4)," 『크리스챤 봉화』 제1권11호

　　(1965. 11.)

13) "직분의 진의,"『크리스챤 봉화』제2권5호(1966. 5.)

14) "에베소주해,"『크리스챤 봉화』제2권5호(1966. 5.)

15) "크리스마스를 축하하자,"『크리스챤 봉화』통권25호(1967. 1.)

16) "에베소서주해(9),"『크리스챤 봉화』통권25호(1967. 1.)

17) "이상적 교회,"『크리스챤 봉화』통권27호(1967. 4.)

18) "에베소서주해(11),"『크리스챤 봉화』통권27호(1967. 4.)

<창간한 잡지>

1) 부흥, 1945.(삼백만부흥운동 소식지)

2) 우물, 1955.(대한신학교 교지)

3) 봉화, 1965.[52]

이상의 그들 외에 확인할 수 없는 잡지에 실린 글들이 있다. 이러한 글 대부분은 학문적인 글이라기보다는 설교와 강연을 목적으로 하는 글들이 대부분이다. 김치선의 관심은 오직 민족복음화에 집중되어있음을 그의 글들을 통해서도 알 수 있다.

---

52 이상의 내용은 필자의 수집한 것들과 기 출판된 자료들에서 정리한 것임.
KIATS 편, 『김치선』(서울: 홍성사, 2011), 206~07; 최정인, "김치선 목사의 생애," 40~42.

3. 삼백만부흥운동에 나타난 신학

해방 이후 그의 사역을 살펴보면서 알 수 있었던 것처럼, 그는 민족복음화에 집중하는 사역을 했다. 비록 목회를 하면서도 그의 관심은 민족복음화에 있었다는 것은 그의 행적을 조금만 들여다보면 알 수 있는 일이다. 그러한 의미에서 그가 갖고 있었던 신학사상이 가장 적극적으로 표현된 것이 삼백만부흥운동이라고 하는 것은 결코 무리가 되지 않을 것이다. 실제로 그의 사역의 중심이 되었기 때문이고, 그는 마지막까지 민족복음화를 위해서 기도와 함께 일을 했기 때문이다.

삼백만부흥운동은 해방과 동시에 김치선에 의해서 구상되고, 계획, 추진된 민족복음화를 위한 운동이다.[53] 이 운동은 김치선 개인에게 목적이 있는 것이 아니라, 민족구원이라고 하는 궁극적인 목적을 전제로 계획한 복음화운동이었다. 이 운동을 전개하는 과정에서 김치선의 사상이 자연스럽게 드러났기 때문에 그의 사상을 이해하는데 필수적인 자료이다. 다만 여기서 삼백만부흥운동 전체를 여기서 소개하는 것은 제한이 있음으로 각주 52번을 참조해서 이해하는 것을 전제로 여기서는 삼백만부흥운동의 과정에서 보여지는 그의 사상만을 정리할 것이다.

이 운동은 그의 애국심과 민족에 대한 안타까운 마음이 그대로 드러나게 전개되었다. 그가 이 운동을 위해서 호소하고, 설교하는 과정에서 보여진 것들은 한결같이 '구국의 일념'이라는 말로 표현할 수 있을 만큼 민족을 구원해야 한다는 사명감에 불탔다.

첫째, 그는 복음적 열정을 가진 사람이라고 할 수 있다.[54] 다만 필자가 김치

---

53 삼백만부흥운동의 실체에 대해서는 필자의 논문 "삼백만부흥운동에 나타난 김치선의 사상,"; "삼백만부흥운동의 성격과 실체에 관한 연구,"; "김치선과 삼백만부흥운동의 의의," 등을 참고하면 이해에 도움이 될 것이다.
54 이종전, "삼백만부흥운동에 나타난 김치선의 신학사상," 366~70.

선의 사상을 복음적이라고 하는 것은 1940년대에 등장하여 현재 전 세계 신학에 영향을 미치고 있는 신복음주의를 말하는 것이 아니고, 오직 은혜, 오직 믿음, 오직 성경을 근본으로 하는 복음전도자로서 그의 사상을 표현하는 것이다. 다시 말하면 김치선은 종교개혁의 근본정신에 입각한 복음전도를 가장 중요하게 생각했고, 그것을 구현한 것이 삼백만부흥운동이었다는 의미에서 그의 사상을 표현한 것이다.

둘째, 민족주의자였다. 어떤 의미에서 그의 사상이 형성되는 과정에서 필연적으로 민족주의자일 수밖에 없었다고 하는 것이 맞을 것이다. 그가 출생해서 성장하는 가장 민감한 시기가 일본제국주의자들에 의한 식민지의 박해를 받을 때였다. 뿐만 아니라 3.1독립만세운동에 참여한 죄로 서대문형무소에 투옥을 경험했다. 그 후 일본에서 생활하면서 조선인들의 차별대우와 모멸감을 자신의 몸으로 체험했고, 민족의 미래는 복음에 있다고 하는 확신을 가지게 되었다. 또한 일본에서 한국으로 돌아오기 직전에 동경신주쿠주오교회에서 목회하는 과정에서 역시 일본 경찰에 체포되어 투옥을 당하기도 했다.[55] 이러한 그의 경험은 조국의 형편을 누구보다도 잘 아는 사람으로서 조국의 미래를 복음을 통해서 열어가야 한다는 확신을 가졌기에 '이 민족 3천만'을 하나님께 부탁한다는 소망과 외침은 신학교 강단에서조차 멈출 수 없었기에 그를 민족주의자로 해석하는데 무리가 없지 않을 것이다.[56]

> 意志的으로 생각하면 이 運動은 生死의 문제라고 할 수 있다. 참다운 復興을 받지 못하면 三千萬의 白衣民族은 終局 亡할 수밖에 다른 길이 없다.[57]

---

55 李清一, 『在日大韓基督教會 宣教100年史』, 115.
56 이종전, "삼백만부흥운동에 나타난 김치선의 신학사상," 363~366; 이은선, "김치선의 국가관," 108.
57 三百萬復興運動社 編, 「復興」 第1號(1945), 1.

이 글은 그가 삼백만부흥운동을 시작하면서 발행한 <復興>이라고 하는 소식지 첫 호에 밝힌 이 운동의 취지문의 일부분이다. 짧은 부분이지만 그의 의지와 목적이 분명하게 보인다. 즉 민족의 구원은 복음을 통한 길 밖에 없다는 입장이다.

셋째, 그의 사상은 보수주의다.[58] 이때 보수주의라고 하는 말은 포괄적이지만, 근대주의나 현대 자유주의에 대한 그의 입장을 표현하는 것이다. 그런데 정작 그는 근대주의와 자유주의에 대해서 근본주의라는 표현을 함으로써 자신의 신학적 입장을 천명한 것으로 사료된다. 그는 자신의 박사학위를 위한 논문을 쓰게 된 이유를 다음과 같이 서술하고 있다.

> 본 저자가 극동에 있었을 때 외국 유학을 마치고 돌아온 신학생들이 "사회복음"(Social Gospel)을 가르치는 것을 보았다. 이러한 사실이 마음 아프게 하였지만 더욱 마음 아팠던 사실은 한국에 온 선교사들 가운데도 "성경의 영감"을 부인하고, "속죄의 피"의 필요성도 부인한 채 그리스도를 하나의 스승과 본받아야 할 모델로 만들어버리는 상황이었다. 이런 상황을 직면하여 본 저자는 이를 논박하기 위해서 비판적인 성경교사들과 설교가들의 주장이 옳지 않다는 것을 논증하고, 성경이 완전하고 충분한 전체로서 정확무오하다는 것을 논증하는 일에 착수하였다.[59]

이것은 그가 성경신학을 하게 된 것이 어떤 의미에서 변증학적인 입장이라는 해석할 수 있다는 근거가 될 수 있는 표현이기도 하다. 어떻든 이것은 그가 어떤 신학을 추구했는가 하는 것을 분명하게 알 수 있게 하는 근거이기에 충분하다. 즉 이 글을 통해서 알 수 있는 것은 이미 한국에 자유주의신학이 들어

---

58 이종전, "삼백만부흥운동에 나타난 김치선의 신학사상," 370~374.
59 김치선, 『김치선 박사의 모세와 오경』, (서울: 도서출판 선교횃불, 2015), 6.

왔고, 특별히 그의 고향인 함경도에 왔던 선교사들 가운데 자유주의신학을 계승한 사람들이 있었다는 것과 그러한 상황에서 김치선은 "성경이 완전하고 충분한 전체로서 정확무오하다는 것을 논증"하기 위해서 자신의 논문을 쓰게 되었다고 밝히고 있기 때문이다. 적어도 이 글을 통해서 그가 성경의 완전한 영감을 믿는 정통신학을 계승하고 있다는 사실이고, 이것은 그가 신학교육을 받는 과정에서 수용하게 되었고, 성경의 무오성에 대한 확신을 가지고 있다는 것도 알 수 있다.[60]

그러면 여기서 그가 사용하는 근본주의라는 말을 어떻게 이해할 것인가 하는 문제가 남는다. 이것은 결론 부분에서 정리할 것인데, 이번의 정리를 교단 안에서 공통된 표현으로 사용할 수 있기를 바라는 마음이다.

넷째, 그의 사상은 철저한 반공주의에 근거하고 있다. 조선 말기에 태어나서 식민지를 경험했고, 유학생활을 통해서 자유민주주의를 몸으로 경험한 그에게 주어진 현실은 반공주의 입장을 취한 것은 당연한 것일 수 있다. 단지 정치적인 입장에서가 아니라 그는 기독교 신자로, 그리고 지도자로 공산주의 혁명에 의해서 탄압을 받는 동유럽과 러시아의 현실을 알았기 때문에 그의 철저한 반공주의 입장은 당연한 것이었다.

이러한 사실은 그가 삼백만부흥운동의 일환으로 전도특공대를 파송한 것을 보면 쉽게 알 수 있다. 즉 전도특공대를 파송한 지역은 다름 아닌 폭력을 동반한 이념갈등이 있었던 곳들이다. 대표적인 곳으로 4.3사건이 있었던 제주도, 여순사건의 중심지 구례와 남원지역, 그리고 38도 선상의 접경지역들이다.[61] 이곳에 파송된 대원이 얼마나 되는지는 알려진 바가 없다. 다만 구전으로 전해지는 이야기는 있지만 정작 어떤 문서에 의한 확인은 아직까지 하지 못했다. 또한 필자가 직접 대면해서 확인한 것은 파송되었던 당사자조차도 충분한

---

60 한성기, "김치선 목사의 신학사상," 50~55.
61 배명준, 『남대문교회사』, 186.

정보를 갖고 있지 못했다.[62] 따라서 그 수를 정확하게 말할 수 없다. 그럼에도 분명한 것은 많게는 300명 선까지 예측이 가능하고, 적게는 7~80명 선으로 전하여지고 있다.[63]

정부도 감당할 수 없는 당시의 사회적 혼란이 극심한 상황에서 김치선은 이념이 충돌하는 현장에 전도대원들을 보내서 복음으로 극복할 수 있는 길을 제시하게 했고, 그곳에 간 대원들은 단기간 전도하고 돌아온 경우도 있지만 대부분 파송된 지역에서 현장 전도와 목회를 하면서 평생을 살았다. 즉 당시 이의완 대원과 같이 돌아온 경우도 있지만, 필자가 직접 면담한 차수호 장로의 말에 의하면 제주도에 파송된 사람들의 경우는 대부분 제주도에서 살았고, 어떤 형태로든 교회를 섬겼던 사실을 알 수 있다. 또한 지리산 지역에 파송되었던 정관백 전도사의 경우처럼 목회를 하면서 지역복음화를 이끌다가 순교를 당한 사람들도 있다.[64]

4. 성경신학에 나타난 신학

그는 성경신학(구약)을 전공해서 최종학위를 받았다. 하지만 그의 사역의 과정에서 이 분야에 대한 글을 많이 남기지 못했다는 것은 아쉬움이다. 물론 앞에서 살펴본 것처럼 해방 이후 그의 사역은 민족복음화라고 하는 시대적 사

---

62 2009년 10월 7일 제주도에 있는 차수호 장로를 자택에서 면담했다. 그는 1949년 1월에 제주도로 파송되었고, 1차로 8명의 대한신학교 재학생들이 입도하였다고 했다. 그러나 2차에 몇 명이 왔는지? 전체 전도대원이 몇 명이었는지는 알 수 없다고 했다.

63 배명준, 『남대문교회사』, 179; 정성한, "한국교회 해방전후사 인식(I)," 114~15; 김동화, 『나에게 있어 영원한 것』, 155.

64 허병욱, "선배의 핏자국을 찾아서 - 故 정관백 전도사," 『생수』 제3호 (1973), 25.

명에 응답하는 것이 그에게 있어서 가장 중요한 것이었기 때문이라는 사실은 부정할 수 없다.

어떻든 성경신학에 담긴 그의 신학이 어떤 것이었는지를 찾아보는 것은 그의 학위논문이 가장 중요한 것이라는 생각이다. 인쇄물로 출판된 성경신학으로 분류해서 찾아볼 수 있는 것은 그의 논문인 "모세오경의 모세 저작권"과 "구약사기" "갈라디아서주해" "에베소서강해" "사도행전" "다니엘서" "에스겔서" "요한계시록" 등이 있고, 강의 교안으로 만든 "예레미야서주해" "소선지서" 정도가 있다. 따라서 필자는 여기서 그의 학위논문을 중심으로 정리해보려고 한다.

첫째, 그는 오경(성경)의 통일성을 주장함으로써 역사적 정통신학의 토대 위에 서 있다고 할 수 있다. 기본적으로 성경의 통일성을 부정하는 입장은 모두 자유주의 내지는 근대주의 신학에 서 있는 사람들이다. 자유주의 사상은 성경의 내용을 합리성을 기준으로 성경을 부정하는 입장을 취한다.[65] 그러한 의미에서 자유주의 사상은 성경의 합리성과 통일성이 결여되었다는 것을 끄집어내는 것이 실제로 신학의 전제라고 할 수 있다.[66] 그런데 김치선은 성경의 통일성을 증거로 성경의 권위를 변증하고 있다. 그리고 자유주의 신학의 문제를 파악한 후 정통신학의 입장을 견지하기 위한 방법론으로서 채택한 것으로 볼 수 있다.[67]

기본적으로 김치선은 오경의 저자가 모세인 것을 오경의 내용을 <통합된 조직표>로 만들어서 증명하고 있다. 그는 여기서 오경 전체를 도표로 재구성

65 朴炯庸, 『福音批評史』(서울: 성광문화사, 1985), 13; 金義煥, 『現代神學概說』(서울:개혁주의신행협회, 1989), 163.
66 Rudolf Bultmann, 『共觀福音書 傳承史』許焱 譯(서울: 대한기독교서회, 1981), 5;Harvie M. Conn, 『성경 무오와 해석학』정광욱 역(서울: 도서출판 엠마오, 1988), 55.
67 김치선, 『김치선 박사의 모세와 오경』, 21.

해서 문서의 구성으로 보아도 한 사람 모세에 의해서 기록된 것임을 주장하고 있다. 즉 그는 이 도표를 전제로 다음과 같이 성경의 통일성과 모세의 저작에 하자가 없다는 논리를 펼치고 있다.

> 오경 전체의 묘사는 현대의 독자들에게 눈에 보이는 듯하고 분명해서 오경 저
> 작자로서의 논리적이고 타당한 통일성을 분명히 보인다. ... 오경에는 모세 이전
> 에 전승으로 주어진 언약에 대한 기록이 있다. 그리고 모세를 통해서 주어진 그
> 약속들과 언약들의 멋진 발전이 나타나 있다. 이 언약들은 모세가 죽었을 때에
> 언약이 종결됨을 의미하지 않고, 창세기 출애굽기 민수기 신명기의 시대까지
> 주어진 언약의 역사를 의미한다.[68]

둘째, 내적인 증거를 통해서 모세의 저작을 주장하고 있다는 의미에서 그는 정통적인 입장이다. 왜냐하면 자유주의 신학의 방법론은 내적인 불충분성을 전제로 외적인 증거를 필요로 하고 있으며, 그 증거들을 더 중요하게 여기기 때문이다. 그런데 김치선은 모세의 저작과 성경의 권위를 내적인 것으로 충분하다는 입장이다.[69] 물론 그 역시 외적인 증거들을 전혀 사용하지 않는 것이 아니다. 그 자신도 외적인 증거들을 사용함에도 항상 내적인 증거를 적극적으로 활용하는 것은 성경 자체의 권위에 대한 신뢰가 전제되었기 때문이고, 그것은 다음에 이어지는 논증인 성경의 영감에 대한 확신이 있기 때문이다.

분명한 것은 김치선은 철저한 성경신앙을 전제로 성경에 기록된 내용을 역사적 사실로 믿으며, 동시에 기록된 내용에 대해서도 하나님의 말씀으로 믿는 신앙을 통해서 내적인 증거를 담보로 성경의 하나님 말씀됨을 논증하고 있다.

---

68 김치선, 『김치선 박사의 모세와 오경』, 23~24.
69 김치선, 『김치선 박사의 모세와 오경』, 30, 40, 101.

이 점에서 拙者는 舊約聖經은 正確無誤한 하나님이 啓示의 말씀으로 믿는다. 舊約이나 新約 全部가 모세오경의 歷史的 史實 如何의 聖經 全部의 眞否를 決定하게 된다. 독일의 自由主義者들은 모세가 五經을 쓸 수 없다. 그 이유는 모세 때에는 文字가 없었다. 그러므로 主前 100年 頃 어떤 사람이 數千數萬의 文書를 갖고 五經을 編輯한 것이라 하여 歷史的 史實을 否認한다.[70]

이러한 그의 신학적 입장은 성경신앙에 철저했으며, 동시에 기록된 내용을 모두 역사적인 것으로 받아들이고 있다. 따라서 그가 성경에 기록된 내용을 성경의 완전성과 권위를 담보하는 내적인 증거로 적극적으로 활용하는 것은 결코 이상한 일이 아니다. 이러한 그의 입장은 역사적 사실로서 모세오경의 내용을 그대로 수용하면서 내적인 증거를 일관되게 활용하고 있다. 예를 들어 다음과 같이 오경의 모세저작권을 옹호하고 있다.

졸자의 학위논문 <오경의 모세 저작권 연구>에 모세오경의 말씀을 여호수아로부터 묵시록까지의 인용한 문구를 찾아본즉 총합 3839句였다. 다만 요한 2, 3서에만 없다. 2서는 13절 뿐이오, 3서는 14절 뿐이다. 그 외에는 1회로부터 356회까지 인용된 책도 있음을 알 때 모세 오경은 성경의 기초인 것을 알았다. 그러므로 오경의 저자가 모세이면 모든 문제는 다 해결될 것을 아는 바이다.[71]

이것은 그가 오경의 저작권에 대한 논증을 하면서 성경에 기록된 자증적(自證的) 증거로 채택하는 방식을 잘 보여주고 있다. 그의 논문에서 모세의 저작 사실을 검증하고, 확인하기 위해서 성경에 기록된 내용을 그대로 인용하고 있는 것인데, 이러한 사실은 그가 성경을 하나님의 말씀으로 믿는다고 하는 전

70 김치선, 『舊約史記』(서울: 福音世界社, 1955), 10.
71 김치선, 『舊約史記』, 13.

제가 없이는 불가능한 일일 것이다.

셋째, 그는 성경의 완전한 영감을 전제로 모세오경의 모세 저작권을 주장하고 있다는 의미에서 정통신학의 기본에 근거한 성경신학을 하고 있다. 그는 자신의 논문을 쓰게 된 동기를 "한국에 온 선교사들 가운데에도 '聖經의 靈感'을 否認하고, '贖罪의 피'의 必要性도 否認한 채 그리스도를 하나의 스승과 본받아야 할 모델로 만들어버리는 狀況이었다." 따라서 자신은 성경의 영감을 부인하고, 그리스도의 대속을 위한 희생을 부인하는 신학에 대해서 "聖經이 完全하고 充分한 全體로서 正確無誤하다는 것을 論證하는 일에 着手하였다."[72]고 말한다.

다만 그가 성경을 비판적 방법(criticism)으로 연구하는 신학적인 입장에 대해서 초대기독교부터 근대까지 정리하면서 그러한 방법의 문제를 조목조목 대항하는 논술을 했다.[73] 그렇지만 그의 논문에서 영감설과 관련한 내용을 별도의 항목으로 다루지는 않고 있다. 그럼에도 불구하고 그의 논술은 성경이 하나님의 완전한 계시로서 권위를 갖고 있음을 전제한 논술이라는 것을 확인할 수 있다. 다음은 그러한 그의 입장을 논술하는 본문에서 찾아볼 수 있는 글이다.

> 성경의 말씀을 믿는 우리들은 창세기 1~11장이 모세오경의 다른 부분과 마찬
> 가지로 모세에 의해 기록된 것을 알고 있을 뿐만 아니라, 모세가 선조들의 구전
> 과 성령의 직접적인 계시를 통해 창세기의 이 대목에 관한 내용을 알게 되었다
> 고 믿고 있으며, 바로 이러한 것들이 역사적 사실에 속한다고 생각한다.[74]

이와 같이 전제한 다음에 그의 논술은 이어서 성경을 신화로 보는 파괴적

---

72 김치선, 『김치선 박사의 모세와 오경』, 6.
73 김치선, 『김치선 박사의 모세와 오경』, 103~20.
74 김치선, 『김치선 박사의 모세와 오경』, 201.

인 비평가들의 주장을 소개하고 있다. 즉 창조사건을 모두 중동지역의 신화로 보는 주장들을 분석해서 소개하면서 그들의 논리의 한계를 비판한다.[75]

그의 이 글의 말미에서는 다음과 같은 결론으로 정리한다.

> 성경의 저자는 하나님의 계시를 통해 노아의 홍수에 관한 이야기를 알게 되었을 것으로 추정된다. 그렇다면 이러한 모든 이야기를 기록할 수 있었던 저자는 과연 누구였을까? 그 저자는 바로 성경이 증언하는 바와 같이 이스라엘 자손들의 지도자이자 하나님의 신실한 종이었던 모세였다.[76]

> 결국 앞서 언급한 바와 같이, 교육수준이 높았던 인물인 모세는 성령의 계시에 따라 이러한 문헌들 중 하나(설형문자, 상형문자, 또는 자모 문자로 기록된 문헌)를 이용해서 오경을 기록했으며, 아담과 하와를 시작으로 하여 그의 선조들에게 전래된 구전을 사용했을 것으로 추정된다.[77]

이러한 그의 입장은 기독교의 근본을 확립하게 하는 중요한 요소이다. 만일 기독교 신앙에 있어서 성경의 무오성을 담보하지 못한다면 기독교 신앙과 기독교는 존재하지 못한다. 기독교가 고백하는 어떤 신앙도 아무런 의미가 없게 되기 때문이다. 따라서 성경의 영감과 무오성의 담보는 기독교 신앙의 생명과 같은 것이다.[78]

특별히 그의 구약사기 총론에서 이러한 자신의 입장을 몇 번이고 반복해

---

75 김치선, 『김치선 박사의 모세와 오경』, 201~247. 창세기의 창조사건을 바벨론 신화로 주장하는 파괴적 비판을 하는 학자들의 이론을 소개하면서 동시에 비판한다.
76 김치선, 『김치선 박사의 모세와 오경』, 247.
77 김치선, 『김치선 박사의 모세와 오경』, 273.
78 Edward J. Young, *Thy Word is Truth*, 김수민 역, 『주의 말씀은 진리니이다』(서울:생명의 말씀사, 1994), 5.

서 강조하고 있는 것을 볼 수 있는데, 그것은 그의 신학적인 입장을 충분히 확인할 수 있는 근거가 될 것이다. 즉,

拙者는 舊約聖經은 正確無誤한 하나님의 啓示의 말씀이라 믿는다. 舊約이나 新約 全部가 모세 五經의 歷史的 事實 如何의 聖經 全部의 眞否를 決定하게 된다.[79]

聖經의 事實이 神의 啓示임을 否認하면 神의 存在를 否認하는 것이다. 萬一 神의 存在를 否認하는 사람이 講壇에서 '하나님 가로되'라고 自己의 입으로 하면 그는 거짓의 사람이다.[80]

以上에서 바로 解釋되는지 이는 알 수 없으나 拙者는 이상의 事實로도 조금도 의심치 않고 모세 五經을 그의 著者로 믿는 同時에 聖經 全部를 하나님의 啓示의 말씀으로 받아 正確無誤한 하나님의 말씀으로 믿는 것이다.[81]

이상은 그의 구약사기 총론에서 밝히고 있는 성경의 영감과 권위에 대한 그의 확인이다.

또한 김치선이 세대주의적 근본주의(혹은 신근본주의)와 다른 입장인 것을 확인할 수 있다는 것은 매우 중요한 의미를 갖는다. 세대주의적 근본주의가 갖고 있는 결정적인 문제점 가운데 하나는 "하나님이 人間을 攝理하는 歷史는 7개의 각각 다른 契約期間의 歷史로 본다."는 것이다. "각각의 契約期間에서 하나님은 人間을 다른 義務 아래에 두고, 각각의 契約期間에 있어서 하나님은 인

---

79 김치선, 『舊約史記』, 10.
80 김치선, 『舊約史記』, 11.
81 김치선, 『舊約史記』, 13~14.

간을 각각 다른 方法으로 다루신다."는 입장이다.[82] 그런데 김치선은 이러한 문제에 대해서 분명한 의식을 하고 있고, 그 문제 또한 알고 있기에 그의 구약사기 총론에서 시대를 구분하여 구약의 역사를 정리할 것이지만 "注意할 點은 聖經의 目的은 年代的으로 歷史的 事實을 列擧하려는 것이 아니오. 다만 하나님을 世界萬邦에 알게 하고 구원의 진리를 紹介하려는 册인 고로 年代的으로 仔細히 紹介할 수 없는 것을 누구나 理解하기를 바라는 바이다."[83]

여기서 김치선의 세대주의적 근본주의의 문제점을 알고 있기에 "주의할 점"이라고 경계하면서, 그럼에도 구약을 이해하기 위해서 구분하는 것을 이해할 것을 요청하면서 글을 이어가고 있다는 것에 주목한다면, 그가 사용했던 근본주의라고 하는 용어가 신근본주의(세대주의) 아닌 전기 근본주의, 즉 자유주의신학에 대항하여 성경을 하나님의 완전한 말씀으로 믿는다고 하는 것을 근본으로 하는 신학적 입장인 것을 알 수 있다.

5. 조직신학에 나타난 신학

김치선은 1936년 5월 12일 "모세오경의 저작권 연구"(The Mosaic Authorship of the Pentateuch)라는 논문으로 학위를 받았다. 당시 박사학위를 받은 것은 백낙준(1927), 남궁혁(1927), 송창근(1931), 박형룡(1933) 등이었다. 김치선은 그들에 이어 박사학위를 취득했으며, 특별히 구약을 전공한 것은 최초의 한국인이었다.[84]

---

82 Harvie M. Conn, *Contemporay World Theology*, 松田一男 譯, 『現代神學世界』(廣島: 聖惠授産所出版部, 1985), 161.

83 김치선, 『舊約史記』, 14.

84 이상규, 『해방 전후 한국장로교회 역사와 신학』(서울: 한국기독교역사연구소, 2015), 463.

이렇게 김치선은 구약을 연구한 학자였지만, 해방 이후 그의 사역은 구약과 관련된 과목을 가르치는 것에 그치지 않고, 실제로 그가 가르친 과목 가운데 조직신학노트가 상당한 분량이 남아있다. 현재 남아있는 강의노트는 총론(I. II.), 신론, 인간론, 기독론 등이다.[85] 추측할 수밖에 없는 것이지만 그 외의 조직신학과목도 강의를 했을 것인데, 그의 노트를 확인할 길이 없는 상태이기 때문에 그의 신학사상을 분석하는 한계가 있다.

따라서 여기서는 그가 신학을 공부하는 과정에서 어떤 신학적 영향을 받았는지를 정리하고 다음으로 조직신학 총론을 중심으로 그의 신학을 정리할 것이다.

5. 1. 신학형성과정

지금까지 김치선이 신학을 공부하는 과정에 대한 기록은 전적으로 김동화의 기록에 의존해왔다. 그런데 그 기록에 나타난 년도가 조금씩 다른 것을 필자는 확인할 수 있었다. 많은 부분이 나중에 기억에 의존해서 재구성한 글이기 때문이라는 추측이 가능하다. 따라서 여기서는 김치선이 신학을 수학하는 과정에서 신학적인 영향을 받은 것을 추적해보면서 그의 수학년도에 대한 것도 다시 정리할 것이다.

우선 그의 신학수학과정을 정리하면, 함흥 영생중학교(1918. 4.~1922. 3.), 연희전문학교(1927년 3월), 연희전문학교를 졸업하고 바로 평양신학교 입학(1927년 4월) 한 학기 수료, 중퇴한 후 영재형(Luther Lisgar Young, 1875~1950)의 부름을 받고 그 해 가을에 일본으로 건너갔다. 고베중앙신학교에 입학(1927. 9.)해서 공부와 사역을 겸했다. 그리고 그는 1931년 3월 24일 졸업했다. 그

---

85 이 노트는 1998년 안양대학교신학연구소가 〈김치선박사의 조직신학 강의집〉이라는 제목으로 복사해서 묶어놓은 것이다.

를 일본으로 부른 영재형은 한국교회를 위한 지도자로 키우기 위해서 미국으로 유학을 주선했다. 마침 프린스톤신학교의 좌경화로 인해서 새로운 신학교가 세워졌는데, 필라델피아의 웨스트민스터신학교였다. 1931년 9월 그곳에 입학해서 1933년 5월 졸업을 했다.[86]

이어서 박사학위를 하려고 했지만 당시 정통신학으로 박사학위를 주는 대학이 없었기 때문에 그가 선택할 수밖에 없었던 것이 Evangelical Theological Seminary였다. 그는 1936년 5월 12일 제10회 졸업식에서 박사학위를 받았다. 그가 졸업한 그해 말 이 학교는 Evangelical Theological Seminary & Graduate School of Theology로 바뀌었다. 다시 이 학교는 1969년도에 현재의 교명인 달라스신학교(Dallas Theological Seminary)로 바꾸었다. 그러니까, 그가 졸업할 당시까지 만해도 달라스신학교라는 명칭을 사용하지 않았다. 또한 1936년은 중요한 의미를 가진다. 왜냐하면 교명의 변경과 함께 이 신학교의 사상이 세대주의적 입장을 추구하는 신근본주의 색채를 강하게 나타내는 학교가 되었기 때문이다.[87]

그의 수학과정에서 신학사상 형성에 영향을 준 것은 아무래도 수학환경과 교수일 것이다. 따라서 우선 그의 양부였던 영재형 선교사의 영향을 들 수 있다. 영재형 선교사는 1925년 당시 함경도를 중심으로 활동하고 있었던 캐나다장로교회 선교사들 51명 중에 본국의 교단이 장로교회, 감리교회, 회중교회

---

86 본래 이 글을 썼을 때 기록했던 년도를 수정하였음을 밝힌다. 그 후 필자는 일본 현지의 사료들을 발굴하여 확인한 것을 수정하여 기록한 것이고, 이에 대해서는 본서 제1장에서 자세하게 다루었음으로 확인하기 바란다.

87 여기에 기록한 입학과 졸업년도와 학위 등의 기록은 김동화의 기록과 다른 것들이 있다. 그것은 고베중앙신학교와 웨스트민스터신학교, 달라스신학교의 학적부에 기록된 것을 근거로 한 것이기 때문에 앞으로는 이것을 공적으로 사용하는 것이 좋겠다는 생각이다. 이러한 사실은 고신대학교의 이상규 교수가 필자와 함께 발제했던 김치선과 관련한 세미나를 위해 준비하는 과정에서 현지학교의 학적부를 확인한 것이기 때문에 공적인 기록이라고 할 수 있다. 이상규, "김치선 박사의 한국교회사적 의의," 298.

가 교단을 통합하여 연합교회(The United Church of Canada)로 재편될 때, 자유주의신학을 반대하면서 참여를 반대한 단 두 사람 가운데 한 사람이었다.[88] 따라서 그는 더 이상 한국에서 캐나다선교부와 함께 일하는 것이 어렵게 되면서 일본에 있는 재일동포들을 대상으로 선교하기 위해서 떠났던 것이다.[89] 이것은 영재형의 신학적 입장을 알 수 있는 단면이다. 또한 영재형이 김치선을 미국으로 유학을 주선하고 공부를 시키는 과정에서 웨스트민스터신학교와 Evangelical Theological Seminary를 추천한 것만 보아도 그의 신학적인 입장을 짐작할 수 있다.

그러나 무엇보다도 적극적인 의미에서 영향을 준 것은 학풍과 교수들이다. 그러한 의미에서 먼저 고베중앙신학교에서의 영향은 미국 남장로교회의 신학적 전통을 전수받았다고 할 수 있다. 그가 일본 고베에서 공부할 때 신학교의 결정권을 가지고 영향을 미친 선교사는 풀턴(S.P. Fulton)이었다. 그는 남장로교회의 신학적 전통을 철저하게 계승한 사람이고, 그의 신학은 일본에서도 역사적 기독교회의 전통을 확실하게 계승시키는 일을 했다. 그런데 김치선이 입학해서 공부하는 동안 풀턴은 고베중앙신학교의 신학교육을 확실하게 남장로교회의 개혁파신학을 계승시키는 것을 무엇보다도 중요하게 생각했고, 그것은 그의 사명이었다. 풀턴은 당시 신약학과 조직신학을 가르쳤고, 그가 가장 중요하게 소개한 개혁파신학자는 워필드(B.B. Warfield)였다.[90]

당시 이 학교에서 김치선과 함께 공부한 오카다 미노루(岡田 稔)는 당시 풀턴 선교사에 대해서 다음과 같이 평하고 있다.

---

88 이상규, "김치선 박사의 한국교회사적 의의," 298.

89 이종전, 『한국장로교회사』, 579; Robert K. Anderson, *My Dear Redeemer's Praise. ; The Life of Luther Young D.D.*.(Hantsport: Lancelot Press, 1979), 12; 李清一, 『在日大韓基督教會 宣教100年史』, 329

90 木下裕也, "南長老教會の神學と岡田稔," 『改革派神學』 第44號(2018), 120.

'풀턴의 신학은 어떤 것인가?'라고 할 때 어떤 특색이 있는가 하면, 그것은 보수적 정통주의, 또한 역사적 칼빈주의자라는 별명을 가졌지만 특별히 풀턴이라고 하는 인물의 독특성이 있었다고는 생각하지 않는다.[91]

오카다의 이러한 표현은 그가 평범한 사람이었음을 말하려는 것이 아니고, 풀턴은 철저하게 남장로교회가 계승하고 있는 역사적 기독교회의 정통을 계승하려고 한 사람이었음을 강조하는 맥락에서 이렇게 표현한 것이다. 그만큼 개인의 신학을 강조하지 않고 워필드를 중심으로 메이첸(J. Grasham Machen)으로 이어지는 구프린스톤학파와 톤웰(J.H. Thornwell), 지라도(J.L. Girardeau), 댑니(R.L. Dabney)로 이어지는 남장로교회의 정통을 소개했던 인물이다.[92]

그렇다면 풀턴의 가르침을 받은 김치선은 당연히 그의 영향과 함께 남장로교회로 이어지는 역사적 기독교회의 정통을 계승하는 개혁파신학을 배웠음을 가늠하기에 충분하다. 특별히 남장로교회의 역사는 화란개혁파교회의 언약신학의 정통을 강력하게 잇고 있다는 점에서 의미가 크다.[93] 그런데 이러한 영향은 김치선의 조직신학 노트에 자연스럽게 녹아있는 것을 알 수 있다.[94] 그러한 의미에서 그의 신학이 형성되는 가장 중요한 시기인 고베중앙신학교에서 만난 풀턴교수와 구프린스톤학파, 그리고 남장로교회의 신학적 전통은 그에게 역사적 기독교회의 전통을 계승하는 개혁파신학을 형성시켜주었다고 할 수 있다.

---

91 岡田稔, 『岡田稔著作集5』(東京: いのちのことば社, 1993), 151.
92 木下裕也, "南長老敎會の神學と岡田稔," 120~21.
93 木下裕也, "南長老敎會の神學と岡田稔," 124.
94 김치선, 『김치선 박사의 조직신학 강의집』(안양대학교신학연구소: 1998), 4; 이은선, "김치선 목사의 개혁파부흥운동," 151.

고베중앙신학교에서 남장로교회 선교부가 요구하는 신학사상을 풀턴을 통해서 계승받은 사실은 해방 이후 고려신학교(현 고신대학교 전신)가 개교할 때, 즉 1946년 9월 20일 개강예배 겸 세미나에서 <신학과 신조>라고 하는 주제의 강연을 했고, 그 원고가 현존하고 있는데, 그 내용은 남장로교회 선교부가 신학훈련을 하는 과정에서 배운 그대로였다는 것을 알 수 있다.[95] 풀턴은 남장로교회 선교부에서 중심적인 역할을 하면서, 특별히 신학교육에 영향력이 컸던 인물인데, 그가 학생들에게 남장로교회의 신학적 전통을 철저하게 이어갈 수 있도록 하면서 교회형성의 원리를 전수했기 때문에 김치선은 그의 영향을 받았다고 할 수 있다.

고베중앙신학교를 졸업한 후 김치선은 미국으로 건너가서 당시 신생교인 웨스트민스터신학교에서 공부를 하게 된다. 이때 만난 것은 구프린스톤의 정통신학을 계승하기 위해서 동료들과 함께 새로운 신학교를 세워 이끌고 있던 메이첸이다. 이미 일본에서 풀턴을 통해서 정통신학을 접한 김치선은 자연스럽게 메이첸의 영향을 받았다고 할 수 있다. 그러한 사실은 20세기 초 북미대륙에 불었던 자유주의신학의 영향으로 가장 심각하게 부정되었던 성경의 영감설과 성경의 권위에 대해서 정통신학적 입장은 성경의 영감과 무오류성을 지

---

95 김치선, 『한국 기독교 지도자 강단설교 김치선』(서울: 홍성사, 2011), 84~91; 이종전, "신학과 신조에 나타난 김치선의 신학사상," 236; 허순길, 『한국장로교회사』(서울: 대한예수교장로회 총회 출판국, 2002), 325~26; 당시 고베중앙신학교를 통해서 남장로교회 선교부가 신학교육을 하는 가운데 중요하게 여겼던 역사적 사실에 대한 논문을 쓴 기노시다 히로야(木下裕也)는 다음과 같이 쓰고 있다. "남장로교회 선교부의 신조와 교회정치, 예배와 권징서는 일본개혁파교회에 문자적으로 모범이 되었다. 이에 더해서 기억해야 할 것은 엄격한 칼빈주의에 선 전도자교육이었다. 고베신학교의 신학적 신앙적 전통은 고베중앙신학교로부터 계승되어 현재의 고베개혁파신학교에도 이어지고 있다." 木下裕也, "南長老敎會の神學と岡田稔," 120.

96 John R. Fitzmier, The Presbyterians, 한성진 역, 『미국장로교회사』(서울: CLC, 2004), 124~25.

키는 것이었기 때문에 당시의 표현으로 근본주의 입장을 취했던 것이다. 따라서 김치선이 표현했던 근본주의라는 것은 성경의 절대적 권위를 부정하는 자유주의신학에 대항해서 형성된 성경의 절대권위를 옹호하는 당시의 정통신학을 대변하는 표현인 것이다.[96] 이것을 굳이 전기 근본주의라고 할 수 있다면, 그 시기는 1936년, 즉 메이첸 별세하기까지(1937년 1월 1일)라고 할 수 있을 것이다. 메이첸이 별세한 후 근본주의는 세대주의화와 함께 극단적, 반문화주의적인 성격을 강하게 가지게 되면서 비판적인 의미로서 소위 신근본주의(후기 근본주의)라고 불리게 되었다.[97]

메이첸의 별세는 정통신학을 추구하는 보수연합을 하나로 묶을 수 있는 지도자를 잃어버리는 것을 의미하는 것으로서 미국장로교회의 구학파와 신학파의 분열(1837) 이후 꼭 100년 만에 위기를 맞이하게 되었다. 1936년 6월 11일 메이첸을 중심으로 미국장로교회(The Presbyterian Church of America. 이 교단은 3년 후 The Orthodox Presbyterian Church로 개명함)를 결성하면서 그가 총회장이 되었다. 총회장으로서 메이첸은 "진정한 장로교회"가 성립되었다고 천명했지만, 갑작스러운 그의 별세는 보수연합을 하나로 묶을 수 있는 결정적인 구심점을 잃어버리는 것이 되었고, 결국 맥킨타이어(Karl McIntire)를 중심으로 성경장로교회(The Bible Presbyterian Church)가 분리되었다.[98] 이러한 과정을 볼 때 김치선을 후기, 즉 맥킨타이어의 신근본주의(Neo-Fundamantalism)

---

97 현재 일반적으로 불리는 근본주의는 이것을 의미하는 것으로 구분할 수 있어야 한다.

98 John R. Fitzmier, 『미국장로교회사』, 127~28; 박아론, 『보수신학은 어디로 가고 있는가?』(서울: 총신대학출판부, 1987), 22; 한성기, "김치선 목사의 신학사상," 55; 메이첸과 맥킨타이어를 근본주의와 신근본주의로 구별해서 정의를 내린 것은 우리나라에서 활동한 간하배였다. 즉 Harve M. Conn, Contemporay World Theology, (Nutly: Presbyterian and Reformed Publishing Co., 1977), 120; 신근본주의의 형성과 역사에 대해서는 金義煥, 『現代神學槪說』, 195~202.를 참조하라.

로 연결해서 평가하는 것은 무리이다. 이 때 김치선은 이미 졸업한 상태였기 때문이다. 다만 해방 후 그가 맥킨타이어와 함께할 수밖에 없었던 것은 대한신학교를 살려내기 위한 자구적 몸부림이었다고 하는 것이 오히려 당위성이 있는 평가일 것이다.[99] 왜냐하면 메이첸을 비판하는 입장의 사람들조차도 그에 대해서 오늘날 원리주의적 근본주의로 인식되는 세대주의적 근본주의, 혹은 신근본주의로 일컬어지는 부류와 구별하여 극단적이지 않았다고 평가하고 있다는 사실은 필자가 메이첸까지라는 표현을 할 수 있게 하는 이유이다.[100]

5.2. 조직신학에 나타난 사상

김치선은 조직신학도 강의를 했다. 이러한 경우는 결코 특별하지 않다. 더욱이 당시 한국교회의 현실에서 신학을 강의할 수 있는 학자가 절대 부족한 시대였기 때문이다. 뿐만 아니라 미국의 신학교들의 경우도 이러한 예가 많다는 것을 감안하면 특별한 것이 아니다.

그의 조직신학 강의노트가 일부 남겨져있어서 그것을 근거로 그의 사상을 정리해볼 수 있다. 아쉬운 것은 강의노트 전부가 있으면 좋을 것인데 일부만 전해지고 있다. 그렇지만 그의 노트는 그의 사상을 기본적으로 파악할 수 있는 자료를 제공하고 있기 때문에 아쉬운 대로 다행이기도 하다. 이 노트를 살펴보면 그가 표현했던 근본주의라는 단어에 대한 이해가 초기 근본주의를 의미한다는 것을 알 수 있다. 따라서 현재 신학계나 교계에서 일반적으로 이해하고 있는 근본주의(신근본주의, 또는 세대주의적 근본주의)와는 다른 의미로 표현한 것이라는 확인이다. 즉 그가 표현한 근본주의는 후기 내지는 신근본주의인 세

99 김동화, 『나에게 있어 영원한 것』, 348~49; 김동화, 『사진으로 보는 최순직 박사의 생애』, 59.
100 www.seonjija.net/new/6305

대주의가 아닌 칼빈주의를 계승하는 초기 근본주의를 의미한다는 것이다.

이에 대해서 지금까지 유일하게 김치선의 조직신학 노트를 분석한 한성기,[101] 이은선[102]의 평가를 비교해볼 수 있다. 여기서 한성기는 근본주의운동의 흐름을 구프린스톤을 중심으로 하는 구파칼빈주의 계보와 신근본주의인 세대주의 계보로 보면서 "김치선은 구파 칼빈주의자들에 의해서 형성된 웨스트민스터신학교와 세대주의적 성격이 짙은 달라스신학교에서 수학했다는 것은 그의 근본주의적 신학사상을 대변하는 반증이라고 할 수 있다."[103]고 평가했다. 그러나 한성기 역시 김치선의 사상을 후기 근본주의, 즉 세대주의적 근본주의로 단정하지는 않았다. 또한 김치선이 달라스신학교에서 공부했다는 것만으로 후기 근본주의자로 평가하는 것은 어려운 일이다. 예를 들어서 박형룡의 경우 최종학위를 침례교신학교에서 했는데, 그렇다면 그는 침례주의 내지는 회중주의자인가 하는 문제를 동반할 수 있는 것과 같은 경우이다.

반면에 김치선의 조직신학 노트를 분석한 또 한 사람인 이은선은 "그의 신학서론은 벌코프 조직신학과 남장로교의 댑니(Dabney)의 조직신학 서론을 주로 이용하여 총론을 구성하므로 그의 조직신학은 개혁신학으로 평가하는 것이 타당하다고 판단된다."[104]고 했다. 이은선은 김치선의 조직신학 노트에 담긴 김치선의 사상을 평가하면서 철저하게 벌코프와 댑니의 조직신학에 기초한

---

101 한성기, "김치선 목사의 신학사상," 70~76.
102 이은선, "김치선 목사의 개혁파부흥운동," 148~58.
103 한성기, "김치선 목사의 신학사상," 75; 같은 논지의 글을 다음과 같이 쓰고 있다. "김치선이 최종학위 과정으로 세대주의 색체가 짙은 달라스신학교를 선택한 것과 후에 칼 맥킨타이어의 만남 속에서 〈대한예수교장로회〉대신측 교단의 모체가 되는 〈대한예수교성경장로회〉 교단을 형성하는데 나타나는 다소의 신학적 모호성이 있기는 하지만 그의 일생에 나타나는 신학사상이 '근본주의(Fundamentalism)'라는 데는 변함이 없었다." 다만 여기서 한성기는 단정적으로 세대주의적 근본주의라는 표현은 하지 않았다는 점에서 긍정할 수 있다.
104 이은선, "김치선 목사의 개혁파부흥운동," 155.

것임을 말하고 있다. 또한 김치선이 발표한 "신학과 신조"를 분석하면서 "신조의 중요성에 대한 이러한 설명을 분석해볼 때, 김치선은 세대주의와는 완전히 다른 개혁파 종교개혁전통의 삼위일체론에 근거한 믿음을 통한 구원론을 강조하고 있다."[105]고 분석하고 있다.

이은선의 분석과 평가는 김치선의 신학을 개혁파신학이라고 한 것이다. 그렇게 평가하는 것은 단지 그가 수학과정을 근거로 한 것이 아닌 조직신학 강의노트를 근거로 한 것이다. 필자가 이 글을 준비하면서 김치선의 조직신학 노트를 살펴본 결과도 다르지 않은 결론에 이르렀다. 그러한 의미에서 선행 연구자인 이은선의 평가에 동의한다.

그러면 김치선의 신학이 개혁파신학이라고 할 수 있는 증거는 무엇인가? 그의 조직신학 노트에서 찾아본다면 다음과 같은 증거를 들 수 있을 것이다. 즉 그는 교리에 대한 이해를 하면서 "참 敎理란 基督敎에 있어 本質的 要素라 할 수 있으니, 그 理由는 敎會의 統一을 위한 것이다. 즉 標準信條가 必要하고, 敎會가 眞理에 대한 一定한 權威가 있어야 是非曲直을 分別할 수 있고, 經驗上으로 반드시 敎理가 必要하다."[106]고 함으로써 교회의 공적인 신앙고백의 필요성을 전제로 교회적 교리를 중요하게 여기고 있다. 이것은 기본적으로 성경의 절대적 권위와 교리의 필요성을 전제로 한 교회와 신앙적 질서를 담보하려고 하는 입장을 분명히 갖고 있다는 것을 알 수 있다.

그는 교리의 필요성을 말하면서 그 이유를 몇 가지로 설명한다. 즉

1) "共通性이 있어야 한다. 한 個人의 것이었어도 안 된다. 信者들이 同感하는 法則 卽 성경에서 普遍的으로 얻은 權威가 있는 眞理이어야 하며, 2) 傳統性이

105 이은선, "김치선 목사의 개혁파 부흥운동," 149.
106 김치선, 『김치선 박사의 조직신학 강의집』, 2.

있어야 한다. 歷史上 모든 經驗을 通하여 明白한 眞理이어야 한다. 3) 權威가 있어야 한다. 改革派는 로마 天主敎처럼 眞理의 無誤謬性을 不定하나, 그것이 聖經에 根據를 두기만 하면 權威를 認定하여야 한다.[107]

김치선이 조직신학 총론에서 교리의 필요성을 설명하면서 제시하고 있는 신학적 입장은 역사적 기독교회의 전통에 서 있는 것임을 알 수 있다. 여기서 표현하고 있는 '성경적 근거, 역사적 신학, 교회적 신학'이라고 하는 것은 개혁파신학을 표현하는 전형적인 것이기 때문이다. 따라서 이것이 그의 의식적인 표현인지의 여부와 관계없이 기본적으로 그는 역사적 기독교회의 신학인 개혁파신학을 가르쳤다고 할 수 있다. 또한 "改革派는 로마 天主敎처럼 敎理의 無誤謬性을 不定한다."는 표현에서 그 자신이 개혁파라는 입장을 밝히고 있다. 다만 당시에 개혁파라는 말이 한국교회에서 거의 사용되지 않는 용어였다는 것을 감안하고, 개혁주의라는 표현이 아닌 개혁파라고 한 것은 그가 개혁파신학을 적어도 신학교(M.Div.)과정을 일본에서 공부하면서 익힌 것이라는 추측이 가능하다.

교리의 필요성을 열거하고 설명하면서 특별히 "교회에서 공인된 것"을 강조하고 있는 것은 개혁파신학의 특징을 잘 소화하고 있는 것이며, 그것은 벌코프의 책을 그대로 인용하고 있다. 즉 "벌코프는 말하기를 그가 敎理學이라 한 말은 神學이란 敎理學이란 말보다 좀 더 特別한 意味를 갖인 것이다. 또 이 名稱 아래에서 硏究할 敎理를 敎會에서 公認된 것으로, 그것은 하나님의 啓示에 根據된 것이라 하였다."[108] 여기서 김치선은 교회에서 공인된, 즉 계시(성경)에 근거한 교회적 신학을 설명하고 있는 것을 볼 수 있다. 따라서 그는 신학은 어떤 개인의 학술적 주장으로 보지 않고, 교회적 신학의 확인과 고백의 중요성을

---

107 김치선, 『김치선 박사의 조직신학 강의집』, 2.
108 김치선, 『김치선 박사의 조직신학 강의집』, 3.

강조하는 것을 알 수 있는데, 이것은 개혁파의 신학을 표현하는 전형이다.

이어서 <第二編 宗敎>의 정의를 내리면서 신학적 입장과 일반 학자들의 입장을 분류하여 설명하면서 세 가지 입장을 열거하고 있는 것을 볼 수 있는데, 거기에 근본주의의 여지가 보이지 않는다는 것이다. 즉 1) 개혁파신학자들의 정의 – 칼빈, 카이징가(Kaizenga), 벌코프, 파머(Farmer). 2) 일반 학자들의 정의 – 슐라이에르마허, 헤겔, 리츨, 트뢸치, 칸트, 배일리(Bailie), 오토(Otto), 프로드(Froad), 피치(Fiche), 두이(Dewey), 낭만주의(Romanticism). 3) 신정통파의 정의 – 바르트(Barth), 헤르만(Herman), 부른너(Brunner) 등으로 구분하여 소개하고 있는 것을 볼 때, 그의 신학적 의식에는 근본주의를 말할 수 있는 여지가 없다고 할 수 있다.[109]

또한 신학에 대한 정의를 설명하면서 여러 학자들의 견해를 소개하고 있다. 그 중에서 개혁파신학자들은 구 프린스톤의 워필드와 남장로교회의 톤웰과 댑니의 견해를 소개하고 있다. 이에 비교해서 범자유주의 계열의 신학자들인 슐라이에르마허(Schleiermacher), 맥킨토쉬(MacIntosh), 리츨 등의 견해를 소개하고 있다.[110]

김치선이 남긴 단편의 글들은 주로 잡지나 논문집에 실여있다. 그렇지만 대부분 학문적인 글이기 보다는 계몽을 목적으로 하는 설교문 내지는 호소문, 또는 간단한 주제를 서술한 글들이다. 그럼에도 그러한 글들에 담긴 그의 사상을 엿보는 것은 충분하다. 즉 신인식론(神認識論)에 대한 글을 <신관념의 기원>이라는 주제로 복음세계 1권 1호(1954)에 실었는데, 여기서 그는 신인식론을 하지(Charles. Hodge)의 설명(直覺, 追論, 超自然的 啓示)을 그대로 소개하고 있는 것을 볼 수 있다.[111] 또한 교회론을 소개하는 글 <이상적 교회>은 『크리스챤

109 김치선, 『김치선 박사의 조직신학 강의집』, 8~10..
110 김치선, 『김치선 박사의 조직신학 강의집』, 4.
111 김치선, 『김치선』, 92. 이 글은 「복음세계」 제1권 1호(1954)에 실렸던 것임.

봉화』에 실었는데, 여기서는 그가 정통적인 교회관을 갖고 있음을 알 수 있다. 교회의 무형적, 유형적 이해를 광의와 협의의 의미로 설명하면서 교회의 조직과 궁극적인 목적이 하나님을 영화롭게 하는데 있음을 말하고 있다. 당연히 유형교회의 질서를 위한 교회법과 행정의 필요성까지를 설명하면서 그렇다고 교회의 궁극적인 목표가 유형교회에 있는 것이 아니기 때문에 이상적 교회(천상의 교회)를 향한 수고가 있어야 한다는 것을 강조하고 있다.[112]

필자는 김치선의 조직신학 노트와 그의 단편으로 실었던 글들에서 그가 적극적으로 소개하는 학자들과 소개하고자 한 신학이 어떤 것인지를 찾아보았다. 여기서 알 수 있는 것, 그의 조직신학 노트에서 가장 많이 인용하고 있는 것은 남장로교회의 댑니의 조직신학이었는데, "김치선의 조직신학 총론 3장에서 6장까지의 내용은 댑니의 총론 가운데 7강부터 12강까지 상당히 겹치고 있다."[113] 그리고 일부는 하지와 벌코프의 조직신학을 인용하고 있는 것을 확인할 수 있는데,[114] 이것은 당시 그가 개혁파신학권에서 유력한 학자들의 신학을 그대로 잇고 있음을 증명한다. 그러한 의미에서 그의 신학사상은 개혁파신학으로 평가하는 것이 타당하다.[115]

6. 나가면서

지금까지 김치선의 사상에 대해서는 말로는 회자되었지만 그의 글을 통

---

112 김치선, 『김치선』, 100~109. 이 글은 「크리스챤 봉화」 27호(1967)에 실렸던 것임.
113 이은선, "김치선 목사의 개혁파 부흥운동." 151; 이은선은 R. L. Dabney, *Systematic Theology*, (Edinburgh: The Banner of Truth Trust, reprint 1996), 1~2.와 비교해서 확인하고 있다.
114 Louis Berhkof, 권수경 이수경 역, 『조직신학』(서울: 크리스챤다이제스트, 2002), 115~25.
115 이은선, "김치선 목사의 개혁파 부흥운동," 155.

해서 분석한 심도있는 평가는 많이 부족한 상태다. 이미 앞에서 언급했듯이 안양대학에서 발행한 <신학지평> 제10호에 실린 것들이 그에 대한 연구의 시작이었고, 그 이후에 한 편의 박사학위 논문이 나왔을 뿐이다. 그 마저도 김치선의 글을 심도있게 연구하여 정리한 것이라고 하기에는 부족함이 있다. 그리고 필자를 비롯하여 이은선, 한성기, 이상규 등이 쓴 정도가 전부다.[116]

이들의 글을 통해서 김치선의 사상을 평한 것을 보면 이상규는 "보수주의" "복음전도자" "반공주의"라는 표현으로,[117] 한성기는 "근본주의"[118], 이은선은 "개혁주의"[119], 필자는 "복음주의"[120]라고 각각 달리 표현했다. 그러나 이들의 글을 읽어 보면 표현하는 단어가 다르지만 이해하고 있는 것의 공통점이 있다는 것을 발견할 수 있다. 그것은 김치선의 시대에 우리 교계에서 사용되었던 용어들에 대한 이해가 필요하다는 것과 김치선의 신학을 분석하는 과정에서 각각 다른 관점에서 표현하고자 하는 단어를 선택한 결과일 뿐이라는 것이 필자의 판단이다.

즉 당시에 우리나라 교계에서 개혁주의라는 단어를 일반적으로 사용하지 않았다는 것이다. 따라서 김치선이 사용한 근본주의는 개혁주의라는 의미이고, 그가 몇 차례 언급한 '개혁파'라는 용어를 확인할 수 있었는데, 그것은 아직 일반적이지 않지만 고베중앙신학교에서 배운 것으로 추측된다. 그러한 의미에서 그의 사상을 나타내는 용어로서는 굳이 근본주의라고 할 때 초기 근본주의(신근본주의와 구별된), 보수주의, 또는 개혁파신학이라고 하는 것이 옳을 것이다. 다만 사용할 때 이러한 의식을 분명히 가지고 사용해야 하는 것

---

116 이 글을 발표할 때까지의 것으로 그 이후 소수의 논문과 한국개혁신학회가 특별한 주제로 김치선을 연구 발제한 바가 있다.
117 이상규, "김치선 박사의 한국교회사적 의의," 311~317.
118 한성기, "고봉 김치선과 大神―그의 신학과 사상을 중심으로 한 이해," 344.
119 이은선, "김치선 목사의 개혁파 부흥운동," 158.
120 이종전, "삼백만부흥운동에 나타난 김치선의 사상," 366.

이 중요하다. 그럼에도 현재 사람들에게 근본주의라는 말은 일반적으로 신근본주의로 이해되고 있기 때문에 이 용어는 사용하지 않는 것이 좋겠다는 생각이고, 오히려 개혁파신학이라고 사용하는 것이 좋겠다는 것이 필자의 연구결과이다.[121]

다만 필자가 복음주의로 표현한 것은 신복음주의를 다시 연상하게 되는데, 그러한 의미에서 사용한 것은 아니다. 즉 그는 어떤 분야 내지는 주제라고 할지라도 철저하게 복음과 전도에 집중하고 있다는 의미에서의 해석이라는 것을 전제해서 이해할 수 있으면 좋겠다.

마무리하면서 아쉬운 것은 아직까지도 김치선의 신학을 연구할 수 있는 원자료를 쉽게 접할 수 없다는 사실이다. 자료의 빈곤은 단지 김치선에 대해서 모르게 되는 것이 아니라 관심을 가지지 않게 된다는 한계를 극복할 수 없다는 위기를 맞게 된다. 그 결과는 역사적 기독교회의 정통을 잇고 있는 대신교단의 정체성을 잃어버리게 될 것이다. 역사는 사실을 근거로 만드는 것이다. 그런데 그동안 그와 대신교단의 역사를 만드는 일에 무관심했다는 반성과 함께 이번 기회를 통해서 김치선을 한국교회사에서 역사화시키는 계기가 되기를 기대한다.

---

121 이은선, "김치선 목사의 개혁파 부흥운동," 122. 필자는 김치선의 글을 읽으면서 그를 근본주의로 이해하는 것은 근거가 부족하고, 오히려 오순절적인 면이 있지 않나하는 생각을 하게 된다. 물론 그는 분명히 개혁파적 의식을 갖고 있지만 기도, 부흥회, 신인식론과 같은 면에서 그러한 분위기가 느껴진다.

참고문헌

김동화.『나에게 있어 영원한 것』, 서울: 기독교연합신문사, 1998.

김동화.『사진으로 보는 최순직 박사의 생애』, 천안: 백석역사관, 2009.

김동화.『오직 한 길』, 서울: 기독교연합신문사, 2004.

金良善.『韓國敎會解放十年史』, 서울: 大韓耶蘇敎長老會 總會敎育部, 1956.

金守珍.『韓日敎會의 歷史』, 서울: 대한기독교서회, 1989.

김요나.『총신90년사』, 서울: 도서출판 양문, 1991.

金義煥.『現代神學槪說』, 서울: 개혁주의신행협회, 1989.

김인수, 박정한.『한국교회 첫 선교지 살리는 공동체 100년: 제주성안교회 100년
　　　사』, 제주: 성안교회, 1010.

김인수 편.『제주기독교100년사』, 제주: 대한예수교장로회 제주노회, 2016.

김치선.『김치선 박사의 조직신학 강의집』, 안양대학교신학연구소: 1998.

김치선.『舊約史記』, 서울: 福音世界社, 1955.

김치선.『김치선 박사의 모세와 오경』, 서울: 도서출판 선교횃불, 2015.

김치선.『복음의 진수』, 서울: 복음세계사, 1940.

김치선.『한국 기독교 지도자 강단설교 김치선』, 서울: 홍성사, 2011.

박아론.『보수신학은 어디로 가고 있는가?』, 서울: 총신대학출판부, 1987.

朴炯庸.『福音批評史』, 서울: 성광문화사, 1985.

배명준.『남대문교회사』, 서울: 남대문교회, 1979.

辛鐘國.『神戶敎會70年史』, 在日大韓基督敎 神戶敎會, 1991.

이상규.『해방 전후 한국장로교회 역사와 신학』, 서울: 한국기독교역사연구소,
　　　2015.

이종전.『한국장로교회사』, 인천: 아벨서원, 2014.

120년사편찬위원회,『초량교회 120년 약사』, 부산: 육일문화사, 2013.

허순길,『한국장로교회사』(서울: 대한예수교장로회 총회 출판국, 2002).

Berhkof, Louis, 『조직신학』, 권수경 이수경 역, 서울: 크리스챤다이제스트, 2002.

Bultmann, Rudolf, 『共觀福音書 傳承史』, 許焱 譯, 서울: 대한기독교서회, 1981.

Conn, Harve M., *Contemporay World Theology*, 『現代神學世界』, 松田一男 譯, 廣島: 聖惠授産所出版部, 1985.

Conn, Harvie M., 『성경 무오와 해석학』, 정광욱 역, 서울: 도서출판 엠마오, 1988.

Fitzmier, John R., *The Presbyterians*, 『미국장로교회사』, 한성진 역. 서울: CLC, 2004.

Young, Edward J., *Thy Word is Truth*, 『주의 말씀은 진리니이다』, 김수민 역, 서울: 생명의 말씀사, 1994.

李清一, 『在日大韓基督教會 宣教100年史』, 東京: かんよう出版, 2015.

岡田稔. 『岡田稔著作集5』, 東京: いのちのことば社, 1993.

60周年記念誌準備委員會 編, 『武庫川教會60周年記念誌』, 尼崎: 武庫川教會, 1991.

Anderson, Robert K., *My Dear Redeemer's Praise,; The Life of Luther Young D.D.*, Hantsport: Lancelot Press, 1979.

Conn, Harve M., *Contemporay World Theology*, Nutly: Presbyterian and Reformed Publishing Co., 1977.

Dabney, R. L., *Systematic Theology*. Edinburgh: The Banner of Truth Trust, reprint 1996.

木下裕也, "南長老教會の神學と岡田稔," 「改革派神學」第44號(2018).

강경림, "김치선 목사의 반우상숭배론," 「신학지평」 제13집(안양대학교, 2000)

姜興秀 編, 「復興」 제7호(1947)

姜興秀 編, 「復興」 제10호(1948)

김재규, "김치선 목사의 설교," 「신학지평」 제13집(안양대학교, 2000)

김치선, 「복음세계」 제1권 1호(1954)

김치선, 「크리스챤 봉화」 27호(1967)

柳智瀚, "獻金芳名을 실으면서," 「復興」 제9호(1948)

三百萬復興運動社 編, 「復興」 第1號(1945).

원용국, "김치선 목사와 나," 「신학지평」 제13집(안양대학교, 2000)

이상규, "김치선 박사의 한국교회사적 의의," 「대한논총」 제2호(2009)

이은규, "김치선 목사의 교육사상," 「신학지평」 제13집(안양대학교, 2000)

이은선, "김치선 목사의 개혁파부흥운동," 「신학지평」 제23호(2010)

이은선, "김치선의 국가관," 「신학지평」 제13집(안양대학교, 2000)

이종전, "김치선과 삼백만부흥운동의 의의," 「개혁논총」 제39권(2016)

이종전, "삼백만부흥운동에 나타난 김치선의 신학사상," 「대한논총」 제2호(2009)

이종전, "삼백만부흥운동의 성격과 실체에 관한 연구," 「개혁논총」 제22권(2012)

이종전, "신학과 신조에 나타난 김치선의 신학사상," 「대한논총」 제3호(2011)

정성한, "한국교회의 해방 전후사 인식(I)," 「신학과 목회」 제28집(2007)

최순직, "大神의 外的 變遷史," 「생수」 제4집(1974)

최정인, "김치선 목사의 생애," 「신학지평」 제13집(2000)

한성기, "고봉 김치선과 大神-그의 신학과 사상을 중심으로 한 이해," 「대한논총」
        제2호 (2009)

한성기, "김치선 목사의 신학사상," 「신학지평」 제13집(2000)

허병욱, "선배의 핏자국을 찾아서 - 故 정관백 전도사," 「생수」 제3호(1973)

한국기독교대백과사전

「기독공보」(1953. 3. 23.).

「週刊한국」, (1967년 12월 17일).

『제36회 총회록』

http://m.newspower.co.kr/a.html?uid=37835 인터넷신문 뉴스파워 기고문

http://www.bpu.ac.kr/Pages.aspx?ID=7 부산장신대학교 연혁

www.seonjija.net/new/6305

제3장

삼백만부흥운동에 나타난
김치선의 신학사상

1. 서론

18세기말 북미에서 일어난 부흥주의(revivalism)에 의한 부흥운동은 북미교회에 크게 영향을 미쳤다. 이 운동은 선교사들에 의해서 그 여파가 한국교회에까지 그대로 미쳤다. 이 부흥주의의 영향은 한국교회가 성장하는 과정에서 하나의 특징으로 나타났으며, 그 대표적인 것이 1907년 대부흥운동이다. 또한 1907년 대부흥운동이 시들해지면서 한국교회 내에서 일어난 백만인구령운동으로 이어지는 한국교회의 부흥운동과 성장의 패턴을 형성했다. 비록 그 성과에 있어서는 기대에 미치지 못했지만, 한국교회가 스스로 시도한 전도운동이었다는 의미에서 역사적인 평가를 할 수 있다.

그리고 해방과 함께 부흥운동이 이어지게 되는데, 그것이 김치선이 주도한 삼백만부흥운동이다. 이 부흥운동의 중심에 김치선이 있었고, 그는 이 운동을 통해서 당시 국민의 십일조를 구원하여 하나님께 드리자는 목표를 세웠다. 이것은 그가 주도한 부흥운동의 목표였으며, 동시에 이 부흥운동만이 국가적 미래를 열어갈 수 있다고 생각했다. 그러므로 삼백만부흥운동은 구국운동과 일치하고 있다. 그러한 의미에서 그의 삼백만부흥운동은 구원을 위한 복음전파의 목적을 가지면서 동시에 구국을 목적으로 한다는 점에서 두 가지 목적과 의미를 가지고 있다.[1]

필자는 삼백만부흥운동에 담겨있는 김치선의 사상을 그의 저술과 삼백만부흥운동의 기관지인『復興』제1호와 몇몇 자료를 통해서 분석하고 정리하려고 한다. 그러나 자료의 한계를 어떻게 극복할 것인가 하는 문제는 필자에게 과제라는 사실은 부정할 수 없다. 그만큼 1차 사료의 부족과 함께 지금까지 김

1 　三百萬復興運動社 編,『復興 1호』(서울: 三百萬復興運動社, 1945), 15. "우리 白衣民族도 하나님이 統治하시는 나라가 되어야 할 것이니 이는 부흥에만 달렸다고 할 수 있다. 즉 참 부흥인 그리스도를 받아 옷 입듯 하는 것이 하나님이 主宰하시게 하는 것이라."

치선과 그의 생애에 대한 연구가 없었다는 의미다. 따라서 그것은 그에 의해서 형성된 역사를 계승하고 있는 교단과 신학교가 중심이 돼서 발굴하고 보존해야 할 과제로 남기고 여기서는 논지에만 충실하려고 한다.

2. 한국교회사에 있어서 삼백만부흥운동

한국교회사에 있어서 부흥운동은 교회성장의 중요한 흐름을 가지고 있다. 1907년 평양대부흥운동을 효시로 하여 1909년 100만 명 구령운동으로 이어지는 부흥운동은 기폭제와 같은 역할을 하면서 한국교회의 성장을 주도했다. 그 후 일제 강점기 말에는 교회에 대한 박해로 인해서 성장의 원동력을 잃게 되었다.

그러나 1945년 해방과 함께 전개한 삼백만부흥운동은 교회의 재건운동과 함께 교회를 성장시키는 역할을 했다. 하지만 교회는 사회적 경제적인 어려움과 이념적 정치적인 소용돌이 속에서 재건과 전도에 전념하기에는 역부족인 환경이었다. 그렇지만 어려운 환경 속에서도 한국교회의 부흥운동을 전개한 인물이 김치선이다. 그는 당시 남대문교회 담임목사로서 한국교회의 유력한 지도자로서 위치를 가지고 있었으며, 그의 민족을 향한 사랑과 복음을 통한 구국의 정신은 삼백만부흥운동을 전개하게 했다.

김치선이 주도한 삼백만부흥운동은 해방된 해부터 6·25사변 후 까지도 계속되었다. 그러나 지금까지 삼백만부흥운동에 대한 학문적 연구가 전무했고, 구전으로 전해지고 있는 정도였다. 일부 그 실체에 대한 증언과 연구가 없었던 것은 아니지만, 한국교회사를 연구하는 사람들에 오르내릴 만큼의 사료가 제시되지 못했고 깊은 연구도 없었다.[2] 그러한 의미에서 필자 역시 이 연구를

---

2   남대문교회사편찬위원회, 『남대문교회사』(서울: 대한예수교장로회남대문교회, 1979), 184-87.; 정성한, "한국교회의 해방 전후사 인식(1) – 남대문

위한 자료의 한계를 인정하지 않을 수 없고 앞으로 이에 대한 연구와 노력이 있어야 할 것이다.

그럼에도 한국교회사에 있어서 삼백만부흥운동은 역사적 사실이었기에, 그리고 그 영향이 한국교회사의 한 흐름으로 이어지고 있기에, 그 실체에 대한 역사적 서술이나마 하지 않으면 안 되겠다는 책임의식을 가지고 이 글을 준비했다.

2. 1. 삼백만부흥운동의 실체

이 부흥운동은 당시 남대문교회 담임 목사이었던 김치선의 주도로 1945년 해방과 더불어 시작되어 1953년 전쟁이 끝난 후 까지 계속되었다. 이것은 한국교회 역사상 가장 어려운 시대에 교회적 사명을 감당하기 위한 부흥운동이었다는 점에서 그 의미가 크다. 어려운 환경에서 시작한 운동이었기에 그 성과에 있어서는 기대에 못 미쳤다는 판단을 할 수 있으나, 이것 역시 해석에 따라서는 그렇게만 판단할 수 있는 것은 아니다.

왜냐하면 삼백만부흥운동이 단순히 한 가지 형태가 아니었고, 몇 가지 구체적인 사업으로 전개되었기 때문이다. 즉 삼백만부흥운동은 첫째, 전국 3천 교회와 30만 동지를 규합하여 각 10명씩을 전도함으로써 300만 명의 민족을 구원시키겠다는 다단계원리에 의한 운동이었다.[3] 둘째, "2만 8천 동네에 가서

교회를 중심으로", 「신학과 목회」 제28집 (2007), 112-16.; 채기은, 『한국교회사』(서울: 기독교문서선교회, 1977), 193.; 김세창, 『빛을 향하여』(서울: 도서출판 춘추관, 1989), 20.; 김동화, 『나에게 있어서 영원한 것』(서울: 기독교연합신문사, 1998), 157-58.; "삼백만부흥운동" 항목. 『기독교대백과사전』(서울: 기독교문사, 1982).; 박용규, 『한국기독교회사 2』(서울: 생명의 말씀사, 2006), 844-46. "삼백만부흥운동" 항목, 『교회사대사전』(서울: 기독지혜사, 1994), 등 정도인데, 그나마 연구논문이라기 보다는 역사적 사실을 전언하는 정도의 것들이라고 밖에는 할 수 없다.
3 三百萬復興運動社 編, 「復興 1호」, 4-5.

우물을 파라"는 전도명령을 구체적으로 실현하기 위하여 부흥운동의 전사(戰士)가 절대적으로 필요했기 때문에 신학교를 세웠다. 당시 대한신학교를 설립한 목적이 삼백만부흥운동의 연장선에 있으며, 민족을 구원할 수 있는 일꾼을 양성하기 위한 것이었다.[4] 셋째, 개척전도대(특공대)를 파송하여 복음을 전하게 했다. 이 사업도 역시 2만 8천 동네에 가서 우물을 파라는 부흥운동의 구체적인 일 가운데 하나이기도 했다. 이 사업은 특히 해방 직후 정치적 이념의 대립과 확립의 과정에서 사회적인 갈등이 심했던 분쟁지역에 전도대원을 파송해서 전도와 목회를 하게 했던 것이었다.[5] 넷째, 김치선과 유력한 지도자들을 중심으로 부흥회를 개최하여 회개를 촉구하여 부흥을 선도해가는 일이었다. 이 부흥집회는 당시 한국교회를 움직일 만큼의 영향력을 발휘했으며, 많은 군중이 몰려 정치적으로 주목을 받기까지 했었다.[6]

이 가운데 첫 번째 사업은 6·25사변 전에 이뤄진 것으로 그 성과를 가늠하기 어려운 것이 사실이다. 처음에는 김치선을 중심으로 하는 당시 한국교회의 유력한 지도자들이 함께 했던 운동이었다. 그러나 부흥운동이 진행되면서 당시 한국장로교회(분열 이전)는 이 운동을 총회차원에서 주도하여, 총회 전도부가 이끌어가는 운동으로까지 발전했다. 그러한 의미에서 삼백만부흥운동은 남대문교회를 중심으로 시작했지만 이 사업에 뜻을 같이 하는 지도자들이 참여하고, 총회가 동역하는 운동이었다는 평가가 가능할 것이다. 그러나 갑자기 발발한 6.25사변 때문에 이 운동의 명확한 마무리가 불가능했다.

즉 첫 번째 사업은 6.25사변이라고 하는 민족적 비극인 전쟁이 발발함과 함께 중단될 수밖에 없는 일이었다. 그러므로 사업성과에 대한 평가를 한다는 것이 어렵고, 실제적으로 불가능한 것이 사실이다. 다만 6.25사변 이전에는 어

---

4 정성한, "한국교회의 해방 전후사 인식(1)", 114.
5 "大韓神學大學認可," 「基督公報」 1952년 10월 6일자, 1.
6 남대문교회사편찬위원회, 「남대문교회사」, 185.

떻게 전개되었는가 하는 평가가 가능할 것이나 이 역시 사료의 부족이 그 평가를 어렵게 한다. 그럼에도 불구하고 공통된 증언은 삼백만부흥운동이 지도자들을 중심으로 계속되었다는 것이다.

그 중에서도 네 번째 대중집회나 각 교회에서 집회를 통해서 회개운동을 전개한 사실은 부정할 수 없다. 특히 김치선의 부흥회 인도는 많은 사람들이 몰려다닐 만큼 인기가 있었고, 그의 설교에 감동되어서 은혜를 받고 변화되는 사람들이 많았다. 또한 그와 함께 부흥운동에 동참한 지도자들, 예를 들어서 당대의 유명 부흥강사였던 손양원 목사, 이성봉 목사, 박재봉 목사 같은 이들은 삼백만부흥운동의 동지로서 개인적으로도 절친한 친구이며, 구령과 구국을 위한 이 운동에 동참하여 많은 영향을 주었다.[7] 이들의 부흥집회는 6·25사변이 끝난 후에도 계속되었으며, 그 영향력 역시 대단했음은 주지의 사실이다.

반면에 삼백만부흥운동사(三百萬復興運動社)를 중심으로 한 전도 계획이 어떻게 전개되었는지 그 전모를 확인할 길이 없다는 것이 안타깝다. 다만 어떤 형태로든 운동의 전개가 있었다는 것은 삼백만부흥운동사가 발행한『부흥』이라고 하는 소책자가 발행되고 있었다는 사실을 통해서 짐작할 수는 있다.[8]

다음으로는 삼백만부흥운동의 실체는 "2만 8천 동네에 가서 우물을 파라"는 모토 아래서 전개된 두 가지 사실을 생각할 수 있다. 하나는 대한신학교의 설립이고, 또 하나는 전도대를 조직하여 각지에 파송하여 개척 전도와 목회를 하게 하였던 것이다.

먼저 대한신학교는 민족의 구원과 구국의 뜻을 이루기 위한 일꾼 양성을

7 김동화, 『나에게 있어서 영원한 것』, 150, 158.
8 필자가 지금까지 확인한 바로는 1945년 12월 창간호가 발행된 이래로 11호(1948년 12월)까지 발행되었다. 이 글을 쓸 당시에는 창간호만 실제로 자료로 활용할 수 있게 입수하였다. 나머지는 그 실체를 확인할 수 있었을 뿐 실제로 입수하지는 못했다. 〈이 글을 쓴 후에 필자는 7~11호까지 발굴할 수 있었다. 따라서 이후에 쓰여진 글은 이것들을 참고해서 쓸 수 있었다.〉

목적으로 설립했다. 즉 구 대한신학교의 설립은 삼백만부흥운동의 구체적인 실현을 위한 수단이었다. 이러한 사실은 당시 이 운동에 함께 했으며, 남대문교회 동사 목사였던 배명준 목사의 증언을 통해서 확인할 수 있다.[9] 그러한 의미에서 구 대한신학교는 전쟁 중에도 학생들을 가르쳤고, 피난 중에도 삼백만부흥운동을 계속하기 위해서 부산과 제주도에 분교를 설치하여 한국교회와 국가를 위한 지도자를 양성하는 일을 감당했다는 사실은 간과할 수 없는 일이다.[10] 전쟁 중이었던 당시에도 신학교육을 계속했으며, 졸업생도 계속 배출하였다는 사실은 삼백만부흥운동이 어떤 어려움 속에서도 계속되었다는 의미로 보아야 할 것이다. 1951년 6월에 부산에서 제2회 졸업식을 하면서 8명의 졸업생을 배출했고, 1952년 4월 역시 부산에서 제3회 졸업식을 통해서 9명의 졸업생을 배출했다.[11] 삼백만부흥운동은 전쟁 중에도 계속되었다는 의미다.

또한 삼백만부흥운동은 전도대(일명 전도특공대)를 조직하여 각지에 파송함으로써 그곳에서 전도하고 교회를 세우도록 하는 운동을 이어갔다. 이때 조직된 전도대는 특별한 의미를 가진다. 특이한 것은 이들이 파송된 지역이 제한된 지역이었다는 것이다. 즉 해방이후 이념적 갈등을 하고 있었던 지역인데, 사회적으로 불안하고 갈등이 심각했던 곳에 전도대를 파송했다는 것이 특별하다. 다른 지역보다도 정치적 이념의 갈등으로 인해서 사회적으로 혼란했던 순천을 중심으로 하는 지리산 지역과 4·3 사건이 있었던 제주도 지역, 그리고 38도선의 분단지역과 태백산지역에 약 70여명 정도가 각각 해당지역의 전도대원으로 파송되었다.

9　남대문교회사편찬위원회, 『남대문교회사』, 183, "삼백만부흥운동의 전도훈련센타로서 (대한신학교의 설립의─필자)필요성을 역설하여 당회에서의 찬성을 얻기에 이르렀다."고 당시 남대문교회의 동사 목사였고, 사변 후에 동교회의 담임목사로 평생을 섬겼던 배명준 목사는 증언했다.

10　"大韓神學大學認可," 「基督公報」, 1952년 10월 6일자, 1.; 김동화, 『나에게 있어서 영원한 것』, 241.

11　"大韓神學大學認可," 「基督公報」, 1952년 10월 6일자, 1.

그러한 의미에서 삼백만부흥운동은 1945년에 시작되어 1950년 6·25사변이 일어나기 직전까지는 구체적으로 전개되고 있었다는 것을 알 수 있다. 이들이 파송되었던 역사적 사실에 대해서 필자가 확인한 것을 중심으로 조금 더 구체적으로 살펴본다면, 사변 전인 1949년 1월에 제주도로 8명의 전도대를 파송했고,[12] 1949년 12월에도 지리산 지역에 23명과 그 후 제주도에 다시 개척전도대를 파견했다. 이어서 1950년 5월에는 38선 지역에 전도대를 파견해서 전도와 개척을 통한 목회를 하도록 했다.[13] 이러한 사실은 삼백만부흥운동이 일시적인 이벤트성 운동으로 끝난 것이 아니고, 1945년 이 운동을 시작한 이래로 생사를 넘나드는 어려움 속에서도 계속되었다는 것을 알 수 있다.

이 때 전도대원으로 참여한 사람들은 거의 당시 구 대한신학교의 학생들이었고, 이들 가운데 상당수는 당시 남대문교회 신자들이기도 했다.[14] 여기서 아쉬운 것은 전도대원으로 참여한 사람들을 파악할 수 없다는 것이다. 또한 같은 지역으로 파송된 사람들끼리도 다 기억하고 있지 못하는 것이 현실이고, 그나마 현재는 대부분의 사람들이 별세했고, 혹 생존자가 있더라도 파악이 어려운 현실이다.

그리고 전도대원으로 파송되었던 대부분의 사람들은 돌아오지 못한 채 순교를 했거나, 현지에서 어려움 가운데서 교회를 섬기는 일꾼으로 여생을 마

---

12 차수호 장로(제주도 성안교회)와의 전화 면담, 제주시, 2009년 10월 7일. 차수호 장로는 1949년 1월 제주도에 파송된 전도대원으로서 당시 대한신학교 재학생으로 구성된 8명의 전도대원들이 제주도에 갔음을 증언해 주었다. 본인은 6·25전쟁 이후에 다시 제주도로 돌아가서 그곳에서 평생을 살면서 장로로서 교회를 섬기고 있다. ; 김성보(한국기독교역사박물관사무국장)와의 면담, 이천시 소재 박물관, 2009년 10월 21일. 그의 부친 김신영목사가 구 대한신학교 1회 졸업생이면서 동시에 38선지역의 전도대원으로 활동했으며, 제주도에도 전도대원으로 활동을 했다고 한다.
13 "大韓神學大學認可,"「基督公報」 1952년 10월 6일자, 1.
14 남대문교회사편찬위원회,「남대문교회사」, 179.

친 것으로 사료된다. 특히 전도대원들이 파송을 받은 곳은 이념적인 갈등이 심한 지역이었기 때문에 사역이 어려운 것은 말할 것도 없고, 그들의 생존여부조차 확인이 불가능했다. 정황을 통해서 볼 때 대부분의 사람들은 고난을 겪었고, 그중에 많은 사람들은 순교를 당했을 것이라는 공통된 의견이다. 실제로 생존하거나 고통을 당했던 이들이 돌아와 증언하는 말을 종합할 때 순교를 당했다고 짐작할 수 있다.[15]

이렇게 볼 때 삼백만부흥운동은 1945년 이후 지금까지도 계속되고 있다고 할 수 있다. 이미 가톨릭을 제외한 한국의 크리스천 수가 8백6십만(인구대비 18.3%)[16]이라는 통계가 말하듯 삼백만을 넘은지 오래다. 물론 상대적으로 인구도 늘었으니 비례해서 7천만의 십일조를 말해야 할 것이다. 하지만 통계에 따르면 이미 그 수도 넘었다. 하지만 그것으로 만족할 수 없는 것이 선교적 사명이기에 더 크게 성장하는 한국교회가 될 것을 기대하는 것은 모두의 바람이다.

2.2 삼백만부흥운동의 의미

삼백만부흥운동의 실체가 전술한 바와 같다면, 한국교회사에 있어서 이 운동의 의미는 어떻게 평가할 수 있는가? 사실상 지금까지 아무도 이 운동에 대한 연구는 물론 그 평가도 하지 않았다. 간단하게 견해를 밝히는 글은 있었지만, 이 역시 삼백만부흥운동의 실체와 과정에 대한 기록이 없기 때문에 제대로 된 평가를 할 수 없음을 밝히는 것이 전부다. 예를 들어 이 운동에 대해서 간략하게 서술하고 있는 정성한은 그의 글에서 다음과 같이 삼백만부흥운동에 대해서 말하고 있다.

---

15 남대문교회사편찬위원회, 『남대문교회사』, 179.; 김동화, 『나에게 있어서 영원한 것』, 158.

16 //newsmossion.com/news/2009/10/06/1112.31898.html

'삼백만 구령운동'은 한국전쟁이 시작되면서 더 이상 지속되지 못했다. 남대문
교회가 민족해방과 분단이후의 정치적 격동기에 주도한 이 부흥운동은 그 과
정을 기록한 자세한 내용이 전해지지 않아 구체적인 어떤 성과를 냈는지는 알
수 없다. 또한 한국교회의 역사가들에게도 크게 관심을 끌지 못하여 제대로 평
가를 받지 못하고 있다.[17]

그의 말처럼 삼백만부흥운동에 관한 역사적 자료가 거의 없다는 것이 제
대로 된 평가를 할 수 없는 이유이기 때문에 안타깝다. 그러나 그 역사적 실체
를 부정하거나, 자료가 없다는 이유로 지나칠 수 없는 것이 이 운동이 가지는
역사적 사실이다. 만일 이 운동에 대한 역사적 실제적 의미를 부정하거나 배제
한다면, 그것은 한국교회사에 있어서 매우 중요한 사실을 부정하는 것과 같은
것이다. 필자는 이에 대해서 앞에서 서술한 바를 전제로 해서 이 운동에 대한
의미를 정리하려고 한다.

첫째, 삼백만부흥운동은 1907년 평양대부흥운동과 1909년 백만인구령
운동에 이어지는 한국교회의 부흥운동사의 맥을 잇고 있는 중요한 역사적 사
실이라는데 의미가 있다. 1909년 백만인구령운동 이후에 해방까지는 일제에
의한 박해에 저항하는 시기였기 때문에 부흥운동을 전개할 수 있는 여유가 없
었다. 하지만 1945년 해방과 더불어 시작된 삼백만부흥운동은 다시 그 이후
1970년대와 80년대를 거치면서 전개되는 민족복음화운동으로 이어지는 한국
교회의 부흥운동의 역사에 있어서 그 중심에 있다. 비록 삼백만부흥운동의 실
체에 대한 충분한 자료가 부족할지라도 그 사실만으로도 한국교회 성장사에
있어서 중요한 역사적 사실로서 의미가 있다.

17 정성한, "한국교회의 해방 전후사 인식(1)", 115.

둘째, 삼백만부흥운동은 단지 교회성장이라는 제한적 의미에서만 생각할 수 있는 것이 아니다. 적어도 이 운동은 일제로부터의 해방과 동시에 전개되었다는 시대적 배경을 전제할 때 한국교회의 재건과 관련해서 초교파적으로 역동적인 한국교회상을 구축하게 했다. 이 운동은 대중 집회를 중심으로 전개되었다는 점에서 회개와 함께 신앙회복이라는 차원에서 부흥에 초점을 맞춘 운동[18]이었기 때문에 부흥주의적인 영향이 컸다고 할 것이다. 이 운동은 김치선과 남대문교회를 중심으로 하는 것이었지만, 장로교단의 동참과 함께 초교파적인 호응을 얻었기 때문에 그 영향이 컸다.

셋째, 삼백만부흥운동은 민족(삼천만)과 구국이라는 단어와 떼어놓고 이야기 할 수 없을 만큼 민족에 대한 깊은 사랑과 절망적인 상태에 처해있는 국가의 미래를 걱정하는 가운데 소망을 가지게 하며, 회개를 동반한 회심을 통해서 미래를 열어갈 수 있도록 하기 위해서 전도하고 교회를 세워야 한다는 목적과 이상을 가지고 있다. 정치적, 사회적, 경제적 등 어느 면으로 보나 절망과 좌절 가운데 처하여 있던 당시의 상황에서 회개를 통해서 위로와 소망을 가지게 하며, 나아가서 궁극적으로는 국가적 미래에 대한 소망을 복음에서 찾고 있는 것이 이 운동이다. 그러한 의미에서 이 운동은 단지 전도만 아니라 복음전도와 국가적 미래를 동시에 보려고 했다는 것을 알 수 있다.

넷째, 삼백만부흥운동은 해방과 동시에 시작되었고, 6·25사변이라고 하는 전쟁의 소용돌이를 지나면서 외적으로는 소멸된 것으로 생각할 수 있다. 그러나 정전 이후에도 지역별 집회는 계속되었으며, '2만8천 동네'에서 우물파기 운동은 파견되거나 우물파기에 동참한 사역자들이 각지에서 교회를 개척하고

---

18 三百萬復興運動社 編, 「復興 1號」, 11. "우리는 各自의 信仰復興運動으로부터 시작하여 마음과 뜻을 같이 하야 最善을 다하여 三百萬의 復興運動을 일으켜 目的을 達할 때까지 奮鬪와 努力하여야 하겠다." 14. "참 부흥이란 그리스도를 所有하는 것뿐만 아니라 主를 옷 입듯 하는 것이란 것을 우리는 깊이 생각하여야 할 것이다."

목회하는 일은 계속되었다. 또 하나는 삼백만부흥운동의 산물인 구 대한신학교를 통해서 한국교회의 많은 지도자들이 배출되었고, 그 사역은 현재까지도 계속되고 있다는 의미에서 삼백만부흥운동은 한국교회성장에 있어서 한 축을 담당했고, 현재도 그 사명을 다하고 있다.

다섯째, 삼백만부흥운동의 정신이 <대신>[19]이라고 하는 큰 틀 속에 계승되고 있고, 그것은 대신에서 자라, 대신 교단에서 목회를 하거나, 선교를 하는 모든 사역자들의 의식 속에 살아있다. 시간적인 의미에서 '삼백만'을 말하는 시대는 지났지만, 그 정신에 입각해서 민족복음화라고 하는 대 명제는 더 크고 높은 이상과 함께 <대신>의 정신으로 확고하게 자리잡고 있는 만큼 삼백만부흥운동의 정신은 현재도 살아있는 의미다. <대신교단>에서 자라면서 삼백만부흥운동의 정신을 계승하지 못했다는 것은 있을 수 없을 만큼 대신의 정신적 전통으로 자리하고 있는 것이 삼백만부흥운동을 구현하기 위한 정신이었다. 이 정신에 대해서는 다음 장인 '김치선의 신학사상'에서 다루도록 하겠다.

이처럼 삼백만부흥운동의 의미는 격변기의 한국교회가 처했던 위기적 상황에서 복음으로 국가의 재건과 함께 하나님의 지상명령을 수행한다고 하는 이중의 목적을 가지고 전개했던 운동이라는데 의미가 있다. 즉 김치선에게 있어서 복음전파는 교회성장이라는 목적이 있지만, 그 목적에는 민족의 구원, 혹은 국가의 미래를 복음을 통해서 세워야 한다는 민족주의적 국가의식이 전제되어 있다. 그러므로 그의 입에서는 "이 민족 삼천만"이라는 단어가 끊이지 않고 사용되고 있다. 그로 인해서 그가 얻은 별명은 "한국의 눈물의 예레미야" "눈물의 선지자"이기도 하다.[20]

---

19 여기서 대신이란 구 대한신학교와 대한예수교장로회(대신)에 속한 김치선의 영향을 계승하고 있는 집단을 의미한다.
20 남대문교회사편찬위원회, 『남대문교회사』, 179.

삼백만부흥운동이 해방과 함께 국가적, 전 교회적으로 위기적 상황에 처한 상태에서 전개된 것이지만, 그러한 상황이었기에 이 운동의 의미가 크다고 할 수 있다. 어디를 보아도 절망할 수밖에 없었던 당시의 상황은 국민들에게 소망을 줄 수 있는 것이 전무한 상태였다. 그러한 상황에서 국민들에게 소망을 줄 수 있어야 했던 김치선은 복음 안에 그 소망이 있음을 확신하고 복음을 전하는 일에 전념하였다.[21] 또한 복음을 전하는 것은 단지 사명이기 전에 "無限하신 하나님의 恩惠를 보답하는 것"이라고 확인하고 있음을 볼 때, 삼백만부흥운동의 출발이 단지 인간적, 현실적 필요에 의해서가 아니라, 하나님의 은혜에 있음을 알 수 있다. 이러한 사실은 삼백만부흥운동이 순수한 복음전파운동이며, 동시에 민족의 미래(국가적 미래)를 복음으로 구현하려는 김치선의 신앙에서 계획되고, 전개되었던 것이라고 할 수 있다.

따라서 <대신>이라는 틀에서 계승되고 있는 삼백만부흥운동의 정신과 실체는 <대신>의 역사적 사명이 어디에 있는지를 분명하게 하는데 의미가 있다. 당시 대한신학교 학생들을 중심으로 삼백만부흥운동을 전개하는 과정에서 결사대로 파송된 사람들은 복음을 전하다가 대부분 순교의 길을 갔는데,[22] 그 정신은 지금까지 <대신>이라는 이름을 통해서 계승되고 있다는 의미다. 삼백만부흥운동은 당시의 정치적, 사회적, 경제적인 어려움과 혼란, 그리고 이어지는 6.25사변 때문에 거국적, 거교회적 운동으로 계속되지는 못했지만, 이 운동은 암울했고 처참했던 시대에도 복음을 전하는 것은 물론, 복음을

---

21 三百萬復興運動社 編, 「復興 1號」, 2. 김치선은 여기서 "먼저 우리는 信仰의 復興이 있어야 하겠고 다음으로 心靈의 復興이 있어야 할 것이다. 이것만이 우리 民族이 永遠히 幸福스럽게 살 수 있는 唯一의 活路라고 생각할 때 우리의 決意가 어떠하다는 것을 一般은 推測할 수 있을 것이다."고 함으로써 신앙의 부흥과 민족의 미래를 동일시하고 있음을 볼 수 있다.
22 "삼백만부흥운동" 항목, 『기독교대백과사전』(1982).

통한 민족의 미래를 열어가는 역할을 했으며,[23] 그 정신이 지금까지 한국교회의 한 흐름에서 도도하게 계승되고 있다는 것은 한국교회사에서 지울 수 없는 사실이다.

---

23 "大韓神學大學認可," 「基督公報」 1952년 10월 6일자, 1. 삼백만부흥운동의 구체적인 전개의 한 축으로써 세워진 대한신학교는 6·25전쟁 중에도 제주도와 부산에 임시로 분교를 세워 신학교로서의 사명을 다했다. 전쟁 중에도 공부를 시켜서 졸업생을 배출했다는 것은 삼백만부흥운동의 살아있는 정신이 무엇인지를 엿볼 수 있는 대목이다. 즉 휴전 후인 1953년 9월에 지방에 있던 분교를 모두 서울로 옮기기까지 전란중에도 신학교육은 계속되었다. 또한 "大韓神學大學認可," 「基督公報」 1952년 10월 13일자, 1.에 실린 대한신학교의 제주분교설치에 대한 기사 소개하니 참고하기 바란다. "제주읍에서는 아직도 피난 기독교인이 수천 명을 산하는데 그 중에는 교역을 희망하며 신학을 원하는 이들이 다수히 있으나 육지에 나가서 신학을 연구할 만한 형편은 못되고 시일은 이렇게 오래 지체되므로 몇몇 유지들이 대한신학교 제주분교를 제주에 두기로 생각하고 부산 본교 교장 김치선 박사와 연락 교섭하야 동 박사의 허락을 얻어 즉시 이사회를 조직하고 강사를 택하였고 학생모집광고를 내걸었든바 지원자가 70여 명에 달하야 9월 15일에 개교식을 성대히 거행하였다. 당일 밤 7시반에 피난민 제주읍 교회 내에서 이사장 이인식목사의 사회로 개회하야 제주노회장 강문호 목사의 복음적인 설교에 이여 이사들과 강사들의 소개가 있은 후 제주 초유의 신학교 개교식이 끝났다. 현재 시험을 보고 입학허락을 받아 공부를 하는 학생이 예과에 60명 본과와 별과에 12명 합 72명이나 되며 앞으로 몇을 더 신입생을 받을 수 있으리라 한다. 그리고 교직원은 아래와 같다. 분교장 윤필성 목사, 교감 김재호 목사, 강사 이인식 목사, 강문호 목사, 오응식 목사, 이환수 목사, 현태룡 목사, 우상필 목사, 김성0 목사, 강원모 목사, 박윤삼 목사 우호익 장로, 김덕삼 선생, 김덕삼 선생, 서무·회계 김봉로, 후원회장 이환수 목사" ; // www.bpu.ac.kr/Introduction/?part=PIZ01004, 부산장신대학교의 연혁에 "1953. 10.19. 명칭을 대한예수교장로회 대한신학교 부산분교로 정하고 중앙교회, 북성교회, 광복교회를 임시 교사로 정하고 교수를 시작하였으며, 초대 이사장에 이순경 목사가 그리고 초대교장에 노진현 목사가 취임하다."고 명기하고 있다. 이는 삼백만부흥운동의 연장선에서 볼 때 전쟁의 와중에도 쉬지 않고 전개되었던 이 운동의 의미를 생각하게 한다.

3. 삼백만 부흥운동에 나타난 신학사상

이 운동에 대한 사료의 부족은 삼백만부흥운동이 한국교회사에 있어서 가지는 의미에 비해 충분한 연구가 어렵다는 현실을 인정하지 않을 수 없다. 그럼에도 불구하고 현재까지 확인할 수 있는 자료들을 통해서 분석해 볼 때, 삼백만부흥운동에 나타나고 있는 김치선의 사상을 정리하는 것은 필연적 과제이기에 이 과제를 수행하는 것은 사가(史家)로서 책임이라고 생각한다. 그러므로 비록 자료 발굴이 아쉬운 상태이지만 그 징검다리라도 놓는다는 심정으로 정리하려고 한다.

첫째, 김치선은 민족주의자로서 부흥주의자였다.[24] 삼백만부흥운동의 기관지인 『부흥』 1호 첫 머리부터 제일 먼저 눈에 띄고, 이어지는 글에서 반복되는 용어가 있다. 그것은 '삼천리'와 '삼천만'이라는 단어다. 김치선의 부흥운동의 전면(全面)에는 이 두 단어가 전제되어 있다. 이 단어를 배제한 부흥운동의 개념이나 의미를 찾는다는 것은 불가능하다는 말이다. 즉 예로서 다음의 김치선의 글을 참고하기 바란다.

> 快哉 이 江山 三千里에 復興의 날은 왔다. 自由의 종소리 大地를 울리매 하늘엔 五色 구름이 나타나고 山谷엔 倭松은 枯死하나 우리 松은 더욱 靑靑하고 茂盛하며 原野엔 百穀이 大豊이니 이 어찌 宇宙가 함께 기뻐 축하함이 아니랴. 主人公되는 우리 三千萬의 기쁨이야 무엇에 比하랴.[25]

이 글에서 그는 해방의 기쁨을 노래하고 있으면서 '삼천리' '삼천만'을 언급

---

24 이은선, "김치선의 국가관", 「신학지평」 제13집 (2000), 108.
25 三百萬復興運動社 編, 「復興 1號」, 1.

한다. 그것은 기쁨의 주체이며, 동시에 부흥의 대상을 말한다. 그것이 부흥의 대상인 것은 이어지는 글 속에 나타나는데, 여기서 김치선의 민족주의적 의식과 복음전도가 혼재함을 알 수 있다. 그러한 의미에서 김치선의 사상은 민족에 대한 사랑이 곧 복음전도로 표출되고 있다. 그에게 있어 민족에 대한 사랑은 복음전도이며, 복음전도는 곧 민족에 대한 사랑이고, 삼백만부흥운동은 복음 전도를 위한 운동이지만, 동시에 민족을 사랑하는 운동이었다. 따라서 삼백만 부흥운동은 단지 교회 내적인 것이 아니라 민족을 전제한 운동이었다고 할 수 있다.

김치선의 이러한 사상은 그의 글 전체를 관통하고 있다. 때문에 "해방"이라는 사건을 "부흥의 날"과 동일시하고 있다. 즉 그에게 있어서 해방은 곧 신앙의 자유와 부흥의 날을 열어가는 시작으로 본 것이다.[26] 이것은 삼백만부흥운동 취지문 첫 머리에서 밝히고 있는 이 운동에 대한 그의 입장에서 알 수 있다. 그렇다면 김치선의 신앙은 민족주의와 함께 하는 것이다. 이러한 사상은 그가 일본에서 재일동포들을 대상으로 목회와 부흥회를 인도하는 사역을 감당하면서 체득한 민족애 때문일 것이다.

그가 계획한 삼백만부흥운동은 교회적 운동인 것이 분명하나, 그의 의식 가운데는 더 넓은 의미로서 민족과 국가의 미래가 언제나 전제되어있다. 그러한 의미에서 삼백만부흥운동은 그에게 있어서 단지 교회를 성장시키기 위한 것만이 아니라, 구국과 민족복음화라는 궁극적인 목표가 있었다고 할 수 있다. 또한 정치적, 사회적 혼란과 함께 경제적인 어려움도 절망적이었던 당시 민족의 미래가 보이지 않았던 상황에서 민족의 소망을 부흥운동과 일치시키고 있음을 알 수 있다.

---

26 三百萬復興運動社 編, 「復興 1號」, 1. "바라던 기쁨의 消息은 별안간 공간을 울리게 되었다. 그리고 「宗敎의 自由」 이것이 우리의 눈에 나타나고 우리의 鼓膜을 울릴 때 아 ―「復興의 날은 왔고나」 이것이 우리의 기쁨의 넘치는 대답이 아니고 무엇이랴."

意志的으로 생각한다면 이 運動은 生死의 問題라고 할 수 있다. 참다운 復興

을 받지 못하면 三千萬의 白衣民族은 終局 亡할 수밖에 다른 길이 없다.[27]

　그는 이 글에서 삼백만부흥운동을 "생사의 문제"로 인식하고 있다. 그리고 그것은 곧 삼천만민족의 문제로 연결하고 있다. 그러한 의미에서 그에게 있어서 삼백만부흥운동은 곧 민족의 문제였고, 그 일을 감당하는 자세는 생사를 걸어야 하는 것이었다. 때문에 이 기회, 즉 부흥의 때를 놓쳐서는 안 된다고 역설하고 있다. 이렇게 볼 때 그의 사상을 민족주의를 배경으로 하는 복음 전도자로 해석하는 것이 무리가 아니라는 생각이다.

　이러한 사실들은 그의 사상이 민족주의와 부흥주의에 뿌리를 두고 있음을 알 수 있다. 특히 부흥주의는 19세기 말로부터 20세기 초에 걸쳐서 북미교회에 거의 절대적인 영향을 미치고 있었기 때문에 그가 미국교회와 신학교를 경험하면서 자연스럽게 영향을 받았으며, 그 구현은 재일동포들을 상대로 하는 복음전도와 부흥집회, 그리고 목회를 하는 과정을 통해서라고 할 수 있다. 또한 그의 민족에 대한 특별한 애착심은 그에게 부흥운동을 통한 민족구원이라고 하는 목표를 분명하게 했다.

　둘째, 김치선의 사상은 복음주의에 뿌리를 두고 있다. 김치선을 언급할 때 근본주의를 열거하는 경우가 많다. 하지만 그의 사상이 근본주의라는 연구가 심도있게 이루어졌는지에 대해서는 재고의 여지가 있다. 실제로 지금까지 그의 신학에 대한 충분한 연구가 없었던 것이 사실인바 그의 사상을 근본주의라고 하는 것은 생각해야 할 여지가 있다. 그가 근본주의를 말하고 있지만, 그가 말하고 있는 근본주의는 어떤 의미를 가진 것인가에 대한 정리가 선행되어야 할 것이기 때문이다.

27　三百萬復興運動社 編, 「復興 1號」, 9.

특히 삼백만부흥운동과 관련해서 그가 근본주의자라는 것은 확인할 길이 없다. 이 문제는 김치선을 연구하는 사람들의 과제로 남겨두고, 여기서는 삼백만부흥운동에 나타난 그의 사상은 복음주의임을 확인하려고 한다. 왜냐하면 이 운동의 취지문에서 그는 회개할 것을 촉구하면서 회개하는 날과 '그날', 즉 '부흥의 날'을 동일시하고 있기 때문이다.[28] 민족(국가)의 문제를 죄의 문제로 접근하고 있는 그는 "罪惡을 없애는 唯一의 方法은 다만 復興運動에만 있다고 생각한다면 이 江山 三千里에 참다운 幸福의 날을 맞기 위하여 心血을 바쳐 이 運動을 일으켜야 될 것이다"[29]고 한다. 즉 회개와 부흥운동을 같은 것으로 이해하고 있기 때문에 부흥운동은 회개와 더불어 이뤄질 것으로 강조하고 있다.

그의 사상을 엿볼 수 있는 대목은 삼백만부흥운동을 해설하는 그의 글에서다.

> 그런즉 참 復興이란 그리스도를 所有하는 것뿐만 아니라 主를 옷 입듯 하는 것
> 이란 것을 우리는 깊이 생각하여야 할 것이다. … 참 은혜이신 그리스도를 받는
> 것 보다 더 큰 기쁨은 다시 없을 것이니 이것이 참 부흥이라고 생각될 때 三百
> 萬復興運動에 價値가 얼마나 중대하다는 것을 理解할 수 있는 동시에 반드시
> 復興運動을 일으켜야 마땅하니 부흥이란 그리스도를 그저 所有하는 것인 까
> 닭이다. 그러나 罪가 우리에게 가득 차있으면 그리스도를 소유할 수 없는 것을
> 잇지 말아야 하겠다.[30]

---

28 三百萬復興運動社 編, 「復興 1號」, 2. "하나님께 榮華를 돌리며 敬畏하기는
   고사하고 서울市만 보아도 罪惡은 큰 洪水를 일우고 있는 것을 宗敎의 뜻있
   는 자이면 누구나 認識할 수 있다. 이 暗黑한 波濤우에 救援船 一隻은 나타
   나 『그날』 즉 復興의 날은 왔다."
29 三百萬復興運動社 編, 「復興 1號」, 10.
30 三百萬復興運動社 編, 「復興 1號」, 14-15.

여기서 그의 사상을 복음주의로 표현하는 것은 현대복음주의, 즉 신복음주의로서의 복음주의를 말하는 것이 아니라, 종교개혁에 있어서 반 로마주의적 입장의 복음주의를 말한다. 그리고 20세기 초 자유주의에 반하여 성경신앙을 강력하게 주장했던 근본주의가 전제하고 있는 복음주의를 말한다. 그러한 의미에서 그는 현대복음주의, 즉 신복음주의와는 분명히 다른 입장이다. 이것은 그가 남긴 글 가운데서 분명히 찾아볼 수 있는데, 그것은 '신학과 신조'라고 짧은 에세이에서다.[31] 이 글은 <복음세계>라는 잡지에 실린 것이지만, 역사적으로는 고신대학(당시 고려신학교)이 1946년 9월 20일에 개교하면서 개교예배에서 김치선이 설교를 하게 되었는데,[32] 이 때 설교가 바로 '신학과 신조'라는 제목이었다는 것은 그의 사상을 공적으로 천명한 것이라고 할 수 있다.

또한 그의 사상을 복음주의로 해석할 수 있는 것은 삼백만부흥운동의 기관지인 『復興』에 실린 삼백만부흥운동의 해설에서 두 가지 주제로 이 운동의 필요성과 당위성을 설명하고 있는데, 여기서 그의 사상을 엿볼 수 있기 때문이다. 그는 이 설명에서 크게 두 가지 주제를 명제로 해서 삼백만부흥운동을 호소하고 있다. 그것은 이사야서 49장 8절을 근거로 해서 죄로 인해서 절망 가운데 있는 현실을 지적하고, 회개를 촉구하는 글로 시작한다. 그러한 의미에서 그는 죄의 문제를 가장 심각하게 생각하고 있으며, 그것을 해결하는 것이 부흥의 시작이고 결과라고 생각한다.

여기서 그는 오직 '恩惠'를 통해서만 소망이 있음을 설명한다.[33] 은혜가 아니면 결코 소망이 없다는 것이다. 이 은혜는 하나님이 거저주시는 것으로서 반

---

31 김치선, "신학과 신조", 「복음세계」 1권 2호 (1954)를 양승권 외 편, 「우물」 (안양: 대신대학 신학부 신학회, 1992), 41-44. 에 옮겨 실은 것을 인용함.
32 허순길 편, 『한국장로교회사』(서울: 대한예수교장로회 총회 출판국, 2002), 326. 하나님을 떠나면 얼마나 약하고 보잘 것 없는 존재가 되는지 진실로 아는 사람들은 다른 사람들의 약함을 인내할 준비가 되어 있다.
33 三百萬復興運動社 編, 「復興 1號」, 11-16.

드시 받지 않으면 안 될 것을 호소한다. "그런즉 참 부흥이란 그리스도를 所有하는 것 뿐 아니라 主를 옷 입듯 하는 것이란 것을 우리는 깊이 생각하여야 할 것이다."[34]고 한다. 이어서 '救援'을 명제로 해서 삼백만부흥운동을 설명하고 있음을 볼 수 있다.[35] 그러므로 그가 결정적으로 복음주의적 입장을 천명하고 있음을 알 수 있다.

> 使徒 바울은 유대人으로 바리새교인인 同時에 구약에 대한 律法을 忠實이 지키었다. 그러나 그것이 自己를 구원치 못할 것을 밝히 아랏다. 그런고로 <구원의 날이라>고 웨칠 때 믿음의 時代가 되었으니 참으로 믿으라고 웨치는 음성으로 생각하는 것이 마땅한 것이다. 오날 우리가 萬一 바울선생을 당시 부흥의 使者라고 하면 그는 참다운 부흥의 음성으로 亞細亞는 勿論 歐羅巴까지 나타나 들리워젓다고 主張할 수 있을 것이다. 그런즉 使徒 바울의 復興의 重要點을 어듸에 두었다는 것을 알 수 있을 것이다. 東奔西走하면서 밤낮 애써 傳播한 것이 信仰의 復興이라고 할 수 있다. 이는 信仰만이 구원을 얻는 唯一의 條件이라고 主張한 까닭이다. 그런즉 결국 바울의 부흥運動이란 信仰의 부흥운동이라 할 수 있다.[36]

그는 '구원'을 설명하는 가운데 이신칭의 사상을 분명히 하고 있다. 바울을 예로 설명하면서 바울이 전했던 것이 복음이며, 그 복음은 이신칭의임을 강조하는 것이다. 따라서 그는 '신앙의 부흥'을 계속해서 역설하고 있다.

그런즉 信仰의 復興運動처럼 위대한 것이 다시 없다고 할 수 있다. 따라서 信仰

---

34 三百萬復興運動社 編, 「復興 1號」, 14.
35 三百萬復興運動社 編, 「復興 1號」, 16-22.
36 三百萬復興運動社 編, 「復興 1號」, 17-18.

運動이 없이 眞正한 復興이란 우리가 도무지 想像할 수 없는 바이다. 그리스도의 宗敎는 信仰에 있는 것이니 信仰이 없는 곳에는 基督敎는 상상도 할 수 없는 同時에 復興이란 또한 생각도 할 수 없다. … 아 - 얼마나 偉大한가! 信仰 信仰 信仰 이 信仰復興運動은 무엇보다도 먼저 일으켜야 하겠다는 決心을 우리는 갖지 아니하여서는 안 될 것이라 생각한다. 萬一 三百萬의 白衣民族이 이 위大한 信仰만을 所有한다면 朝鮮 뿐만 아니라 世界를 救援할 수 있겠다고 믿는다.[37]

"아 - 얼마나 위大한가! 信仰, 信仰, 信仰, 이 信仰 復興運動" 그의 이러한 웅변적 설명에는 그의 열정과 함께 복음에 대한 확신, 그리고 복음을 통한 소망을 여실히 나타내고 있다. 그러므로 여기서 그의 기본 사상이 무엇인지를 충분히 나타내고 있다고 생각한다. 그가 삼백만부흥운동을 설명하는 글에서 은혜와 구원이라는 두 단어를 통해서 이 운동의 본질을 제시하고 있음은 삼백만부흥운동의 기본사상이 복음주의 정신에 충실하고 있음을 확인할 수 있게 한다. 즉

復興이란 다른 것이 아니라 卽 恩惠와 救援을 받는 것이라 생각될 때 오날이 復興의 時期라고 하면 이 두 말씀 즉 恩惠와 救援은 復興의 對象이라고 할 수 있다. 그런고로 復興運動이란 結局 하나님의 주시는 은혜와 구원을 받는 것이라고 할 수 있다.[38]

셋째, 김치선의 사상은 보수주의다. 그의 사상을 보수주의로 보는 것은 그가 성경신학을 공부한 사람으로서 20세기 초에 강력하게 대두된 자유주의 신학사상에 대항했던 초기 근본주의와 맥을 같이 하기 때문이다. 신학에 있어

---

37 三百萬復興運動社 編, 「復興 1號」, 19.
38 三百萬復興運動社 編, 「復興 1號」, 11.

서 '보수'라는 말은 전통에 대한 맹목적인 '수구'(守舊)를 의미하는 것이 아니라 성경의 완전성을 부정하는 자유주의에 대해서 그 완전성을 믿는 입장을 의미한다. 그러한 의미에서 그의 사상을 세대주의적 근본주의(혹은 후기 근본주의)로 이해하는 것은 옳지 않다.[39]

왜냐하면 김치선이 유학한 시대와 학교를 보면 알 수 있기 때문이다. 그는 일본 고베중앙신학교(神戸中央神學校, 현 神戸改革派神學校)에서 1927-1931년까지, 이어서 미국 웨스트민스터신학교(Westminster Theological Seminary)에서 1931-1933년까지, 달라스신학교(Dallas Theological Semonary)에서 1934-1936년까지 공부했다. 이 학교들의 면면을 보면 기본적으로 일본 고베중앙신학교에서 신학의 기초를 확립했고, 웨스트민스터신학교에서 자신의 전공을 연마한 것이 가장 중요하다는 생각이다. 또한 1920년대 말과 30년대 초는 구미의 신학적 흐름이 혼돈의 상태였다는 것을 감안 한다면, 그가 극단적(반문화주의) 근본주의를 형성했다고 보는 것은 시기적으로 합당하지 않다.[40]

그러나 그가 근본주의를 강조한 것은 반근대주의(反近代主義)의 입장을 강조한 것으로 볼 수 있고, 근본주의가 가지고 있는 긍정적인 면인 영혼구원에 대한 적극적인 관심과 부흥운동의 전통을 계승하려는 노력에서 나온 것이라는 생각이다. 어떤 경우도 세대주의적인 입장을 취한다면 문제가 될 것이다. 그러나 그가 강조한 것은 분명히 죄에 대한 회개와 민족의 구원이다. 동시에 그것

---

39 박기풍, "40년의 발자취" 「생수」 제7집 (1989), 191.에서 박기풍은 김치선의 제자로서 자신이 경험한 김치선의 근본주의에 대해서 짤막한 회고를 다음과 같이 하고 있다. "그 때 성경으로 돌아가자는 근본주의 신학사상을 고수하고..." 이 짧은 표현으로 김치선의 근본주의를 해석하는 것은 불가능할 것이다. 그러나 박기풍의 증언은 김치선이 주장한 근본주의가 무엇인가를 암시하고 있다고 볼 수 있다.

40 George M. Marsden, 『미국의 근본주의와 복음주의 이해』 홍치모 역 (서울: 성광문화사, 1992), 85-89.를 참고하면 미국의 근본주의가 1930년을 전후해서 어떻게 흘러갔는지 알 수 있다.

을 위해서 부흥운동을 전개해야 한다는 것이다. 따라서 그의 사상을 세대주의적 근본주의라고 단정하는 것은 앞에서도 언급했듯이 그의 신학에 대한 충분한 분석이 선행되어야 할 것이다. 그러한 의미에서 필자가 그의 사상을 보수주의로 표현하는 것은 적어도 당시의 상황에서 그의 사상은 정통적인 입장을 강조하는 의미에서 근본주의를 주장한 것으로 생각해야 한다는 것이다.

이 같은 사실은 삼백만부흥운동 기관지 『부흥』 1호만을 가지고 증명하는 것은 한계가 있기 때문에 그의 보수주의사상을 확인하는 작업은 그의 남겨진 글들을 통해서 할 수밖에 없다. 김치선은 고려신학교(현 고신대학교)의 개교식에서 한 설교의 제목이 "신학과 신조"였음을 이미 지적한 바 있다. 그런데 같은 제목의 글이 『복음세계』 1권 2호(1954년)에 실린 것을 보면, 그의 신학사상이 어떤 것인지 분명하게 알 수 있다. 당시 우리 사회에서 개혁파, 혹은 개혁주의라고 하는 말이 쓰이지 않았다는 점을 전제하고 본다면, 그가 주장한 근본주의의 진정한 의미가 무엇인지를 알 수 있을 것이다.[41] 다음은 그의 사상이 보수주의였음을 보여주는 "신학과 신조"에 단긴 글이다.

> 신학은 신조를 무시할 수 없고 신조는 신학을 갖지 아니할 수 없다. 이 둘이 완전히 서 있을 때 기독교의 생명이 있고 또한 신학도 가치있는 것이다. … 신조란 첫째 성경 가운데 산재한 그리스도교 신앙의 근본진리이며, 간명한 일개의 문장으로 결합하여 두는 것, 즉 결합된 진리의 의미이니 여기에는 신학이 필요되고 또한 신학은 신조를 토대로 하여야 할 것이다. … 그런즉 오늘 우리가 기대하

---

41 한국교회사에서 개혁주의, 혹은 개혁파라는 말은 1970년대에 들어와서 쓰기 시작했으며, 적극적으로 사용된 것은 1980년대에 들어서면서라고 생각한다. 그 이전에는 보수주의, 혹은 칼빈주의라는 말을 사용했다. 해서 개혁파, 혹은 개혁주의라는 말은 김치선 당시에는 거의 사용하지 않았기 때문에 필자는 여기서 보수주의라는 용어로 표현한다.
42 김치선, "신학과 신조" 41.

는 신학은 신조를 바로 갖고 경영하는 것이 되어야 하겠다. 이것이 없으면 정당

한 신학이 되지 못한 것이다.[42]

이 글을 읽으면 그의 사상은 분명하게 드러난다. 이 글로만 보았을 때 그는 개혁주의자라고 할 수 있기에 충분하다. 그는 신학과 신조의 관계를 개혁파의 입장에서 명확하게 이해하고 있으며, 그것은 그의 신학적 정체성이 무엇인가를 알게 하는 내용이기에 충분하다. 앞에서도 밝혔듯이 그의 사상에 대한 연구가 심도 있게 이뤄지지 않은 채, 그가 공부한 학교가 근본주의였다는 것만으로 그를 세대주의적 근본주의자로 단언하는 것은 불가한 일이다.

그런가 하면 그는 교리사적인 입장에서 신조가 어떤 작용을 했고, 왜 필요한 것인지를 분명하게 제시함으로써 신학적 사명과 본분이 무엇인지를 명확하게 하고 있다. 그는 기독교 역사에 있어서 교리가 확립되고, 재확인되는 과정에서 기독교 신앙의 정통이 수립되었음을 말하고 있다. 그는 성경신학자이지만 신학적 흐름에 대한 이해를 하고 있었음을 엿보게 하는 대목이다. 그는 "신학과 신조의 밀접한 관계를 맺어 복음의 발전을 가져온 시대가 있다면 제4세기와 제16, 17세기, 그리고 오늘 20세기를 생각지 아니할 수 없다."[43]고 한다. 여기서 4세기는 기독교 기본교리가 확립되었음을, 16, 17세기는 종교개혁을 통한 복음신앙에 대한 재확인이 이뤄졌고, 그것을 계승하는 것이 기독교의 정통 신앙임을 천명한 것이다. 이어서 20세기는 자유주의신학의 등장과 함께 정통신앙을 보수해야 하는 입장에서 포기해서는 안 될 것이 무엇인지를 분명히 해야 한다는 입장을 천명하고 있다. 그러한 의미에서 그가 신학적으로 자유주의가 득세한 20세기를 지목한 이유는 무엇인가 하는 것이다. 다음은 그의 신학적 이해를 가늠할 수 있는 그의 글이다.

---

43 김치선, "신학과 신조" 42.

20세기의 신학은 어디에 근거를 두어야 하겠느냐? 여기에는 현대자유주의가 너무도 극단에서 횡행을 하는 것으로 보아 우리는 주저할런지 알 수 없으나 반드시 은총의 절대성을 강조하는 신학들이 반드시 나타나야 하겠다. … 은총에 대한 주제의 응답은 신앙이다. [44]

여기서 확인할 수 있는 것은 현대자유주의의 문제를 지적하면서 "은총의 절대성"을 전제하는 신학만이 복음이며, 그것은 곧 개혁파신학의 근본을 말하고 있는 것이다. 또한 신앙을 하나님의 은총에 대한 응답으로 말하고 있음은 달리 사족을 달 필요조차 없이 그의 사상이 개혁파라는 것을 알 수 있다. 하나님의 은총의 절대성을 말하는 것은 신복음주의적 사상과도 다르다고 할 수 있을 것이다. 다만 당시 그는 개혁파라는 용어를 사용하지 않았고, 근본주의라는 말을 사용했다는 점에서 그가 근본주의자로 인식하는 것은 그의 의도와는 다른 것이라고 하겠다.

넷째, 그의 사상은 철저한 반공주의에 뿌리를 두고 있다. 이러한 경향은 동서 냉전시대가 확산되고 있던 시점이라는 것과 공산주의가 기독교에 대해서 적대적인 입장이라는 사실이 그로 하여금 철저한 반공주의가 되게 했을 것이다. 이러한 사실은 그가 삼백만부흥운동의 일환으로 전개했던 전도특공대(혹은 결사대로)를 조직해서 파송했던 곳이 모두 이념적 갈등이 심했던 곳이라는 점이 반증한다. 즉 그는 전도특공대를 조직해서 여순사건의 중심지인 지리산 일대와 4·3사건의 중심지인 제주도, 그리고 이념적 대립의 상징이 되어버린 38선 접경지역으로 파송을 했다. [45]

---

44 김치선, "신학과 신조" 44.
45 남대문교회사편찬위원회, 『남대문교회사』, 186.; 김동화, 『나에게 있어서 영원한 것』 181.; "大韓神學大學認可," 「基督公報」 1952년 10월 6일자, 1.

지금까지 전해지는 것으로서는 약 70여명 정도의 전도대원들이 각각의 지역으로 파송되어 전도와 목회를 했다고 한다. 하지만 누가 어디로 갔는지, 그리고 어떻게 사역을 했고, 어떻게 여생을 보냈는지는 거의 알려지지 않고 있다. 다만 그 대원들 대부분이 구 대한신학교 학생들이었으며, 또한 그들 중에는 남대문교회에 출석하고 있던 신자들이 많이 있었던 것으로 알려지고 있다.[46] 또한 그들은 대부분 순교를 한 것으로 전해지는데, 그들의 순교는 공산주의자들에 의한 것이었음도 분명하다. 때문에 당시 사회적 분위기와 함께 기독교와 공산주의는 대립적 관계에 있었다는 상황도 배제할 수 없을 것이다.

이렇게 공산주의에 대항해서 복음을 전하겠다고 하는 의지는 당시 남대문교회의 상황과 분위기에서도 확인할 수 있다. 그것은 당시 남대문교회의 신자들 가운데 38선 이북에서 공산주의의 박해를 피해서 내려온 신자들이 다수였다는 사실이다. 기독교 신자로서 북한에서 공산주의의 실상을 경험한 사람들이었기 때문에 공산주의자들을 교화시키기 위한 방편으로서 복음을 전해야 한다는 필요성을 강하게 느끼고 있었던 터라 그들로 하여금 공산주의가 영향을 미치고 있는 지역에 복음을 전하고, 그 지역의 사람들로 하여금 공산주의의 동조하지 말고 전향을 하도록 하는 일에 동참하겠다는 뜨거운 열정이 위험을 무릅쓰고 갈등의 현장으로 나가게 했던 것이다.[47]

---

46 남대문교회사편찬위원회, 『남대문교회사』, 179.; 정성한, "한국교회의 해방 전후사 인식(1) – 남대문교회를 중심으로", 114-15.

47 남대문교회사편찬위원회, 『남대문교회사』, 186. 남대문교회사에서는 당시 38선 지구에 파송되었다 유일하게 생존하여 돌아온 이의환(이의완 – 필자) 목사의 증언을 다음과 같이 기술하고 있다. "낮에는 교회에서 부흥회를 하며 노방전도를 하였는데 시장에 가서 전도지를 뿌리면서 전도하였다. 그리고 밤에는 전방 참호속에 들어가서 대북방송을 하기도 하였는데 전도 설교를 하면서 찬송을 부르기도 하면서 흘러간 노래들을 불러주기도 하였다." 고 하는 증언은 당시 전도대원들이 이념적 갈등의 현장에서 어떤 모습이었는지 상상할 수 있게 한다.

또한 당시의 정치적 상황도 매우 큰 역할을 했다. 이렇게 갈등지역에 전도대를 파송한다는 것 자체가 당시의 상황으로서는 사실상 불가능한 일이었다. 그럼에도 가능했던 것은 왜일까? 여기에는 전도에 대한 열정만 가지고 되지 않고, 당시 정치적 상황이 있음은 주지의 사실이다. 즉 삼백만부흥운동의 일환으로 갈등지역에 전도특공대를 파송할 수 있었던 것은 당시 국가적 차원의 행정적 지원과 협력이 있었기 때문이다.

이러한 사실은 전도특공대로 지리산 지역에 파송되어 활동하던 정관백 전도사의 순교 사실을 탐사하는 과정에서 밝혀졌다. 1972년 10월 탐사에 참여했던 허병욱 외 수명의 구 대한신학교 학생들이 정관백의 순교 당시의 사회적, 정치적 상황을 파악한 것을 보면 알 수 있다. 다음은 탐사 후 정리한 글이다.

> 반란 당시 지리산 지구의 주민들은 미신 종교사회에 대하여 현실 사회를 바로 분별하지 못하고 공산당의 모략에 의해 대한민국 정부를 일본국의 잔여 세력으로 오인하고 본국 정부에 대한 존엄의식이 전무할 정도에 있었다. 그러므로 이들의 개화와 감화를 줄 수 있는 것이 무엇인가 연구 모색된 것이 기독교 선교를 통한 바른 인식을 주어 양민과 불량민을 분류 선도해야 할 것을 군 지휘관들이 깨닫게 된 것이다.[48]

이것은 당시 우리 사회의 민도가 어느 정도였는가 하는 것과 함께 해방 후의 우리 사회가 얼마나 혼란스러웠는가 하는 것을 동시 증거하고 있다. 게다가 이념적 갈등이 심화되면서 겪게 되는 사회적 현상은 심각한 대립으로 나타났고, 그것을 해결할 수 있는 대안이 없었던 당시 정부로서는 기독교를 이용하여

---

48 허병욱, "선배의 핏자국을 찾아서 - 故 정관백 전도사", 「생수」제3호 (1973), 25.
49 허병욱, "선배의 핏자국을 찾아서 - 故 정관백 전도사", 26.; 영락교회 50

국민을 계도하려는 의도가 있었던 것이다. 때문에 갈등지역에 전도대를 파송하는 문제는 삼백만부흥운동의 일환이었지만, 동시에 현지의 요청과 정부차원의 협력이 있었다는 사실이다.[49]

허병욱은 1972년 가을에 남원 현지를 탐사하면서 여순사건 당시 육군의 촉탁으로 정훈 교육을 담당했고, 전도대원 신분증을 받아서 활동했던 김봉역 장로(1972년 당시 남원 지산학원장)의 증언을 다음과 같이 정리해 줌으로써 당시의 상황을 알 수 있다.

전도대 초청은 당시 국방부장관 신성모, 참모총장 최병식의 동의 재가로 모집되었으며(기독공보에 모집공고) 주선은 김봉용 장로의 위탁된 업무에 의해 아래와 같이 조직 되었다고 본인은 증언했다. 전도 책임자로 김치선 박사, 총무에 박제현 목사, 현지 전도단장에 본인이 임명되어 30명(23명의 본교생)을 모집하여 현지에 오게 되었다. 따라서 현지에서 전도대의 모든 교통수단은 작전지구사령관(김백일)이 제공해 주었으나 전도비의 대책이 매우 난감한 상태였다. 따라서 전도대의 신분 보장은 당시 헌병감(공국진)이 최대의 대책을 강구해 주었다는 것이다. … 이 일을 위하여 교단 중진급의 한경직, 강신명, 남궁현 목사님 제위께서 배후에 있어 협력의 효과가 컸다고 되새겨 보았다.[50]

이러한 사실은 해방 이후 당시의 시대상을 보여주는 것이며, 전도특공대라는 말이 결코 과장된 것이 아니라는 것을 알 수 있다. 당시 정부가 내놓은 대

주년사편찬위원회, 『영락교회50년사』(서울: 영락교회, 1995), 영락교회50년사에서는 김봉용이 전도사로 표기되고 있으며, 그가 남원에서 올라와 서울의 유력한 목사들에게 남원을 위시한 지리산 지역의 현실을 알리고 전도대를 보내줄 것을 요청했고, 이에 대해서 영락교회가 지원하고, 한경직 목사도 순회한 것으로 기술하고 있다.

50 허병욱, "선배의 핏자국을 찾아서 – 故 정관백 전도사", 26.

책이 역설적으로 복음을 전할 수 있는 기회를 만들었으며, 목적은 달랐지만 결과적으로는 복음이 전해졌다는 것이다.

이러한 현실적인 필요와 김치선의 민족에 대한 사랑과 구국을 목적으로 하는 복음전도는 상호간의 필요를 충족시켜줄 수 있는 것이었다. 즉 정부는 갈등지역을 안정시키고, 통치권을 확보하는 것이 절실했고, 김치선은 복음을 전해야 한다는 절박한 사명감의 열정이 지리산 지역과 제주도, 그리고 38도 선상의 갈등지역에 전도대를 파송하게 되었던 것이다. 지금까지 이러한 사실이 알려지지 않았지만 사료의 발굴과 함께 정리되어야 할 한국교회사의 과제다.

김치선에게 있어서 반공(反共)은 당시 세계적인 동서냉전의 산물이기도 했다. 그는 격변기를 살면서 신지식인으로서 이미 냉전체제에서 공산주의의 문제를 알았을 것이고, 공산주의가 기독교를 절망적이게 배격한다는 것을 알았을 것이다. 신학계에서도 공산주의를 포용하는 WCC와 반공산주의를 천명한 ICCC의 대립에 대한 이해도 있었을 것이다. 그러므로 그에게 있어서 공산주의는 결코 용납할 수 없는 것으로 인식되었으며, 공산주의를 용납하는 것 자체가 기독교를 부정하는 것이라는 생각을 했을 것이라는 유추가 가능하다. 특히 자신이 함경남도 함흥 출신으로서 이북으로부터 피난한 신자들을 목회하는 입장에서 공산주의에 대한 그의 입장은 분명했을 것이다. 그러므로 그에게 있어서 복음을 전하는 것은 곧 반공의 길이라는 생각이었다.

4. 결론

김치선의 부흥운동은 아직도 끝나지 않았다. 비록 그는 별세의 길을 간지 50년이 넘었지만, 그의 민족과 구령에 대한 열정은 그대로다. 왜냐하면 그가 남긴 부흥운동의 염원은 그대로 <대신>이라는 틀 속에 남아있고, 그 사명은 남은 자들에게 계승되고 있기 때문이다. 그는 6·25사변이 휴전되고 서울로 돌아온 뒤 구 대한신학교도 복귀하여 삼백만부흥운동을 계속 이어갔다.

사랑하는 신학도들이여 이만 팔천여 우물을 파는 운동을 일으켜야 할 것이니 이것이 부흥운동이라 생각한다. … 오늘 여러분이나 내가 할 일은 다만 이 우물 파는 사업만 하여야 할 것이라고 생각하며 또한 하나님의 명령이라고 생각한다. 그런즉 우리는 다른 것은 그만 두고 일생 사업으로 우물만 많이 파는 자들이 되기를 바란다. 그리하여 부흥운동이 필요하다는 것이다. … "우물"이여 이 위대한 사업에 큰 공을 계속적으로 주님 오실 때까지 나타내기를 바라마지 아니한다.[51]

이 글은 김치선이 직접 남긴 부흥운동에 대한 유지(遺志)다. 전쟁 직후인 1953년에 구 대한신학교를 서울에서 복귀하여 학생들에게 호소하고 있는 이 글에서 확인할 수 있는 것은 그의 삼백만부흥운동은 계속되고 있다는 것이다. 그리고 이 부흥운동은 <대신>과 <우물파기>운동으로 계승되어 현재도 진행되고 있다. 또한 이것은 단지 하나의 운동이 아니라 그의 민족애와 구령을 일치시켜 이해하고 있는 사상이 얼마나 뜨겁고 열정적이었는지 알 수 있게 하는 것이다.

또한 그의 부흥운동은 신학교를 통해서 계속되어야 한다는 그의 유지가 생생하게 남겨져 있다는 사실을 다시 확인해야 할 것이다. 그는 부흥운동을 외적인 것으로만 보고 있지 않음은 지금까지 살펴본바 대로다. 그러한 사상의 연장선에서 그는 신학교가 감당해야 하는 부흥운동에 대해서 명확하게 말하고 있다.

---

51 김치선, 「우물」창간호 (1955)에 실린 창간사를 양승권 외 편, 「우물」(안양: 대신대학 신학부 신학회, 1992), 3-4. 에 옮겨 실은 것을 인용함.
52 김치선, "신학과 신조", 44.

신조를 토대로 한 신학을 수립하여 한국 아니 세계 교계에 공헌하려는 것이 우리 신학교의 정신이 되지 않아서는 안 된다. 또한 우리는 이 정신 하에 신학교를 경영하지 않으면 안 될 것이다. 또한 우리는 이 정신 하에 삼천만뿐만 아니라 세계 인류에게 이 복음을 전하여야 할 것이다. 신학은 신조를 토대로 하지 아니하면 완전한 신학이 될 수 없고, 신조는 신학을 통하여서 비로소 완전한 진리를 드러낼 수 있는 것을 누구나 알 수 있다. 그런고로 우리는 완전한 신조를 가져야 하고, 이것을 토대로 하여 그리스도의 교회를 설립하며, 유지하며, 발전과 향상하며, 큰 부흥운동을 일으켜 하나님 나라를 건설하여야 할 것이다.[52]

"신학은 신조를 토대로 하지 아니하면 완전한 신학이 될 수 없고, 신조는 신학을 통하여서 비로소 완전한 진리를 드러낼 수 있다. … 그런고로 우리는 완전한 신조를 가져야 하고, 이것을 토대로 하여 그리스도의 교회를 설립하며, 유지하며, 발전과 향상하며, 큰 부흥운동을 일으켜 하나님 나라를 건설하여야 할 것이다." 그는 이 글을 통해서 신학교의 사명과 본분이 무엇이어야 하는지 밝히고 있다. 그리고 이것은 삼백만부흥운동의 연장이라는 사실을 <대신>의 정신에 계승되고 있는 그의 사상과 염원인 것을 기억해야 할 것이다.

참고문헌

김동화, 『나에게 있어서 영원한 것』, 서울: 기독교연합신문사, 1998

김세창, 『빛을 향하여』, 서울: 도서출판 춘추관, 1989

남대문교회사편찬위원회, 『남대문교회사』(서울: 대한예수교장로회남대문교회, 1979)

박용규, 『한국기독교회사 2』(서울: 생명의 말씀사, 2006)

영락교회 50주년사편찬위원회, 『영락교회50년사』(서울: 영락교회, 1995),

채기은, 『한국교회사』, 서울: 기독교문서선교회, 1977

허순길 편, 『한국장로교회사』, 서울: 대한예수교장로회 총회 출판국, 2002

George M. Marsden, 『미국의 근본주의와 복음주의 이해』 홍치모 역, 서울: 성광문화사, 1992

김치선, "신학과 신조", 「복음세계」 1권 2호 (1954)

박기풍, "40년의 발자취" 「생수」 제7집 (1989)

三百萬復興運動社 編, 「復興 1호」(서울: 三百萬復興運動社, 1945)

이은선, "김치선의 국가관", 「신학지평」 제13집 (2000)

정성한, "한국교회의 해방 전후사 인식(1) - 남대문교회를 중심으로", 「신학과 목회」 제28집 (2007)

허병욱, "선배의 핏자국을 찾아서 - 故 정관백 전도사", 「생수」제3호 (1973)

"大韓神學大學認可," 「基督公報」 1952년 10월 6일자 1.

"大韓神學大學認可," 「基督公報」 1952년 10월 13일자 1.

"삼백만부흥운동," 『기독교대백과사전』(1982)

//www.bpu.ac.kr/Introduction/?part=PIZ01004,

//www.newsmossion.com/news/2009/10/06/1112.31898.html

제4장

한국교회사에 있어서
삼백만부흥운동

1. 들어가는 말

한국교회의 성장과정에서 나타나는 특징들 가운데는 부흥운동이라고 표현되는 하나의 흐름이 있다.[1] 그 흐름은 "부흥운동" "구령운동"혹은 "복음화운동" "성시화운동" 등으로 표현되는 가운데 이어져왔다. 한국교회의 성장 요인을 말하자면 여러 가지 환경적인 요소와 원인을 언급해야 하겠지만, 이 글은 한국교회사에서 묻혀있는 "삼백만부흥운동"에 대한 역사적 실체의 규명과 함께 그 의미를 밝히는 것에 목적이 있다.

지금까지 한국교회사연구에 있어서 "삼백만부흥운동"에 대해서 일부의 학자들이 인지하고 있지만, 그 실체에 대한 어떤 연구도 구체적으로 이뤄지지 않았다는 것은 이에 대한 연구의 필요성과 함께 한국교회사 연구에 있어서 미지의 사건을 밝히는 의미가 있다. 박용규, 정성한, 채기은, 한성기, 배명준, 최순직, 강경림, 이은선 등 직간접적으로 이 운동에 대해서 언급하고 있는 이들의

---

1 한국교회가 성장하는 원인은 환경(정치, 사회, 경제, 문화의식)적 원인이 분명히 있다. 그러나 이 글에서 다루고자 하는 것은 하나의 성장의 패턴으로 나타나고 있는 부흥운동을 중심으로 볼 때, 한국교회사에서 간과되어 있는 사건인 300만 부흥운동에 대해서 그 의미를 밝히고, 역사적으로 정리하려고 한다.

2 박용규, 『한국기독교회사2』(서울: 생명의 말씀사, 2006), 844-46. 蔡基恩, 『韓國敎會史』(서울: 한국기독교문서선교회, 1977), 193. 정성한, "한국교회의 해방 전후사 인식(1)-남대문교회를 중심으로-",「신학과 목회」제28집(2007), 112-18. 배명준, 『남대문교회사』(서울: 대한예수교장로회 남대문교회, 1979), 179. 김동화, 『나에게 있어 영원한 것』(서울: 기독교연합신문사, 1998), 147. 김동화, 『오직 한길』(서울: 기독교연합신문, 2004), 196. 최순직, "大神의 內的 變遷史"「생수」제6집, (1988. 12), 213. 손다윗, 『김치선의 지도력』(안양: 도서출판총신, 2004), 53-55. 전민수, 『이만팔천동네에 가서 우물을 파라』(서울: 영창서원, 2003), 97. 편집부, 『基督敎大百科辭典8』(서울: 기독교문사, 1982), 782. 최순직, "대신의 선교정신", 양승권 외 편, 「우물」창간호(1992), 98. 이은선, "김치선 목사의 국가관",「신학지평」제13집,(2000), 99-130.

글들을 통해서 "삼백만부흥운동"이 알려져 왔을 뿐, 그 실체에 대한 연구가 전혀 없다고 해도 과언이 아니다.[2] 비록, 해방과 6.25 사변이라는 국가적 위기의 상황에서 전개되었던 운동이기 때문에 그 성과나 의미가 상대적으로 드러나 보이지 않았지만, 한국교회의 부흥운동사에 있어서 "삼백만부흥운동"의 위치와 역할은 분명하게 있다는 사실을 전제할 때, 지금이라도 재고하여 한 시대의 역사를 정립하는 것이 마땅하리라는 생각이다.

"삼백만부흥운동"은 1907년 평양대부흥운동, 그 후속조치로 전개되었던 1909년의 백만인 구령운동에 이어서 1945년 해방과 함께 1950년 6·25사변 이후까지 전개되었던 순수한 한국교회 안에서, 한국인 지도자에 의해서 계획되고 전개된 부흥운동이다. 그 중요성에 비춰볼 때, 역사에 묻혀서는 안 될 것임에도 불구하고 현실적으로는 묻혀있는 상황이기에 역사적으로 "삼백만부흥운동"이 가지는 한국교회사에 있어서 그 의미를 확인하려는 것이 이 글의 목적이다.

해방에서부터 6·25사변 이후까지 전개되었던 "삼백만부흥운동"은 한국동란과 함께 사회적 정치적 상황 때문에 관심의 중심에서 멀어졌다. 즉, 이 운동의 실체는 분명한 것이었지만, 역사적, 사회적 상황과 함께 신학계의 주목을 끌기 어려웠기 때문에 교회적 관심을 끌지 못함으로써 사실상 한국교회사에서 지금까지 연구의 대상이 되지 못했다고 할 수 있다.

하지만 한국교회는 1973년 5월 빌리그래함 집회(Billy Graham Crusade in Korea)와 이어지는 "엑스폴로 74"를 통해서 다시 폭발적으로 부흥할 수 있는 계기를 맞이하게 되었다. 그리고 1977년에는 소위 "77년 민족복음화 성회"를 통해서 한국교회의 부흥운동의 흐름은 초교파적 성격의 부흥운동으로 이어졌다.[3] 1980년대에 들어와서는 1985년 한국선교 100주년 기념집회를 통해서 백

3　70년대의 부흥운동에서 뚜렷하게 나타나게 되는 것은 부흥운동이 초교파적인 성격을 띠기 시작한다는 것이다. 이에 대해서는 김진환, 『韓國敎會復興運動史』(서울: 크리스챤비젼사, 1976), 278-284.를 참고하라.

만 명이라는 놀라운 수가 여의도 광장에 모임으로써 전무후무한 한국기독교회의 성장의 열매를 세계에 보여주었다. 그 후 민족복음화운동으로 이어지는 대형집회를 중심으로 하는 부흥운동이 전개됨으로써 부흥운동을 동력으로 하는 성장의 분위기가 적어도 1990년대 중반기까지 이어져갔다고 볼 수 있다.

이렇게 한국교회의 성장의 역사에는 "부흥운동"이라는 하나의 흐름이 있음이 분명하다. 그러나 아쉽게도 그 흐름에 있어서 "삼백만부흥운동"이 역사에서 잊혀진 채 오늘에 이르고 있다는 것은 아쉬운 일이다. 이것은 한국교회사를 연구하는 사람들과 한국교회의 책임이라고 하지 않을 수 없다. 그러한 의미에서 늦었지만, 해방 이후 사회적인 대혼란과 경제적, 정치적 어려움이 있던 당시에 "삼백만부흥운동"은 한국교회의 성장은 물론 사회적인 측면의 공헌을 한 것도 사실이기에 지금이라도 이에 대해서 주목하지 않으면 안 될 것이다.

그러나 이 운동에 대해서 연구하는 데는 한계가 있음을 전제한다. 우선 사료로 남겨진 것이 거의 없다는 것이다. 매우 빈약한 자료만이 현존할 뿐이고, 교계의 무관심 속에 지금까지 발굴된 자료가 빈곤하다는 것이다. 이 한계를 전제로 역사를 서술한다는 것 또한 무리가 아닐 수 없지만, 일단 역사화 하는 것이 필자의 책임이라는 생각이기에 차후에 더 좋은 사료의 발굴과 함께 역사적으로 정리가 될 수 있기를 바라는 마음이다.

2. 삼백만부흥운동의 역사적 이해

1945년 해방과 함께 남과 북으로 나뉘는 비극적인 사건은 전적으로 타의에 의해서 이루어졌다. 그로 인해서 교회도 남과 북으로 나뉠 수밖에 없는 상황에서 재건을 해야만 했다. 따라서 교회의 재건과 함께 난국을 극복할 수 있어야 한다는 절박한 역사적 현실이 있었다. 그러한 상황에서 당시 한국교회의 중심에 있었던 남대문교회의 김치선 목사가 중심이 되어 구국(救國)의 염원을 담은 전도운동을 전개했는데, 그것이 "삼백만부흥운동"이다.

2.1 삼백만부흥운동의 역사와 배경

"삼백만부흥운동"은 정치, 사회, 경제적인 대혼란과 기독교의 재건과정에 전개되었던 구국을 위한 복음전도운동이었다. 즉, 해방과 함께 절망적인 상태에 있었던 국가적 상황에서 당시 남대문교회 담임 목사였던 김치선은 한국교회의 지도자로서, 복음의 기수로서 구국을 목적으로 부흥운동을 부르짖으며, 전도운동을 전개한 것이 "삼백만부흥운동"이다. 굳이 '삼백만'이라는 수자를 제시한 것은 당시 우리나라 인구가 3천만으로서 그 십분의 일을 구원하자는 의미였다.[4]

필자가 "삼백만부흥운동"을 평가함에 있어서 구국이라는 말을 쓰는 것은 이 운동이 단지 복음전파만을 위한 것이 아니라, 그 이면에 구국과 민족의 구원이라고 하는 강한 의식이 전제되어있기 때문이다. 이러한 사실은 "삼백만부흥운동"을 전개하는 취지문에서 찾아볼 수 있다. 또한 당시의 시대적 상황은 복음화운동 자체를 "구국전도"라는 표현을 일반적으로 사용하기도 했다. 복음화운동은 곧 구국운동이라는 개념으로 사용했다는 말이다.[5] 즉 당시의 시대적 상황은 기독교의 복음을 전파는 구원만의 문제가 아니라 구국의 길(방법)이라고 생각했다는 의미이다.

다음은 <삼백만부흥운동>을 천명하는 취지문에 담긴 한 내용이다.

> 이 黑暗한 波濤우에 救援船 一隻은 나타나 『그날』 즉 復興의 날은 왔다 라고 웨
> 치는 소리에 三千萬大衆이여 귀를 기우릴지어다. 이 機會를 놓지면 自由란 다

---

4 김동화,『나에게 있어 영원한 것』, 147. 배명준, 『남대문교회사』, 185. 여기서 당시 남대문교회 동사목사였던 배명준은 "당시 남북한 전체 인구가 3천만이었으므로 십일조에 해당하는 3백만이라도 기독교인으로 만들어보자는 취지 아래 삼백만부흥운동을 일으키게 되었다."고 전하고 있다.

5 김성준,『韓國基督敎史』(서울: 기독교문사, 1993), 279.

시 우리에게 오지 아니할 것이다. 이제 이 喊聲을 들은 우리가 어찌 그저 잇을
수 있을가? 그러므로 우리는 第一次로 三百萬의 復興運動을 이르켜야 할 것이
라는 것이 우리의 覺悟인 同時에 決心이어야 할 것이다. 이것만이 우리 民族이
永遠히 幸福스럽게 살 수 있는 唯一의 活路라고 생각할 때 우리의 決意가 어떠
하다는 것을 一般은 推測할 수 있을 것이다.[6]

이 취지문에서 확인할 수 있는 것은 이 운동은 "민족의 영원한 행복"을 목
적으로 하는 복음전도운동이라는 말로 정의 할 수 있을 만큼 구국의 신념이
강하게 담겨있다. 일제에 의한 식민지로부터 해방을 얻은 '그날'과 '부흥의 날'
을 일치시키는 시각이 그렇다. "이 機會를 놓치면 自由란 다시 우리에게 오지 아
니할 것이다"는 절박한 심정도 이 운동의 이면에 담겨진 목적을 알게 하는 대
목이다. 해방과 함께 주어진 자유이지만, 정치적, 경제적, 사회적 혼란으로 인해
서 다시 잃어버리지 않을까 하는 걱정이 배어있는 표현이다. 이러한 상황에서
교회의 지도자와 교회가 할 수 있는 것이 복음전도운동으로서 "삼백만부흥운
동"이 연결되고 있는 것임을 알 수 있다.

해방 이후 교회적으로도 매우 혼란했다. 또한 해방 직전에 통폐합되거나
성결교회, 침례교회와 같이 교단이 강제 해산된 경우도 있었기에 소위 교단의
재건과 각 교회들의 재건이 진행되면서 진통을 겪었다. 해방과 함께 완전한 독
립이 아니라 남과 북으로 분단된 형태로의 독립이었기에 독립과 함께 우리 사
회는 새로운 혼란이 동반되었다. 즉, 이념의 대립이었다. 이 과정에서 교회는 자
유민주주의를 지지하면서 대한민국 정부의 수립에 일정한 역할을 했다. "삼백
만부흥운동"은 이러한 국가적, 정치적, 사회적인 혼란과 경제적인 어려움을 경
험하고 있는 상황에서 이 민족이 살 수 있는 희망은 오직 복음전파에 있다는

---

6 三百萬復興運動社 編,「復興1號」(서울: 復興社, 1945), 2. 맞춤법이나 용어
    를 원문대로 옮겼음을 감안하기 바람. 현대어나 문법적으로는 맞지 않은 것
    이 많이 있다.

확신에 의해서 전개된 구국을 목적으로 하는 복음전도운동이었다.

또한 해방과 함께 주어진 자유에 대한 보전이 절실하게 필요했다. 식민지 체제에서 신앙의 자유조차 용납되지 않는 상황을 경험했기에 주어진 자유를 다시 잃을까 하는 염려가 신앙과 자유의 보전을 위한 노력을 하게 했던 것이다. "그러므로 우리는 第一次로 三百萬의 復興運動을 이르켜야 할 것이라는 것이 우리의 覺悟인 同時에 決心이어야 할 것이다."[7]고 이 운동의 동기를 역설하고 있고 있는 것이다. 즉, 이것은 자유를 지키는 것과 부흥운동이 관계를 가지고 있음을 알 수 있다. 즉 "삼백만부흥운동"의 한 사업으로 전도특공대를 조직하여 38선 접경지역과 이념분쟁의 현장인 지리산과 제주도 지역에 파송한 것은 특별한 연관이 있다는 의미이다.

이러한 의식을 가지고 김치선은 1945년 해방과 함께 "삼백만부흥운동"을 전개했던 것이다. 해방과 함께 독립국가인 조국을 어떻게 다시 세울 것인가 하는 구국의 염원은 그로 하여금 "삼백만부흥운동"을 통해서 복음을 전파하여 민족을 구원하는 일과 함께 자유를 확보할 수 있도록 하겠다는 것이었다. 때문에 그는 "우리 民族이 永遠히 幸福스럽게 살 수 있는 唯一의 活路라고 생각할 때, 우리의 決意가 어떠하다는 것을 一般은 推測할 수 있을 것이다."[8]라고 부흥운동에 임하는 각오를 밝히고 있는 것에서 알 수 있다. 그러한 의미에서 이 부흥운동은 복음전파를 통해서 구국을 목적으로 하는 것이었다.

2.2 삼백만부흥운동과 김치선

"삼백만부흥운동"의 출발은 김치선의 기도에서 부터다. 일본과 미국에서 유학을 한 후 일본에서 목회를 하다가 태평양전쟁 말기인 1944년에 귀국하여

---

7 三百萬復興運動社 編, 『復興1號』, 2.
8 三百萬復興運動社 編, 『復興1號』, 2.

남대문장로교회의 담임 목사로 부임을 하면서 그의 기도는 이어졌다.[9] 특별히 식민지시대에 일본에서 유학을 하면서 그가 겪어야 했던 고난은 그의 눈에 눈물이 마를 날이 없었다. 그의 관심과 기도는 항상 민족(국가)에 있었고, 어떻게 하면 민족을 위기에서 구원할 수 있을까 하는 생각에 눈물이 마를 날이 없었다. 그 결과 그가 얻은 별명이 한국의 '눈물의 선지자 예레미야'다.[10]

그는 귀국해서 남대문교회를 담임을 하면서도 구국의 일념으로 목회를 하였다. 자연히 목회에는 구국을 위한 방법들을 제시하면서 신자들에게 호소하는 설교가 중심이었다. 이듬해에 해방을 맞았기 때문에 감격할 수 있었지만, 자주와 자립을 보장받지 못한 상태였고, 남과 북이 분단되는 상태였으며, 경제력 또한 최악의 상태였기 때문에 절망적이었다. 그러한 현실에서 그의 구국적 신앙의식은 그를 더 뜨겁게 했다. 절망적 상황에서 그는 <삼백만부흥운동>을 통한 구국의 길을 모색하게 되었고, 그 방법과 부흥운동사(復興運動社)를 조직하기에 이르렀던 것이다.[11]

당시 남대문교회에서 김치선 목사와 함께 동사 목사로 섬겼던 배명준은 김치선이 주도한 "삼백만부흥운동"에 대해서 다음과 같이 회고하고 있다.

> 비통한 시대에 한국의 예레미야요 눈물의 선지자 김치선 목사는 이들의 비통
> 한 심경을 달래주는 목자의 역할을 담당하였으며, 300만 부흥운동을 일으켜
> 이 민족을 그리스도 앞으로 인도하였다.[12]

---

9 배명준, 『남대문교회사』, 185. 정성한, "한국교회 해방 전후사 인식(1), 100.
10 박기풍, "40년의 발자취"「생수」제7집, (1989, 12), 191. 김치선의 제자였던 박기풍은 여기서 "그는(김치선) 말씀을 전할 때마다 작은 체구에 발을 동동 구르면서 외쳤는데, 눈물 없이 말씀을 전하는 것을 보지 못했다. … 일본에서 목회를 하실 때부터 한국의 눈물의 선지자 예레미야라는 칭호를 받으셨다."고 증언하고 있다.
11 배명준, 『남대문교회사』, 179.
12 배명준, 『남대문교회사』, 179.

김치선은 일제에 의한 식민지 말기에 일본과 미국에서 유학을 하고, 그를 키워준 영재형(Luther L. Young) 선교사의 요청으로 일본에서 사역하면서 식민지 백성으로서의 서러움을 온 몸으로 체험을 했다. 그러므로 그는 일본에서 이미 '눈물의 예레미야'라는 칭호를 얻을 만큼 조국을 생각하면, 눈물부터 흘리면서 설교를 했다고 전해진다. 이러한 사실은 그에게 배움을 가졌던 이들은 물론 당시 그를 아는 사람들의 일관된 증언이다.

그만큼 그는 조국에 대한 애착심을 가졌고, "삼백만부흥운동"은 그의 조국에 대한 안타까운 마음에서 비롯된 구국을 위한 기독교적 대안으로서 제시되고 전개한 것이라는 해석이 가능하다. 때문에 그는 어떤 장소나 강연, 혹은 설교를 하게 되는 경우에는 반드시 나라를 위해서 기도하고, 구국을 위한 방법을 찾았다고 한다. 이러한 일념이 그가 가지고 있는 달란트를 통해서 하나의 운동으로 구현된 것이 <삼백만부흥운동>이다. 그의 딸 김동화에 의하면, 김치선은 "주일 강단에서 설교할 때마다 '이 민족 삼천만'이란 말씀을 늘 하시면서 눈물을 흘리셨다."고 전한다.[13]

그는 일본의 고베중앙신학교(현 神戸改革派神學校)와 미국의 웨스트민스터신학교, 그리고 달라스신학교를 거치면서 구약학을 전공하여 신학박사학위를 받고 일본에서 목회를 시작했다. 하지만, 그가 개종을 하고, 함흥의 영생학교를 거쳐 연희전문을 졸업하면서 느끼고, 온 몸으로 체험한 것은 암울하고 절망적인 조국의 현실이었다. 때문에 어렵게 구약을 공부했지만, 그가 조국에 돌아왔을 때는 구약학자의 모습이기보다는 조국을 광명의 길로 이끄는 것이 더 급하게 느껴졌을 것이다. 그러므로 그것을 자신의 사명으로 확인하면서 복음을 전하는 전도자, 신자들의 신앙을 일깨우는 부흥 설교가의 모습이기를 자원했던 것이다. 실제로 그는 신학자의 모습으로서 보다는 전도와 대중 집회를 이끌면서 부흥회 강사와 같은 일을 주로 하면서 한국교회와 신자를 깨우는 일

---

13 김동화, 『나에게 있어서 영원한 것』, 147.

을 했다.

그리고 그의 뇌리를 지배하고 있는 것은 조국의 미래, 즉 해방과 하나님의 교회를 세우는 것이었기 때문에 그는 어떻게 하면 그것이 가능할까 하는 생각뿐이었다. 그러므로 해방과 함께 그에게 주어진 여건 속에서 자신이 해야 하는 일로서 "삼백만부흥운동"을 계획하고 전개했다. 그러한 의미에서 이 운동은 구국의 수단으로서 복음을 전하고, 교회와 신자를 깨우는 것이었다는 해석이 가능하다. 그러므로 다음 장에서 살펴보게 될 이 운동의 실체에서 알 수 있겠지만, "삼백만부흥운동"은 전도와 복음의 전파를 통한 구국운동이었다.[14]

또한 김치선은 해방 이후 장로회총회신학교의 주역으로 신학교의 설립을 위해서 힘썼으며, 한국교회사에 있어서 중요하고 분명한 위치를 가지고 그 역할을 감당했다는 사실을 간과해서는 안 될 일이다. 고려신학교가 출범할 때나 총회신학교가 세워지는 과정에서 그의 위치는 분명했다.[15] 그렇지만 여기서는 "삼백만부흥운동"을 중심으로 살피고 있기 때문에 그의 사역에 대해서 제한적인 서술을 할 뿐이다.

3. 삼백만부흥운동의 실체

"삼백만부흥운동"은 김치선과 남대문교회, 그리고 그와 함께하는 교계의 주요 지도자들, 한국장로교회와 한국교회들이 동참하는 복음전도운동이었다. 이 운동은 시대적 상황과 함께 복음을 수단으로 하는 기독교의 입장에서

---

14 편집부, 『基督敎大百科辭典8』, 782.

15 김요나, 『총신90년사』(서울: 도서출판 양문, 1991), 350, 355. 장로회신학대학교 100년사 편찬위원회, 『장로회신학대학교 100년사』(서울: 장로회신학대학교, 2002), 337, 341, 345. 金良善, 『韓國基督敎解放十年史』(서울: 大韓예수敎長老會總會 宗敎敎育部, 1956), 252. 허순길, 『高麗神學大學院 50年史』(부산: 고려신학대학원 출판부, 1996), 40.

구국을 위한 것이었음은 "삼백만부흥운동"의 취지문에서 천명하고 있는 것을 보아 충분히 알 수 있다.

快哉 이 江山 三千里에 復興의 날이 왔다. 自由의 종소리 大地를 울리매 하늘엔 五色 구름이 나타나고 山谷엔 倭松은 枯死하나 우리 松은 더욱 靑靑하고 茂盛하며 原野엔 栢谷이 대풍이니 이 어찌 宇宙가 함께 기뻐 祝賀함이 아니랴. 主人公되는 우리 三千萬의 기쁨이야 무엇에 比하랴. 더욱 四十年동안 歷史에 없었고 다시 없을 壓迫과 奴隷의 苦痛속에서 自由의 鍾소리를 들은 우리들의 기쁨이다. 더욱 그리스도人으로는 二重三重의 苦生을 지났다. ... 기쁨의 消息은 별안간 空間을 울리게 되었다. 그리고 『宗敎의 自由』 이것이 눈에 나타나고 우리의 鼓膜을 울릴 때 아·『그날』 즉 『復興의 날은 왔고나』 이것이 우리의 기쁨의 넘치는 대답이 아니고 무엇이랴.[16]

이 글에 나타나 있는 것은 복음전파와 신앙의 자유와 민족의 자존을 동일선상에서 이해하고 있다는 것이다. 이러한 배경에서 출발한 "삼백만부흥운동"은 구체적인 실천 방법과 노력들이 있었기에 이를 중심으로 살펴보려고 한다.

3.1 삼백만부흥운동의 실체

"삼백만부흥운동"의 실체는 이 운동을 전개하기 위한 조직의 규약에서 찾아볼 수 있다. 다음은 규약의 첫 부분으로서 그 성격과 실체를 이해할 수 있는 근거이다.

---

16 三百萬復興運動社 編, 『復興1號』, 1.

目的 : 信仰의 復興과 救靈復興(但 三百萬 基督人을 目的으로 함)

位置 : 전국 三千教會를 單位로 하여 各教會에 復興運動 支部 後援會를 置하
고 中央에 復興社와 後援會를 置함

憲章 : 聖經, 主張 : 福音, 主宰 : 하나님(支配者), 그리스도(救贖者와 仲介者),
聖神(引導者와 聖潔)

代行者 : 社員(復興社員)

社員資格 : 十六歲된 男女로 그리스도의 贖罪로 救援을 받아 참으로 믿는자로
神의 指示를 絶對 順從하고 三百萬復興運動의 一員으로 活動키로 決心하고
左記 義務金 獻納하는 자[17]

이 규약에서 알 수 있는 것은 운동의 목적에서 밝히고 있는 것처럼, 삼백
만 기독교 신자를 얻는 것이 목적이고, 전국의 3천 교회를 운동의 핵으로 삼아
전국적인 전도운동으로 전개한다는 목표를 세운 것이다. 그리고 이 운동을 중
앙에서 총괄하는 기구로서 부흥사(復興社)가 있음을 알 수 있다. 이 규약으로
만 본다면, 매우 엉성하고 구체적인 조직이나 그 역할분담에 대한 정보를 얻을
수 없다. 다만, 이 운동은 전적으로 하나님 중심의 운동이며, 하나님께 의탁하
는 자세로 전개한다는 신앙적인 의지가 분명하게 보이는 것은 사실이다.

다음으로 이 운동의 전개를 어떻게 할 것인지를 밝히고 있는 것을 볼 수
있다. 즉, 이 운동은 4단계로 계획되었다. 제1단계는 전국의 3천 교회에서 1명씩
의 부흥사원(復興社員)을 모집하여 3천 명이 부흥집회를 하며, 매일 새벽 5시
에 기도회를 실시하는 것이다. 1단계는 이듬해인 1946년 3월말까지 실시한다.
제2단계는 1946년 10월말까지 3천 명의 사원이 각각 자기 교회에서 10명의 사
원을 모집하여 3만 사원을 만든다. 이 과정에서도 새벽기도를 하면서 30만 사

---

17 三百萬復興運動社 編, 『復興1號』, 3-4.

원을 모집하는 준비를 한다. 제3단계는 1947년 3월말까지 3만 사원이 10명씩 모집하여 30만 사원을 만들어서 부흥집회를 가진다. 이 단계에서는 세부적인 조직을 하는데, 16-20세까지는 소년단, 21-30세까지는 청년단, 31세 이상은 장년단으로 편성했다. 제4단계는 1947년 10월말까지 30만 사원이 각각 10명씩을 모집하여 3백만 사원을 만들어 대부흥집회를 연다는 계획을 했다. 이 일을 진척시키기 위해서 전국교회의 후원을 받아서 교회별 집회를 열어 개인 전도를 위한 교육과 전도를 실시하여 실제적인 교회 성장을 이루게 하며, 교회 설립을 할 수 있도록 했다.[18]

몇 개월씩의 단계적 과정으로 3천 명을 출발점으로 해서 3백만의 신자를 만들겠다는 다단계방식의 전도운동이었던 것이 "삼백만부흥운동"의 실체다. 그러한 의미에서 그의 구국운동과 부흥운동은 같은 맥락인 것도 알 수 있다. 이렇게 1945년 말부터 시작해서 1947년 10말까지로 계획된 이 운동은 "개인전도, 특별집회, 또는 부흥회, 라디오 방송, 부흥음악단 및 부흥사 파송, 기관지

---

18 박용규, 『한국기독교회사2』, 847. 『基督敎大百科辭典』, 782. 三百萬復興運動社 編, 『復興 1號』, 4-6.에 수록된 계획 원문은 다음과 같다. "(가) 第一期 (三千敎會에서 一人씩 社員을 募集함) 社員 : 三千名의 復興會 開催함. 全國 三千敎會와 後援會를 組織함. 社員 새벽 五時 기도를 三千社員은 實行하여 감사와 참회와 간구하며 聖經을 硏究하며 社員募集을 준비할 것(一九四六年 三月末日까지). 第二期(三萬社員 募集을 目的으로 함) 三萬社員의 復興會를 開催함. 社員은 主로 自己의 敎會에 十人의 社員을 募集하여 기도단을 組織하여 감사와 회개와 간구하기로 決心하고 새벽 五時에 敎會에서 기도회를 지킬 것이니 이것이 三十萬의 同志 얻음을 준비하는 것이 될 것 (一九四六同年十月末日). 第三期(三十萬同志 얻음을 目的으로 하여 各社員이 十人의 同志를 얻을 것) 如左히 組織할 수 있음. 少年團(十六歲-二十歲) 靑年團(二十一歲-三十歲) 壯年團(三十一歲-) 三十萬의 同志 復興大會 開催(一九四七年三月末日). 第四期(三百萬의 信徒를 目標로함) 百名의 同志는 各十人의 信者를 인도하여 三百萬의 達케 할 것) 全國 三百萬 信徒大會를 개최함. 全國 各 敎會의 後援會의 特別한 後援으로 個人傳導와 特別 復興會를 開催하고 敎會의 創設을 主力으로하여 적어도 千名의 信者를 얻을 것. 一九四七年일月末日."

(부흥) 간행 등의 구체적인 방법으로 마련되었다."[19] 그러나 이 계획에 따른 전도가 어떻게 진행되었는지에 대한 자료는 찾을 수 없는 현실이다. 때문에 이 운동에 대한 제대로 된 평가가 이루어질 수 없다는 아쉬움이다.

"삼백만부흥운동"은 김치선 개인이 혼자서 진행할 수 있는 것이 아니었다. 하지만 이 운동의 조직이나 전개과정이 자료로 남겨진 것이 전무하기 때문에 유추하는 것조차 불가능한 것이 현실이다. 때문에 이 운동에 대해서 더 적확하게 평가하기 위해서는 더 많은 사료의 발굴이 필요하다. 따라서 이 연구의 한계성이 여기에 있음을 부인할 수 없는 것도 사실이다.

그럼에도 불구하고 김치선이 주도한 이 운동에 동참했던 당시의 많은 교계지도자들의 행적은 "삼백만부흥운동"의 역사적 사실을 증명하고 있다. 실제로 당시의 한국교계를 이끌고 있었던 지도자들이 이 운동에 동참했다는 사실은 의심의 여지가 없다. 예를 들어 박재봉, 이성봉, 손양원, 강의준, 배은희, 김인서 목사 등이 이 운동에 적극 참여하였다.[20] 그 중에서도 손양원 목사는 김치선과 절친한 관계만큼이나 적극적으로 부흥전도회 일원으로 참여하여 집회를 인도하면서 이 운동을 이끌었다.[21]

그리고 당시 세계적으로 유명한 복음전도자였던 "피얼스(R. W. Pierce)

---

19 『基督敎大百科辭典』, 782., 三百萬復興運動社 編, 『復興1號』, 6.
20 박용규, 『한국기독교회사2』, 845. 김동화, 『나에게 있어 영원한 것』, 158. 235.
21 김동화, 『나에게 있어 영원한 것』, 150.
22 김동화, 『나에게 있어 영원한 것』, 151. 정성한, "한국교회의 해방 전후사 인식(1)", 118.에서 『남문밖 기쁜 소식』(1999. 8), 5-6.에 수록된 남대문교회 김규언 장로의 회고를 통해서 확인하고 있는 내용을 재인용한다면, "당시 세계적인 유명 부흥사였고 이미 '삼백만 구령운동'으로 관계를 맺고 있던 피얼스 목사를 초청하여 부흥회를 갖기도 하였다.... 그러나 피얼스 목사의 부흥집회 후 새로운 건축을 위한 분위기가 무르익어 가고 있을 때, 6.25 전쟁이 터지고 교회당 신축계획은 무기 연기되고 교인들은 뿔뿔이 흩어져 전쟁이 끝나기만을 기다릴 수밖에 없게 되었다."

가 1949년에 내한해서 김치선과 함께 "삼백만부흥운동"의 일원으로 동참하였다."[22] 이것을 계기로 피얼스는 한국과의 관계를 긴밀하게 가지게 되었으며, 그가 이 운동에 참여한 것이 계기가 되어 후에 6.25사변으로 인해 발생한 전쟁고 아들을 돕기 위한 선교단을 만들게 되었는데, 그것이 선명회(宣明會)였으며, 지금까지도 월드 비전(World Vision)이라는 이름으로 활동하고 있다. 그 후 월드비전은 김치선과의 관계보다는 한경직과의 관계를 깊게 가지게 되었다. 그것은 김치선의 관심은 직접적인 복음전파에 집중하고 있었던 반면에 한경직은 사회봉사에도 관심을 더 가지고 있었기 때문이다.[23]

3.2 우물파기운동과 삼백만부흥운동

"삼백만부흥운동"의 실체를 이해하기 위해서는 '우물파기운동' 즉, "2만8천 동네에 가서 우물을 파라"는 김치선의 유지(遺志)에 대한 이해가 필요하다. 2만8천 동리란 당시 우리나라 마을의 수라고 한다.[24] 그러니까, 이 나라 모든 고을에 복음을 전하고 교회를 세우라는 그의 유지인 것이다. 그러나 당시 남북으로 나뉜 상황에서 그는 남쪽의 1만8천 동네에 만이라도 우물을 파야한다고 역

---

23 김동화, 『나에게 있어 영원한 것』, 151.

24 김동화, 『나에게 있어 영원한 것』, 157.최정인, "김치선 목사의 생애" 「신학지평」 제13집(2000), 27-28.에서 최정인은 우물파기운동과 삼백만부흥운동의 관계를 다음과 같이 설명하고 있다. "김치선 목사는 눈물이 많은 목회자였다. … 그의 기도제목은 언제나 한국이 제사장의 나라가 되게 해 달라는 것이었다. 그래서 당시 우리나라 백성은 3000만 명 이었는데, 우리 백성의 십일조인 300만 명을 하나님의 백성이 되게 해 달라고 기도했다. 그러기 위해서는 먼저 믿는 우리들이 2만 8천여 동네에 다니며 우물을 파야(교회를 세워야) 한다고 했으며, 우물을 파기 위해서는 300만 명의 기드온 용사가 필요하다고 하였다. 이것이 저 유명한 '300만 구령운동'의 시발인데, 그는 이를 조직적으로 전개하기 위해서 '300만 부흥전도회'를 창립하였고, 1946년 회장에 취임하여서는 전도 목사들을 전국 각지로 파송하는 등 300만 구령운동을 앞장서서 지휘했다."

설했다. 따라서 '우물파기운동'은 "삼백만부흥운동"의 구체적인 방법이면서 동시에 이 운동의 강령인 셈이다. 영남신학대학교의 정성한은 이 운동에 대해서 "교회 세우기 운동"이라는 해석을 하고 있다.[25]

이렇게 시작된 '우물파기운동'은 개척교회를 세우는 것을 의미하는 것으로서 예수교장로회 대신측 교단과 신학교를 통해서 지금까지 계승되고 있는 것이 역사적인 사실이다. 1955년 <우물>이라는 교지를 창간하면서 김치선은 간행사를 통해서 '우물파기운동'을 다음과 같이 선언하고 있다.

> "우물"이여 이 생수가 강같이 흐르고 흘러 삼천리 금수강산에 큰 하수를 이루기를 바란다. 우리의 할 일은 우물을 파는 것이다. 이 우물은 얼마나 파야 할 것인가? 우리 조국에 이만 팔천여 촌이 있다 한다. 그리고 남한에만도 일만 팔천육백십삼 동이 있다 한다. 그런즉 우선 남한에서 만이라도 속히 이 우물을 파야 할 것이다. 사랑하는 신학도들이여 이만팔천여 우물을 파는 운동을 일으켜야 할 것이니 이것이 부흥운동이라 생각한다. … 다만 이 우물파는 사업만 하여야 할 것이라고 생각하며 또한 하나님의 명령이라고 생각한다. 그런즉 우리는 다른 것은 그만 두고 일생사업으로 우물만 많이 파는 자들이 되기를 바란다.[26]

이 글은 "삼백만부흥운동"의 구체적인 정책으로서 이만팔천동네에 우물을 파는, 즉 교회를 개척해서 설립할 것을 부르짖고 있음을 알 수 있다. 이러한 '우물파기운동'은 지금 대신측 교단의 개척정신으로 분명하게 자리하고 있음은 우연한 일이 아니고, 교단의 역사를 통해서 "삼백만부흥운동"은 지금까지 이어지고 있는 것이다. 또한 구 대한신학교의 정신을 계승하고 있는 학교와 구

---

25 정성한, "한국교회의 해방 전후사 인식(1)", 114.
26 김치선, "우물", 「우물」 창간호(1955), 1.

성원들을 통해서 현재진행형으로 이 운동은 계속되고 있다.

　실제로 이 정신을 계승하고 있는 대신측 교단의 경우, 거의 대부분의 교회가 개척하여 새롭게 세워진 교회로 구성되어있다. 다시 말하면, 대신교단 그 자체가 "삼백만부흥운동"의 열매로 세워졌다고 해도 과언이 아니다. 의식적, 무의식적인 것과 관계없이 구 대한신학교와 그 정신을 계승하고 있는 목회자들은 한결같이 신학도가 가져야하는 사명으로 교회개척을 인식했고, 졸업과 함께 전국에 흩어져서 우물 파는 일을 해서 교회를 세웠다. 그렇게 세워진 교단이 현재의 대신측 교단이다.

　'우물파기운동'은 결국 "삼백만부흥운동"의 구현을 위한 구체적인 방안이었고, 그것은 전국 각 마을에 교회를 세우는 것이었다. 이 일을 위해서 교회를 세울 수 있는 일꾼이 필요하고, 그 일꾼을 양성하기 위해서 신학교가 필요한 것은 자연스러운 것이었다. 그러므로 해방과 함께 김치선에 의해서 전개된 "삼백만부흥운동"은 전도가 급히 필요한 곳에 전도특공대원을 파견하는 일과 함께 전국의 모든 마을에 교회를 세울 수 있는 일꾼을 양성하는 일이 절박하다고 생각했다. 그러므로 김치선은 자신이 목회하고 있는 남대문교회에서 대한신학교를 설립했던 것이다.[27]

　구 대한신학교의 정신을 계승하는 학교와 대신 교단에서 양육을 받은 사람들은 '우물파기운동'에 대해서 가르침을 받았고, 그것을 감당하기 위한 자신의 사명을 확인하면서 헌신하였다. 그러한 의미에서 "삼백만부흥운동"의 열매는 당대에서보다는 현재에 이르러서 구체적으로 나타나고 있다고 해도 틀리지 않는다. 또한 이 운동은 당대의 결과로 평가할 수 있는 것이 아니라, 당대에는 씨앗을 뿌린 것이고, 그 후의 역사를 통해서 지속적으로 그 결과가 나타나고 있는 것으로 보아야 할 것이다.

---

27 정성한, "한국교회 해방 전후사 인식(1)", 114. 대한신학교에 대해서는 다음 항에서 다시 다룰 것이기 때문에 여기서는 그 연관성에 대한 언급만 하고 지나간다.

어떻게 보면, 김치선이 제창한 '우물파기운동'은 훗날 민족복음화라는 명칭으로 부흥운동을 전개한 1970년대로 이어진다고도 할 수 있을 것이다. 비록, 그가 민족복음화라는 용어는 사용하지 않았지만, 이미 그의 "삼백만부흥운동"이 구국의 염원에서 나왔다는 사실과, 그것을 완성하기 위해서 '우물파기운동'을 제창했던 것이기 때문이다. 그러므로 "삼백만부흥운동"은 1907년 평양대부흥운동과 1909년에 있었던 100만인구령운동에 이어서 식민지시대를 거친 후 한국교회사에 있어서 부흥운동을 이어가는 부흥운동이었고, 이 운동은 한국교회가 성장하는데 있어서도 분명히 공헌을 하였다는 것은 인정해야 할 것이다.

3.3 대한신학교와 삼백만부흥운동

앞에서 살펴본 것처럼 구 대한신학교의 설립은 "삼백만부흥운동"의 일환이었다. 우물파기운동과 함께 추진된 신학교 설립은 "삼백만부흥운동"의 일꾼을 양성하기 위한 구체적인 것이었다. 그러한 의미에서 구 대한신학교의 탄생과 그 정신을 계승하고 있는 이들은 "삼백만부흥운동"의 역사적 사명과 그 역할에 대한 책임의식을 가지고 자신들의 역사를 만들어가야만 할 것이다. 이러한 사실에 대해서 정성한은 다음과 같이 정리하고 있다.

> '삼백만 구령운동'을 보다 더 적극적으로 전개하기 위해서는 더 많은 헌신된 '전사'(戰士)들이 필요했다. 전사들을 양성할 기관의 필요성을 느낀 김치선 목사는 당회원들을 설득하여 남대문교회 예배당 안에 '대한신학교'를 설립하였다. 그러므로 신학교의 설립은 삼백만 구령운동의 최종 완결판이라 할 수 있다.[28]

'우물파기운동'과 함께 일꾼을 양성하기 위한 신학교의 필요는 자연스러운 것이었다. 그러므로 김치선은 신학교를 설립해서 전국에 우물을 파는 일꾼을 길러내는 일을 하겠다는 생각에 자신이 시무하고 있는 남대문교회 내에서 야간신학교를 설립하게 되었던 것이다. 그러한 의미에서 대한신학교가 한국교회사에 등장하는 것은 여타 다른 신학교와 다른 점이 있다고 할 것이다. 그것은 대한신학교의 존재 그자체가 "삼백만부흥운동"의 산물이기 때문이다. 해방 직후 우리나라가 직면해 있는 위기적인 상황을 아파했던 김치선은 복음을 통해서 나라를 세우고 구해야 한다는 일념으로 '우물파기운동'을 전개하면서, 그일을 이끌어가기 위한 일꾼들을 양성하는 일을 해야 했던 것이다. 실제로 구 대한신학교 초창기 학생들이 주축이 되어서 '전도특공대'를 결성하였고, 특공대는 38접경지역과 이념분쟁의 현장인 제주도와 지리산지역에 파송되어 복음을 전하였다. 그러나 그들 대부분은 이어 일어난 6.25사변의 과정에서 대부분 순교한 것으로 나타난 것도 많은 것을 시사하고 있다.[29]

이렇게 세워진 대한신학교는 6.25사변의 전란 속에서도 부산과 제주도에서 각각 본교와 분교형태로 개교하여, '우물파기운동'을 계속할 지도자를 양성

---

28 정성한, "한국교회 해방 전후사 인식(1)", 114., 배명준, 『남대문교회사』, 183. 당시 신학교 설립을 위해서 당회를 설득하는 일에 동참했던 배명준 목사는 "당회원들은 총회 직영 신학교가 아닌 신학교육기관의 설치에 대해서 난색을 표명하고 있었다. … 본 교회의 삼백만부흥운동의 전도훈련 센타로서 필요성을 역설하여 당회에서의 찬성을 얻기에 이르렀다."고 회고 하고 있다.

29 박용규, 『한국기독교회사2』, 846. 『基督教大百科辭典8』, 782. 배명준, 『남대문교회사』, 186.

30 「基督公報」(1952. 10. 13.), 1. "제주읍에서는 아직도 피난 기독교인이 수천 명을 산하는대 그중에는 교역을 희망하여 신학을 원하는 이들이 다수 있으나 육지에 나가서 신학을 연구할만한 형편은 못되고, 시일은 이렇게 오래 지체되므로 몇몇 유지들이 대한신학교 제주분교를 제주에 두기로 생각하고, 부산 본교 교장 김치선 박사와 연락 교섭한 바 동박사의 허락을 얻어 즉시 이사회를 조직하고 강사를 택하였고 학생모집 광고를 내걸었든 바 지원자가 70여 명에 달하야 9월 15일에 개교식을 성대히 거행하였다."고 소식을 전하고 있다. 또한 부산의 대한신학교도 같은 사명을 확인하면서 김치선이 직접 관리하면서 전란의 소용돌이 속에서도 뜨겁게 공부하는 모습을 보여주었다. 「基督公報」(1953. 3. 23.), 1.

하는 일을 쉬지 않았다.[30] 이것은 전란 중에도 복음전파에 대한 사명은 멈출 수 없다는 뜨거운 사명의식의 결과였다. 그만큼 절박한 상황에서도 복음을 통해서 뜻을 이루고자 했던 것은 김치선의 남다른 신앙과 사명의식의 결과이기도 하다. 그러므로 피난지에서도 교회의 지도자를 양성하는 일은 대한신학교가 그 중심에서 계속했던 것이다. 사명은 환경도 막지 못하고, 조건이 방해할 수 없는 것이었기에 피난지에서의 대한신학교의 역할은 더욱 빛나는 것이었다.

'우물파기운동'과 관련해서 대한신학교가 세워졌고, 그 역할을 감당한 것에 대해서 김치선의 제자인 원용국은 "김치선 박사에 의해서 '2만 8천여 동리에 우물을 파라'는 목표로 총회 야간신학교가 세워진 후 세월이 지나면서 '대한신학교'로 되었고, 그와 함께 배출된 목회자들이 국내외의 각 교단에 없는 곳이 거의 없다."[31]고 말하고 있다. 실제로 구 대한신학교를 졸업한 지도자들은 교계의 여러 교단에서 현재까지도 활발한 활동을 하고 있는 경우가 많은 것도 사실이다.

대한신학교가 설립될 당시의 사회적 상황이란 극히 혼란한 상태였음은 재론의 여지가 없다. 그러한 상황에서 김치선은 신학생들에게 "삼천만의 파수꾼이 되라고 했다. 간데 마다 우물을 파라."[32]고 했다. 이러한 김치선의 의지는 신학교육의 현장에서 학생들에게 전하여졌고, 대한신학교 출신의 교역자들은 개척정신이 투철하게 되었다. 이러한 정신은 대신교단의 전통이 되었다. 이 것은 신학교육을 통해서 "삼백만부흥운동"을 구현하겠다는 생각은 틀리지 않았다는 것을 증명하는 것이다. 예를 들어 칼빈(John Calvin)이 제네바 아카데미(The Academy of Geneva)를 통해서 유럽의 종교개혁을 완성할 수 있었던 것처럼, 김치선은 대한신학교를 통해서 이 땅에 "삼백만부흥운동"을 전개하고, 민족복음화의 길을 예비했던 것이다.

---

31 원용국, "김치선 목사와 나", 「신학지평」 제13집(2000), 7., 15.
32 최순직, "대신의 선교정신", 97.

그러한 의미에서 대한신학교의 설립 그 자체가 "삼백만부흥운동"의 산물이고, 동시에 "삼백만부흥운동"의 원동력이 되었다고 할 수 있다. "삼백만부흥운동"의 구심점이 김치선 개인이나, 남대문교회라고 하는 한 교회에 의한 것으로 머물렀다면, 이 운동은 개인이나 한 교회가 시도했던 운동으로 그쳤을 것이다. 그리고 그것은 시간의 흐름 속에서 계승되지 않고 소멸되었을 것이다. 하지만, 대한신학교를 설립했고, 이 학교를 통해서 "삼백만부흥운동"의 정신이 계승됨으로써 전국 각지에서 우물을 파는 일을 할 수 있는 역군들을 배출 할 수 있었던 것이다.

그러한 의미에서 대한신학교의 설립은 "삼백만부흥운동"을 지속시키고, 완성시키기 위한 것이었음이 분명하다. 즉, 대한신학교는 "삼백만부흥운동"에 대한 역사적 사명을 가지고 있으며, 이 사명을 기반으로 해서 학교의 정체성을 가지고 있는 것이다. 이렇게 볼 때 대한신학교와 '우물파기운동'은 필연적인 관계에 있으며, 이것은 동시에 "삼백만부흥운동"과 직결되어있다. 만일, 대한신학교와 '우물파기운동'을 떼어놓고 생각하려 한다면, 그 자체가 불가능한 일이다. 즉, 대한신학교는 2만 8천 동리에 가서 우물을 팔 수 있는 일꾼을 양성하는 역할을 해야 하고, 이 과정을 통해서 일꾼으로 세움을 받은 사람들은 전국에 흩어져서 각자가 우물을 파는 사명을 감당함으로써 "삼백만부흥운동"을 전개했다.

그리고 현재까지도 이러한 정신을 계승하고 있는 이들에 의해서 "삼백만부흥운동"은 계속되고 있으며 앞으로도 계속될 것이다. 이러한 사실은 예장 대신교단과 그의 사상을 계승하고 있는 신학교에서 여전히 찾아볼 수 있다.

3.4 전도특공대와 삼백만부흥운동

해방 이후 6.25전쟁이 일어나기까지의 한국사회는 매우 혼란스러운 시기였다. 특히 이념적 대립과 함께 남한에 거점을 확보하고 있는 공산주의자들이

38선 지역과 지리산, 태백산, 그리고 한라산과 같은 산악지역에서 활동하면서 주민들을 포섭하고, 공산주의화 시키려는 투쟁을 하고 있었다. 이로 인해서 이 지역의 민심은 매우 흉흉했고, 지역에 대한 통치권이 주야(晝夜)로 바뀌는 상황이 반복되는 형편이었다.[33]

이러한 상황은 당시 정부의 고민이었고 사회적인 문제였다. 당시 정부는 이에 대처할 수 있는 방법으로서 지역 주민을 기독교로 개종시켜서 철저한 반공주의자가 되도록 하는 것이 대안이라고 생각했다.[34] 따라서 이북 출신임에도 남한 교회에서 가장 영향력이 있었던 두 지도자인 김치선과 한경직은 이 지역에 소위 '전도특공대'로 일컬어지는 일련의 전도자들을 파송하게 된다. 이것은 시대적, 사회적, 교회적 요청이기도 했다.[35]

---

33 정성한, "한국교회 해방 전후사 인식(1)", 114.에서는 이 전도특공대를 '결사대'라는 표현을 하면서 이 사실을 다음과 같이 확인하고 있다. "특히 남대문교회 청년들이 대다수를 차지하였던 대한신학교 학생들을 중심으로 삼백만 구령운동의 결사대가 조직되었다. 이 결사대들은 남북한 간에 군사적 충돌이 잦았던 38선 접경지대와 '여수.순천. 반란 사건'이 일어난 지리산 지역, 그리고 '4.3항쟁'의 후유증에 빠져있는 제주도 한라산 일대에도 파송 받아 복음전도의 길에 나서기도 하였다."

34 당시 남쪽은 민주주의, 북쪽은 공산주의를 국가수립의 이념으로 받아들여서 사실상 교회는 반공을 대변하는 입장이었다. 또한 실제적으로 교회는 그러한 역할을 자청했다. 따라서 기독교는 공산주의자들이 철저하게 배격하는 대상이 되었다. 이러한 상황이었기 때문에 '전도특공대'의 조직과 파견이 정부와 군경(軍警)의 적극적인 협력이 있었다. 군경의 협력이 없이는 불가능했던 것이 이들 지역에서의 활동이었기 때문이고, 민도가 낮았던 당시의 상황에서 공산주의를 불식시킬 수 있는 방법이 기독교로의 개종이라는 사실을 인식한 군경의 지휘관들이 적극 지원했던 것이다.

35 이철신, 『영락교회50년사』(서울: 영락교회, 1995), 96-97.에서는 지리산 현지 목회자의 요청에 의해서 전도대를 파송한 것으로 서술하고 있으나, 이에 대해서 당시 남원에서 공비소탕을 위한 작전을 전개하는 과정에 정훈교육 담당자로 육군의 촉탁을 받아 일했던 김봉역 장로의 증언에 의하면, 당시 교단의 중진이며 영향력이 있었던 한경직, 강신명, 남궁현 목사 등을 찾아가 요청을 했다는 것이다. 이에 대해서는 허병욱, "同門의 殉教史-故 정관백 전도사-", 「생수」 제3집(1973), 25.를 참고하라.

이러한 상황에서 "삼백만부흥운동"을 주도하고 있었던 김치선은 대한신학교 학생을 중심으로 하는 '전도특공대'를 조직하여 공산주의자들이 영향을 미치고 있었던 접경지역과 산악지역에 전도와 목회를 목적으로 파송하였다.[36] 이 때 파송된 전도특공대원들은 목숨을 담보로 사지에서 복음을 전하는 일을 했다. 또한 이 과정에서 많은 이들이 순교하게 된 것도 사실이다. 하지만 그들이 파송되었다는 사실과 일부 순교한 이들의 정보는 확인할 수 있지만, 대부분의 경우는 구체적으로 확인할 길이 없다는 것이 아쉬운 점이다. 하지만 분명한 것은 이들이 "삼백만부흥운동"의 일환으로 특별한 지역에 파송을 받아 복음을 전하는 용사로서의 사역을 감당했다는 것이며, 그들의 희생과 헌신은 그 후 한국교회의 성장과 지역복음화의 밑거름이 되었다고 할 수 있다. 하지만 현재 그 존재를 기억하고 있는 이들이 거의 없다는 것은 아쉬움이다.

특히 6.25사변 직전 38선 부근 및 지리산, 한라산, 등 공비출몰지역에 전도인으로 파송된 부흥대원들의 활동은 결사적인 것이었다. 대한신학교 학생을 중심으로 조직된 3백만 부흥운동 결사대는 거의 대부분 6.25사변으로 선교지에서 순교당하였다. 1962년에 이르러 지리산 지역에 파송되었던 결사대원 중 1인이

꺄으으으

36 「基督公報」(1952. 10. 6.), 1.에 대한신학교의 인가기사를 다루는 가운데 대한신학교의 연혁을 소개하고 있다. 여기서 전도특공대파송 사실을 전하고 있기에 전문을 여기에 소개한다. "(1) 1948年 3月 서울시 有志牧師 諸位와 越南 平神學生을 中心으로서울 南大門敎會에서 長老會夜間神學校로 開校 이사장 金善斗牧師 初代校長 尹필성牧師 學生 百名 (2) 1949年 1月 서울特別市 西大門區 新校舍로 移轉 新任校長 金致善博士 第一次 濟州道傳道隊派遣 在籍生 一百五〇名 (3) 1949年 12月 大韓神學校로 校名變更 第二次 濟州道智異山開拓傳道隊派遣 在學生 二百餘名 (4) 1950年 5月 第一回 卒業式擧行 卒業生18名 38線方面傳道隊派遣 文敎部認可 準備中 6.25事變에 依하여 無期休暇 當時 敎授 및 講師陣 … (5) 1951年 6月 釜山서 第二回卒業式擧行 卒業生 八名 (6) 1952年 12月 釜山서 開校 (7) 1952年 4月 5日 第三回 卒業式擧行 卒業生九名 …"

었던 정관백 전도사가 전남 구례군 산동면에서 공산당에 의해 순교당했음이
밝혀져 남대문교회에서는 그의 순교지에 기념비를 세우기도 하였다.[37]

　　이것은 6.25사변 전에, "삼백만부흥운동"의 구체적인 사역 가운데 하나가
전도특공대(결사대)를 조직했고, 그들은 대부분 대한신학교의 학생들이었다
는 사실과 그들은 주로 공산주의자들이 활동하고 있는 지역으로 찾아가서 오
직 복음만 전했던 사실을 증거한다. 특히, 윗글에 나오는 '정관백'전도사의 순
교와 관련해서는 늦게 알려지게 된 것이기는 하지만, 그의 순교와 사역은 당시
파송되었던 '전도특공대'의 실체를 증명하는 것이다.[38]

　　전도특공대의 실체와 활약에 대해서는 당시 특공대원으로 참여했던 이
들의 증언에서도 확인할 수 있다. 대한신학교 1회 입학생으로 지리산 전도특공
대로 참여했던 이홍수 목사의 증언에 의하여 정관백 전도사의 참여와 순교의
사실을 확인할 수 있었고, 이홍수 외에 함께 참여했던 학생들이 김용선, 김화
중 등이었다는 것도 알 수 있다.[39]

　　또한 이러한 사실은 당시 38선 지역의 전도특공대원으로 참가했다가 구
사일생으로 돌아온 이의완 목사에 의해서도 사실을 확인할 수 있다. 이의완 목
사는 김치선의 사위로서 직접 사지(死地)에 복음을 전하러 갔던 인물이다. 이

---

37 『基督敎大百科辭典』, 782. 정관백의 순교는 사실이지만, 여기에 표기된 지
　　역은 사실과 다른 것을 필자는 확인할 수 있었다.
38 허병욱, "同門의 殉敎史−故 정관백 전도사−", 28.
39 허병욱, "同門의 殉敎史−故 정관백 전도사−", 26-28. 1977년 11월 7일에
　　이홍수 목사를 인터뷰한 내용을 중심으로 정리한 내용이 있다.
40 김동화, 『나에게 있어 영원한 것』, 239.에서 김동화는 "삼백만부흥전도회 일
　　원으로 옹진에서 전도하던 형부 이의완 전도사는 갑자기 밀려 내려오는 공
　　산군을 피해 구사일생으로 옹진에서 탈출했다. 그리고 남으로 남으로 혼자
　　서 밀려 가다가 결국 제주도까지 내려갔다. 그는 제주도에서 김치선 목사
　　님의 가족을 찾았다."고 증언하고 있다. 김동화, 『오직 한 길』, 196. 정성한,
　　"한국교회 해방 전후사 인식(1), 115.

사실은 김치선의 의지를 단적으로 보여주는 것이고, "삼백만부흥운동"이 구호만 외쳤던 것이 아니라, 누구든지 이 운동에 대한 소명을 확인한 사람이라면, 복음전도의 전선에 가야했던 것을 알 수 있다.[40]

그런가 하면 이념분쟁의 또 다른 현장이었던 제주도 지역에 전도특공대로 파송되었던 차수호 장로(제주도 성안교회)의 증언에 의하면, 그는 당시 대한신학교 예과 1학년생으로 1949년 12월에 대한신학교 재학생 7명과 함께 삼백만부흥운동의 기수로서 제주도에 갔다고 한다. 그의 일행이 제주도로 파송되면서 파송예배와 함께 여비정도가 지급이 되었고, 그의 기억에 의하면 지리산 지역과 목포와 추자도를 거쳐서 제주도에 도착했다고 한다. 하지만 그는 서울에서 출발할 때 분명히 "삼백만부흥운동"의 일환인 전도특공대로서 제주도에 왔지만, 일행이 제주도에 도착한 후에 본부로부터 연락이나 지시사항이 있었던 기억은 없다고 한다.[41] 이렇게 볼 때 "삼백만부흥운동"을 전개함에 있어서 조직과 체계, 그리고 사업의 기획의 한계를 인정하지 않을 수 없음도 사실이다.

그러나 "삼백만부흥운동"의 구체적인 사업 가운데 하나였던 '전도특공대' 결성과 파견은 교회를 중심으로 하는 부흥회 개최와 함께 민족복음화의 길을 열어가는 또 다른 방법이었던 것은 분명하다. 그리고 '전도특공대'(혹은 결사대)를 결성함에 있어서는 주로 당시 대한신학교 학생들이 중심이 되었다. 이 학생들의 다수는 남대문교회 신자들이기도 했는데, 그들이 소위 '전도특공대'에 적극적으로 참여하였던 것이다. 이때 '전도특공대'에 자원하여 동참한 사람들이 대략 70여 명으로 알려지고 있으나 그 명단은 확인할 길이 없다.[42]

---

41 차수호 장로는 2010년 8월 20일 필자와의 면담(차 장로님 자택 방문하여 면담함)에서 당시 8명(기억하고 있는 사람은 김신영, 하시현, 이경화, 김대화 등이며, 나머지는 기억나지 않는다고 증언함)이 제주도로 파송되었다고 함. 특공대원들이 제주도에 도착해서 한 일은 무목인 교회가 많았기 때문에 교회를 맡아서 목회를 하면서 전도하였다고 한다.

42 배명준, 『남대문교회사』, 186. 정성한, "한국교회 해방 전후사 인식(1), 114.

이때 파견된 '전도특공대'는 지리산 지역만 30명으로 알려졌는데, 당시 육군 참모총장(최병식)과 국방부장관(신성모)이 동의하여 모집했으며, 김치선이 전도대 총책에, 박제현 목사가 총무에, 현지 전도 단장에는 김봉역 장로가 각각 임명을 받았다고 한다. 그리고 지리산 지역 '전도특공대'의 경우 30명의 대원 가운데 23명이 대한신학교 학생이었다는 것이다. 이들은 "남원, 함양, 거창, 진양, 하동, 광양, 구례, 곡성, 등지에 30여 개소의 교회를 세웠다고 전해진다.[43]

그러나 아쉬운 것은 누가 언제 어디로 파송되었는지, 그리고 그들의 사역과 행적은 어떻게 되었는지 기록으로 남겨진 것이 없고, 이에 대해서 증언하여 줄 수 있는 사람들도 이제는 만날 수 없다는 현실 때문에 아쉽고 안타까운 심정이 아닐 수 없다.[44] 이것은 지금까지 연구의 성과이지만, 이에 대한 더 나은 연구와 사료수집이 있어야 할 것을 과제로 남길 수밖에 없다.

4. 나가는 말

그러면 "삼백만부흥운동"은 실패한 운동인가? 그렇기 때문에 역사에 묻혔는가? 따라서 한국교회사에서 중요하지 않고, 김치선 개인과 남대문교회가 전개하려던 전도운동 정도로 지나칠 수밖에 없는 것인가? 어떤 질문도 그렇지 않다고 대답할 수 있는 것이 "삼백만부흥운동"에 대한 평가다. 다만 지금까지 해방 이후 역사의 관심이 교회의 재건과 정치적인 이슈들을 중심으로 서술되었기 때문에 간과되었을 뿐이다.

"삼백만부흥운동"은 해방 직후 절망 중에 있는 나라를 세우기 위한 복음 전파를 목적으로 하는 운동이었다. 그렇기 때문에 김치선은 당시 영향력이 있

---

43 허병욱, "同門의 殉敎史-故 정관백 전도사-", 26.
44 이에 대해서는 한국교회사를 연구하는 사람들이 앞으로 밝혀내야 할 과제로 남겨진 몫이라고 할 수 있을 것이다. 정성한, 116, 를 참고하라.
45 박용규, 『한국기독교회사 2』, 846.

는 지도자들을 초교파적으로 규합하여 전국적인 전도운동과 함께 집회를 주도했고, 이 일에 동참한 목회자들은 어디든 복음을 들고 가서 외쳤다. 거듭난 자의 삶과 진정한 자유가 하나님에 의해서 보장되어야 함을 외치면서 백성들의 회개와 새로운 삶을 촉구했다.[45)]

"삼백만부흥운동"은 전혀 예측할 수 없었던 6.25사변으로 인해서 그 마무리를 분명하게 할 수 없었지만, 어떤 의미에서는 현재 진행형의 상태로 전개되고 있다고 할 것이다. 즉, 구 대한신학교의 설립이념을 계승하는 학교와 "2만8천 동리에 가서 우물을 파라"고 하는 이념을 계승하고 있는 대신교단이 한국 장로교회의 흐름 속에 분명하고 확고하게 자리하고 있기 때문이다. 즉 "삼백만부흥운동"으로 전개되었던 "2만8천 동리에 가서 우물을 파라"는 유지(遺志)를 계승하여 복음을 전하기 위해서 준비하고 있고, 목회의 현장에서도 사명으로 우물을 파고 있는 목회자들이 대신교단을 중심으로 전국에서 이 운동을 계속하고 있다는 사실이다.

구 대한신학교와 대한예수교장로회 대신교단은 "삼백만부흥운동"의 일환으로 시작되었던 것이기에 그 뿌리가 분명하다. 그리고 '우물파기운동'은 대신교단의 창립 이념이라고 할 만큼 중요한 것으로서 대신교단의 목회자들의 의식 속에 분명하게 살아있다. 또한 이 부흥운동 자체는 한국교회사에서 1907년 평양대부흥운동을 시작으로 1970년대의 민족복음화운동으로 이어지는 한국교회의 부흥운동사의 맥을 이어주는 분명한 위치에 있다고 할 것이다.

참고문헌

김동화,『나에게 있어 영원한 것』, 서울: 기독교연합신문사, 1998.

_____,『오직 한길』, 서울: 기독교연합신문, 2004.

金良善,『韓國基督敎解放十年史』, 서울: 大韓예수敎長老會總會 宗敎敎育部, 1956.

김요나,『총신90년사』, 서울: 도서출판 양문, 1991.

金俊成,『韓國基督敎史』, 서울: 기독교문사, 1993.

김진환,『韓國敎會復興運動史』, 서울: 크리스챤비젼사, 1976.

박용규,『한국기독교회사2』, 서울: 생명의 말씀사, 2006.

배명준,『남대문교회사』, 서울: 대한예수교장로회 남대문교회, 1979.

三百萬復興運動社 編,「復興 1호」, 서울: 復興社, 1945.

손다윗,『김치선의 지도력』, 안양: 도서출판총신, 2004.

이철신,『영락교회50년사』, 서울: 영락교회, 1995.

장로회신학대학교 100년사 편찬위원회,『장로회신학대학교 100년사』, 서울: 장로회신학대학교, 2002.

전민수,『이만팔천동네에 가서 우물을 파라』, 서울: 영창서원, 2003.

편집부,『基督敎大百科辭典8』, 서울: 기독교문사, 1982.

蔡基恩,『韓國敎會史』, 서울: 한국기독교문서선교회, 1977.

허순길,『高麗神學大學院 50年史』, 부산: 고려신학대학원 출판부, 1996.

김치선, "우물",「우물」창간호(1955): 1.

박기풍, "40년의 발자취"「생수」제7집,(1989년 12월): 191.

양승권 외 편,「우물」창간호(1992): 98.

원용국, "김치선 목사와 나",「신학지평」제13집(2000): 7. 15.

이은선, "김치선 목사의 국가관",「신학지평」제13집,(2000): 99-130.

정성한, "한국교회의 해방 전후사 인식(1)-남대문교회를 중심으로-",「신학과 목회」

제28집(2007):112-18.

최순직, "大神의 內的 變遷史" 「생수」 제6집, (1988. 12): 213.

최정인, "김치선 목사의 생애" 「신학지평」 제13집(2000): 27-28.

허병욱, "同門의 殉敎史-故 정관백 전도사-", 「생수」 제3집(1973): 28.

원용국, "김치선 목사와 나", 「신학지평」 제13집(2000): 7. 15.

「基督公報」(1952. 10. 6.), 1.

「基督公報」(1952. 10. 13.), 1.

「基督公報」(1953. 3. 23.), 1.

제5장

김치선과
삼백만부흥운동의 의의

1. 들어가는 말

김치선에 대한 연구가 부족한 것만큼 한국교회사에 있어서 해방 직후 그
가 주도했던 삼백만부흥운동에 대해서 알려지지 않은 것도 사실이다. 지금까
지 삼백만부흥운동에 대한 연구가 본격으로 이뤄지지 못한 것은 그 실체에 대
한 관심과 연구가 없었기 때문이다. 또한 한국장로교회가 분열하는 과정에서
김치선이 주류(主流) 교단에 속하지 않고 독자적인 노선을 걷게 되면서 그의
존재감도 함께 역사에서 소외되었기 때문이다. 따라서 해방 직후 그에 의해서
주도되었던 삼백만부흥운동에 대한 관심도 함께 소외될 수밖에 없었다.

그러나 역사적 실체가 분명한 이 운동과 이 운동을 주도한 김치선에 대
한 관심과 연구가 이루어져야 하는 것은 당연하며, 이는 한국교회사연구에 남
겨진 하나의 과제이다. 한국교회사에서 이 운동에 대한 언급은 곳곳에 나타난
다.[1] 하지만 이 운동의 실체에 대한 연구는 아직도 미진한 상태로서 필자가 개
혁신학회의 학회지인 <개혁논총>에 기 발표한 "삼백만부흥운동의 성격과 실
체에 관한 연구"가 거의 유일한 것이 현실이다.[2] 따라서 해방 직후에 전개됐던
삼백만부흥운동이 한국교회사에서의 위치와 의미를 확인하는 것이 이 글의
목적이며 과제이다.

1 　정성한, "한국교회의 해방 전후사 인식(1)," 「神學과 牧會」 제28집(2007):
112; 박용규, 『한국기독교회사 2』(서울: 생명의 말씀사, 2006), 844~846;
채기은, 『韓國敎會史』(서울: 한국기독교문서선교회, 1977), 193; 남대문
교회사편찬위원회, 『남대문교회사』(서울: 대한예수교장로회 남대문교회,
1979), 179; 최순직, "大神의 內的 變遷史,"「생수」6(1988. 12.): 213; 편
집부,『基督敎大百科事典 8』(서울: 기독교문사, 1982), 782; 이은선, "김치
선목사의 개혁과부흥운동,"「신학지평」23(2010): 155; 이상규, "김치선박
사의 한국교회사적 의의,"「대흔논총」2(2009): 314.
2 　이종전, "삼백만 부흥운동에 나타난 김치선의 신학사상,"「대흔논총」
2(2009), 349~381; 이종전, "삼백만부흥운동의 성격과 실체에 대한 연
구,"「개혁논총」22(2012), 233~264.

지금까지 삼백부흥운동이라는 말보다는 일반적으로 삼백만구령운동으로 일컬어져왔다.[3] 그러나 이 운동의 정확한 명칭은 삼백만부흥운동이다.[4] 따라서 앞으로 삼백만부흥운동으로 표기하는 것이 옳을 것이며, 이와 함께 한국교회사에 있어서 이 운동에 대한 연구가 충분히 이루어져서 해방 직후 한국교회 재건사와 부흥운동사의 바른 정립이 있어야 할 것이다. 한국교회사에서 이 운동이 다뤄지지 않고 있음은 해방 직후 한국교회사 연구에 부족함을 의미하는 것이기 때문이다. 해방 직후의 한국교회는 재건과 함께 신학적인 대립과 교권쟁취를 위한 다툼이 심각한 상태에 있었기 때문에 상대적으로 순수한 복음운동을 통한 부흥을 주도했던 김치선과 그의 주도로 전개되었던 삼백만부흥운동은 역사적으로 그 의미가 큼에도 불구하고 소외될 수밖에 없었던 것이 안타까운 일이다.

전술한 바와 같이 이에 대한 연구가 부족한 상황에서 1차 자료를 추가로 발굴할 수 있었기 때문에 이를 분석하면서 논술함으로써 한국교회사에 있어서 삼백만부흥운동과 김치선이 재평가되고, 특히 해방 직후 교회의 재건과 함께 부흥운동사에 대한 바른 정립을 기대하는 바이다.

2. 삼백만부흥운동의 실체

고신대학의 이상규는 김치선에 대한 한국교회사에 있어서의 평가를 매우 유감스럽다고 했다. 즉 "그(김치선)는 한국교회를 자유주의 혹은 진보주의 신학으로부터 지키고 순수한 복음운동을 전개하고자 했다. 이런 그의 일생의

---

3 정성한, "한국교회의 해방 전후사 인식(1)," 「神學과 牧會」, 112.
4 三百萬復興運動社 編, 「復興」 1(서울: 復興社, 1945) 이것은 삼백만부흥운동의 실체를 알 수 있게 하는 가장 중요한 자료이다. 이 운동의 명칭을 그대로 모임의 명칭과 같이 사용하는 것을 볼 수 있다. 그러므로 공식적인 명칭을 삼백만구령운동이 아니라 삼백만부흥운동으로 하는 것이 타당하다.

봉사에도 불구하고 그는 정당한 평가는 그만두고라도 무시되거나 경시되기도 했다."[5] 이것은 해방 이후 김치선의 활동에 대한 이해가 부족하거나 의도적으로 외면했기 때문에 한국교회사에서 그에 대한 평가가 제대로 이뤄지지 않고 있음을 지적하는 말이다.

더욱이 해방 직후인 1945년 8월부터 그가 주도한 삼백만부흥운동에 대한 연구와 평가가 제대로 되어야 하는 것은 그에 대한 제대로 된 평가를 위해서도 필연적이다. 그러나 전술했듯이 1959년 한국장로교회의 3차 분열 이후 그는 주류 교단에 머물지 않고 독자적인 노선을 선택한 결과 역사에서조차 소외되었음을 부정할 수 없다. 따라서 그가 주도한 삼백만부흥운동의 실체를 이해하는 것은 그에 대한 평가를 다시 하는데 있어서도 중요하다.

필자는 "삼백만부흥운동의 성격과 실체에 관한 연구"에서 '삼백만부흥운동'을 "김치선과 남대문교회, 그리고 교계의 주요 지도자들과 교회들이 동참하는 복음전도운동"[6]으로 규정했다. 김치선은 해방 직후 한국교회에 직면한 과제를 극복하기 위한 대안으로 삼백만부흥운동을 전개했다. 그의 이러한 활동에 대해서 이상규는 교권을 통한 교회재건이나 신학적인 주도권을 통한 재건이 아닌 "제3의 길인 전도운동 혹은 구령운동"으로 정의했다.[7] 이러한 사실을 통해서 볼 때 김치선이 주도한 삼백만부흥운동은 순수한 복음전도를 통해서 민족구원과 구국(救國)이라는 두 가지 목적을 이루고자 했던 것을 알 수 있다.

김치선은 삼백만부흥운동의 취지문에서 다음과 같이 부흥의 날을 말하고 있다.

---

5   이상규, "김치선 박사의 한국교회적 의의," 294.
6   이종전, "삼백만부흥운동의 성격과 실체에 관한 연구," 243.
7   이상규, "김치선 박사의 한국교회적 의의," 294.
8   三百萬復興運動社 編, 「復興1號」, 1.

快哉 이 江山 三千里에 復興의 날이 왔다. 自由의 종소리 大地를 울리매 하늘
엔 五色구름이 나타나고 山谷엔 倭松은 枯死하나 우리 松은 더욱 靑靑하고 茂
盛하며 原野엔 五穀이 대풍이니 宇宙가 함께 祝賀함이 아니랴[8]

여기서 그의 표현은 애매하다고 할 수 있을 만큼 그가 전개하고자 하는
운동과 민족, 내지는 구국의 문제를 별도로 의식하지 않고 같이 생각하고 있다
는 것이다. 즉 "快哉 이 강산 三千里에 復興의 날이 왔다." 이 표현은 해방을 의
미하면서 동시에 신앙의 자유가 주어졌으니, 복음을 전해야 하는 날을 일치시
키고 있는 것을 알 수 있다. 그가 표현하고 있는 '부흥의 날'은 곧 '해방의 날'이
고 동시에 복음을 전할 수 있는 '날'이기 때문이다. 이처럼 민족과 국가를 부흥
운동과 분리해서 생각하는 것이 아니라, 같은 것으로 표현하면서 부흥운동은
곧 구국을 위한 운동이라는 등식으로 표현하고 있다.

2.1. 삼백만부흥운동의 성격

김치선의 삼백만부흥운동은 성격상 구령(救靈)과 구국(救國)의 의미를
동반하고 있는 개념으로 이해하는 것이 옳을 것이다. 그가 즐겨 사용하는 용
어 "삼천만" 또는 "삼천리"라는 표현에서도 알 수 있는데, 이 두 용어는 분명히
다른 뜻을 갖고 있는 것이지만, 그에게 있어서는 같은 의미로 사용되고 있음
을 알 수 있다. 그런데 이 용어들이 그의 삼백만부흥운동의 취지문에 등장하
는 것에 유의해야 할 것이다. 즉 그가 전개하는 부흥운동은 복음전도가 핵심
이지만, 복음전도를 통해서 얻고자 하는 목적이 삼천만과 삼천리라고 하는 지
리적 공간적 의미의 구국을 배제하고 있지 않고, 오히려 그것을 적극적으로 말
하고 있다.

그의 삼백만부흥운동은 구체적으로 당시 전체 국민 삼천만의 1/10을 구
원하자는 것인데, 삼백만을 구원하는 것이 곧 국가를 구원하는 것이라는 입장

이다. 때문에 그는 "그날"과 "부흥의 날"을 같은 의미로 표현하고 있다. 일제로부터의 해방을 맞은 날을 "그날"로, 그리고 "그날"을 "부흥의 날"로 일치시켜서 이해하고 있다.[9] 이렇게 '해방의 날'과 '부흥의 날'을 같이 보고 있는 그는 주어진 기회로서 '그날'의 기쁨과 환희는 결코 잃어버려서는 안 된다는 것을 강조하고 있다.

즉 "'그날' 즉 부흥의 날은 왔다 라고 웨치는 소리에 삼천만대중이여 귀를 기우릴지어다. 이 기회를 놓지면 자유란 다시 우리에게 오지 아니할 것이다."[10] 이것은 삼백만부흥운동의 취지문의 일부인데, 여기서도 '그날'과 '해방의 날'을 같이 보면서 동시에 '그날'은 '부흥의 날'인 전도의 기회로 보고 있다. 그가 어떤 의도를 가지고 이러한 표현을 했는지는 구체적으로 알 수 없지만, 그의 표현 방식의 독특함이라고 할 수 있다. 그리고 그가 '부흥의 날'과 '해방의 날'을 같은 시점(視點)으로 보고 있다는 것도 사실이다.

뿐만 아니라 이 '부흥의 날'에 나서야 할 책임이 그리스도인에게 있기 때문에 그는 "우리는 제1차로 삼백만부흥운동을 이르켜야 할 것이 우리의 각오인 동시에 결심이어야 한다."[11]는 것이다. 해방과 함께 민족의 활로가 부흥운동, 즉 복음전도에 있기 때문에 복음을 전하기 위한 부흥운동에 참여하는 각오와 결심을 호소하고 있는 것이다. 이러한 표현을 통해서 그가 부흥운동에 동참하도록 호소하는 목적은 삼백만을 구원시키는 일이고, 그것은 곧 나라를 구원하는 길이라는 생각이다. 즉 복음을 전하는 일과 구국의 일을 같은 것으로 봄으로써 그의 삼백만부흥운동의 성격이 어떤 것인지 알 수 있다.

---

9 三百萬復興運動社 編, 「復興」 1(1945), 1.
10 三百萬復興運動社 編, 「復興」 1(1945) 2.
11 三百萬復興運動社 編, 「復興」 1(1945), 2.

2.2. 삼백만부흥운동의 전개

그러면 이 운동은 언제, 어떻게 전개되었는가? 김치선이 이 운동의 취지문에서 "우리는 제일차로 삼백만부흥운동을 이르켜야 할 것이라"고 했다. 그러면 '제일차'의 의미가 무엇일지를 생각하게 한다. 가장 우선해서 이 운동을 해야한다는 것인지, 아니면 첫 번째는 이 운동이고 다음에 이어지는 운동이 있다는 것인지를 확실히 알 수는 없다. 그러나 그의 이러한 표현은 어느 쪽으로 해석해도 가능하다. 왜냐하면 삼백만부흥운동이 단회적으로 기획된 운동이 아니라 지속적이고 다양한 방법으로 진행된 운동이기 때문이다.

이 운동은 1945년 8월 해방과 더불어 김치선의 애국심과 복음을 통한 구국의 일념이 구체적으로 표현되는 과정을 통해서 전개된 전도운동이다.[12] 삼백만부흥운동이 복음을 전하는 것이면서도 동시에 구국이라는 목적과 닿아있다는 말은 복음전도가 곧 구국의 길이라는 그의 의식이 담겨있기 때문이다. 그런데 그가 이러한 의식을 갖게 된 것은 우연하거나 어떤 사건에 대한 단순한 의협심에 나온 것이 아니다. 그의 성장과 사역의 과정에서 경험하게 된 국가적 비극과 그러한 현장의 경험을 통해서 형성된 것이다. 즉 그는 두 번의 옥고(獄苦)를 치르는데, 한번은 함흥의 영생학교 시절에 3·1독립만세운동에 참여했기 때문이고, 또 한 번은 미국유학을 마치고 일본 도쿄주오교회에서 사역을 하고 있을 때이다.[13] 따라서 그에게 있어서 일제로부터의 해방은 단순한 것이 아니었다. 식민지로부터의 해방과 함께 신앙의 자유를 확보하는 것이었다. 따라서 애

---

12 이종전, "삼백만부흥운동의 성격과 실체에 대한 연구," 236.
13 이은선, "김치선 목사의 국가관," 「신학지평」 13(2000): 103, 105. 도쿄에서 구속되었던 사건은 이 책 제1장의 각주 61번과 관련한 내용을 새롭게 발견한 문헌에서 찾은 내용을 정리한 것이게 참고하라. 이때 김치선이 구속되는 과정에서 일본국 경찰은 국제적 밀정(스파이)이라는 죄명을 만들어서 구속했었다. 김동화가 기록한 내용과 함께 참조하면 좋을 것이다.

절함과 간절함, 그리고 결의에 찬 호소로 이 운동을 이끌었다.

이 운동이 언제 시작되었고 언제 마무리 되었는가? 이에 대한 대답은 시작은 있었지만 끝나지 않은 운동이라고 할 수 있다. 왜냐하면 이 운동은 1945년 8월 해방과 함께 기획되었으며 그해 말부터 구체적으로 전개되었다. 이 운동은 제1기 1946년 3월 말까지, 제2기 1946년 10월 말까지, 제3기 1947년 3월 말까지, 그 이후 제4기는 삼백만 신도를 목표로 하는 대형집회를 전개하겠다는 계획이었다.[14] 이 운동은 해방 직후부터 준비하여 시행했다. 그리고 서울에 국한된 운동이 아니라 전국적인 조직을 갖추고 전개한 운동이었다. 또한 몇몇 사람에 의한 운동이 아니라 전국의 교회와 신자들이 동참하는 운동이었다. 이러한 사실은 이 글에서 처음 밝혀지는 것으로 새로운 사료의 발굴로 확인할 수 있었다.

즉 이 운동이 전국적인 형태로 전개된 것은 1948년 3월 1일에 발행된 삼백만부흥운동의 기관지인 '부흥'에 실린 "삼백만부흥전도회 전도사업개황"이라는 보고서에 따르면 전국 각지에서 전도운동을 위한 조직과 구체적인 실적을 담고 있다.

> 1948년 2월 1일 현재 1.全北老會 高敞地方 金炳燁 牧師의 傳道로 5處 敎會 新設 2.京畿老會 梁錫鎭 牧師의 傳道로 敎會 新設 30萬圓 工費로 聖殿建築 建坪 25坪 信徒 長幼年 300名 今年부터 全自給 3.京畿老會 富平敎會 崔得義 牧師 傳道로 復興中 4.京畿老會 水色敎會 金禮鎭 牧師 傳道로 復興中 5. 慶南老會 固城邑敎會 傳道牧師 1人 派遣. 地方的으로 求靈熱膨脹 十一條運動하여 大成果 거둠 6.木浦老會 傳道牧師 1人 派遣 7.慶東老會 傳道牧師 1人 派遣 8.忠北老會 康準義 牧師 巡廻傳道 9.各 地方 巡廻傳道 金致善 牧師 朴薦源 牧師

---

14 三百萬復興運動社 編,「復興」1(1945), 4~6; 이종전, "삼백만부흥운동의 성격과 실체에 관한 연구," 245.

姜興秀 牧師 宋台用 牧師 朴在奉 牧師 金應祚 牧師 具載和 傳道師 10.文書傳
道本會機關誌復興發行[15]

이와 같은 보고 내용은 삼백만부흥운동이 김치선 개인의 목적으로 제한
된 지역에서 전개한 것이 아니라, 비록 그 출발은 개인의 소명과 깨달음에 의한
것이지만, 그것은 한국교회가 감당해야 할 것이기에 한국교회, 특히 장로교회
가 그 중심에서 동참했다는 것을 알 수 있다. 실제로 같은 보고서 안에는 조선
예수교장로회 총회 전도부가 개척전도운동을 삼백만부흥전도회와 함께 하고
있음을 담고 있다. 즉

朝鮮예수教長老會 開拓傳道運動

本 運動은 總會 傳道部 主催로 客年 一月頃 全州에서 열렸던 全鮮敎職者 復
興會 席上에서 裵恩希 牧師가 提案한 傳道方法을 本 總會 傳道部 任員會는
滿場一致로 此案을 採用하여 이 運動을 全鮮的으로 擴大强化하기로 하고 客
年 十一月 十七日 釜山으로부터 運動展開의 烽火를 들기 始作하여 總會 傳道
部에 總本部를 置하고 各 老會는 地方本部를 府郡邑的으로 支部組織을 南鮮
各地에 完了하고 上京하여 本誌를 通하여 左記 要項을 發表하나이다.[16]

이 보고서에 따르면 삼백만부흥운동은 장로교총회의 전도운동으로 확
대되었으며, 그 중심적인 역할을 삼백만부흥전도회가 하고 있는 것을 알 수 있
다. 즉 삼백만부흥운동이 총회적으로 확대되었고, 총회가 주도하는 형식을 취
했으며 南鮮(남한) 각지의 노회들로 하여금 부, 군, 읍 단위의 지부 조직을 완료
했다는 사실을 보고하고 있다. 그리고 그러한 사실을 삼백만부흥운동본부가

---

15 강흥수 편, 「부흥」 8(1948), 34.
16 강흥수 편, 「부흥」 8(1948), 34.

주도적으로 세상에 알리는 역할을 한 것이다.

이 운동은 이렇게 한국장로교회가 분열되기 전 교단이 동참하는 부흥운동으로 전개 되었지만, 6·25동란을 거치면서 장로교단의 분열과 이념적인 혼란, 경제적, 사회적인 어려움 등의 원인으로 조직적인 운동은 지속되지 못했다. 그럼에도 김치선을 중심으로 삼백만부흥운동은 계속되었다. 6·25동란 중은 물론 휴전 다음에도 혼란스러운 사회적 현실에서 김치선은 대한신학교를 중심으로 하는 "헌신 전도자 양성"을 계속했으며, 연이은 장로교단의 분열과정에서 독자적인 노선을 선택하게 되면서 이 운동은 더 이상 주류교단과 목회자들의 지원을 받을 수 없게 되면서 방법은 같지만 주체가 제한적일 수밖에 없게 되었다.[17]

그러나 어떤 의미에서 이 운동은 현재에도 계속되고 있다고 할 수 있다. 왜냐하면 그가 전개한 이 운동은 성격상 단회적인 하나의 프로젝트가 아니고 지속적으로 전개해야 하는 것이었기 때문이다. 물론 수치상으로만 본다면 그가 목표했던 300만이라는 수자는 이미 채워졌다. 그렇기 때문에 크리스천 인구가 300만이 채워졌을 때 이 운동은 끝난 것으로 볼 것인가 하는 것인데, 이 운동은 그렇지가 않다. 그가 세운 목표는 당시의 상황에서 생각한 것일 뿐이다.

또한 이 운동은 여러 기구를 만들어서 전개했기 때문에 기구에 따라서는 지금도 진행되고 있는 운동이라고 할 수 있다. 즉 이 운동을 기획하고 전개했던 조직은 이미 존재하지 않는다. 하지만 지금도 그 정신을 계승하고 있는 현장이 있다. 그 예로 "이만팔천동리에 가서 우물을 파라"고 하는 개척전도운동이다.

---

17 三百萬復興運動社 編, 「復興」 1(1945), 4~6; 이종전, "삼백만부흥운동의 성격과 실체에 관한 연구," 245. 김치선의 부흥운동은 6·25동란중에도 피난지에서 대한신학교의 수업을 계속하면서 전도자를 양성하는 일을 쉬지 않았다는 것이며, 또한 한국장로교회의 3차 분열 이후 김치선은 독자적인 노선을 형성하면서 주류교단의 지원을 받지 못함과 함께 그에 대한 관심도 소원해졌기 때문이다.

이 운동의 정신은 지금도 구 대한신학교 졸업생이 중심인 예장(대신)교단의 목회자들의 의식 가운데 살아있다. 즉 대신교단의 목회자들의 의식에는 이러한 정신적 유산을 이어받아 개척과 목회에 대한 의식이 준비되어있다.

다음은 "헌신 전도자 양성"을 위해 세운 대한신학교가 이 운동의 구체적인 형태로 설립되었다.[18] 즉 대한신학교가 이 운동의 연장선에서 우물파기운동과 함께 그 우물을 팔 수 있는 일꾼을 양성하는 기관으로 설립되었기 때문이다. 이러한 사실은 김치선과 남대문교회에서 동역했고, 후에 김치선의 후임으로 남대문교회 담임목사가 된 배명준의 증언에 의해서도 분명하다. 즉 "삼백만부흥운동의 전도훈련센타로서 필요성을 역설하여 당회에서 (대한신학교 설립을 위한) 찬성을 얻게"[19] 되었다고 한다.

아쉬운 것은 이 운동은 한국장로교회가 분열하기 전에 교단 차원에서 전국적으로 시행한 것임에도 불구하고 역사에 묻히고 말았다는 것이다. 그 이유는 전술한 것처럼 한국장로교회의 분열의 과정에서 김치선이 독자적인 노선을 선택한 것과 깊은 관련이 있다고 할 수 있다. 또한 그것을 역사화 하는 일을 누군가 했어야 했지만, 그 일을 한 사람이 지금까지 없었다는 것이 가장 큰 이유라고 할 것이다.

3. 김치선과 삼백만부흥운동

삼백만부흥운동은 김치선이 계획하고 주도한 해방 이후의 민족복음화운동의 효시이다. 따라서 삼백만부흥운동을 말하게 될 때 반드시 찾아보아야하는 것은 김치선과 남대문교회의 역할이다. 김치선은 당시 남한교회 중에서

---

18 이종전, "삼백만부흥운동의 성격과 실체에 관한 연구," 250; 김성한, "한국교회의 해방 전후사 인식(1)," 114.
19 남대문교회사편찬위원회, 『남대문교회사』, 183.

도 중심에 있었던 남대문교회의 담임목사로서 역사적, 교회적 사명을 자각했고, 그것을 구체적으로 구현시켰던 것이 삼백만부흥운동이다. 준비된 사역자로서 김치선과 그가 목회하던 남대문교회는 개인이나 개교회의 문제가 아니라 국가적, 전교회적 책임을 인식해야 했다. 그러한 의미에서 김치선은 신학적 식견과 시대를 읽을 수 있는 통찰력을 통해서 자신과 남대문교회가 해야 할 일이 무엇인지를 깨달았던 것이다.[20]

3.1 김치선의 역할

김치선은 식민지시대 말기인 1944년 일본에서 귀국했다. 그는 일본에서 사역하는 동안 일본의 현실과 그곳에서 한민족이 살아남기 위해서 어떤 고생을 하고 있는지 몸으로 경험하면서 깨달았다. 그가 귀국을 결심하게 된 것은 동포교회를 목회하면서 일본의 잔악함을 통감했기 때문이다. 또한 그는 더 이상 일본에서 조선인 교회를 목회할 수 없는 상황이 주어졌기 때문이다.[21] 동시에 그가 반드시 해야 할 일을 자각했기 때문이다. 그러나 귀국했을 때 조선의 현실은 절망적이었다. 미국과 일본을 경험한 그의 눈에 비친 조선은 소망이 보이지 않았다. 그렇지만 그는 복음만이 답이라는 확신을 가지고 하나님의 말씀으로 민족의 아픔을 달래주었고, 복음을 통해서 민족의 미래를 찾아주어야 한다는 일념으로 자신의 역량을 집중시켰다.[22]

따라서 그는 해방과 함께 민족의 살길이 어디에 있는지를 깨우치기를 원했다. 그의 이러한 의식은 로마서 9:1~13을 본문으로 하는 "애국심"이라는 설교에서 "우리는 한국 사람이니 그것이 골육지친이 아니라 그리스도를 믿어 하

---

20 김성한, "한국교회 해방 전후사 인식(1)," 100.
21 이에 대해서는 이 책 제1장을 참고하라.
22 남대문교회사편찬위원회, 『남대문교회사』, 184.

나님의 자녀된 우리가 골육지친인 것을 알아"[23] 즉 온 민족에게 복음을 전하는 것이 곧 애국이라고 생각했다. 이것을 보아 김치선은 해방 이후 국가의 현실을 목도하면서 혼란과 위기를 극복할 수 있는 대안이 복음을 통한 국가의 재건이었다. 그는 해방 직후 조선의 현실에 대해서 "마치 이스라엘 백성이 홍해에서 진퇴양난의 위기를 당한 것과 비슷하여 진실이 결여되어 있고 죽음만 둘러싸고 있어 이 민족이 갈 길이 없는"[24] 상황으로 이해하고 있다.

당시의 현실을 이렇게 파악하고 있는 그는 "불교도 우리의 살 길인가 하였으나 고려는 망하였고, 유교가 참 살 길인가 하여 이황 선생은 최선을 다하였으나 참 살 길이 되지 못하고 이조도 결국은 망하고 말았습니다."[25] 이렇게 전제한 그는 조국의 현실을 직시하는 가운데 조선의 살 길은 오직 그리스도라고 단언하고 있다. 즉 "우리는 주님을 믿는 길에서 조선의 참 길을 찾아야 한다."[26]고 주장하면서, 그가 전개한 복음전도운동은 결국 국가의 재건과 민족의 구원이라고 하는 두 가지 목적이었음을 알 수 있다.

이러한 사실은 그가 주도적으로 전개한 삼백만부흥운동으로 고스란히 나타났다. 이 운동의 취지문에서 부흥운동의 당위성을 민족의 해방과 복음전도를 결부시키고 있는 것을 알 수 있는데, 이것은 이 운동의 성격과도 일치한다. 즉

主人公되는 우리 三千萬의 기쁨이야 무엇에 比하랴. 더욱 四十年동안 歷史에 없엇고 다시 없을 壓迫과 奴隷의 苦痛속에서 自由의 鐘소리를 들은 우리들의

23 이은선, "김치선의 국가관," 107.에서 재인용.
24 이은선, "김치선의 국가관," 107.
25 "조선의 참 활로(참 살 길)," 민수기 16장을 본문으로 한 설교(1947년 11월)를 이은선의 같은 글에서 재인용.
26 "조선의 참 활로(참 살 길)," 민수기 16장을 본문으로 한 설교(1947년 11월)를 이은선의 같은 글에서 재인용.

기쁨이다. 더욱 그리스도인으로는 二重三重의 苦生을 지냈다. 卽 民族的으로 그리스도인으로서의 靈肉뿐만 아니라 美英의 스파이라는 嫌疑로 꼼짝달삭할 수 없게 되었다. 그런 가운데에도 良心대로 하지 못한 것이 우리의 第一 눈물겨운 生活의 全幅이었다. 바라던 기쁨의 消息은 별안간 空間을 울리게 되었다. 그리고 "宗敎의 自由" 이것이 우리의 눈에 나타나고 우리의 鼓膜을 울릴 때 아! < 復興의 날은 왔고나> 이것이 우리의 기쁨의 넘치는 대답이 아니고 무엇이랴.[27]

여기서 김치선이 민족의 해방과 함께 주어진 당면 과제를 어떻게 인식하고 있는지, 그리고 그것을 극복할 수 있는 방법이 무엇이라고 생각하는지를 알수 있다. 그는 '해방', '종교의 자유', '부흥의 날'을 하나로 인식하고 있다. 이렇게 전제한 그는 현실을 극복할 수 있는 답을 이어지는 취지문에서 다음과 같이 밝히고 있다.

이 黑暗한 波濤우에 救援船 一隻은 나타나 <그날> 즉 復興의 날은 왔다라고 외치는 소리에 三千萬大衆이여 귀를 기우릴지어다. 이 機會를 놓치면 自由란 다시 우리에게 오지 아니 할 것이다. 이제 이 音聲을 들은 우리가 어찌 그저 잇을 수 있을까? 그러므로 우리는 第一次로 三百萬의 復興運動을 이르켜야 할 것이라는 것이 우리의 覺悟인 同時에 決心이다.[28]

이 취지문은 삼백만부흥운동을 전개하는 것이 필연적인 것임을 알 수 있다. '그날'은 해방의 날로서 자유를 얻은 날이지만 동시에 '부흥의 날'이기에 "삼백만부흥운동을 이르켜야 할 것이라는 것이 우리의 각오인 동시에 결심"이다. 김치선은 역사적 상황과 현실을 극복할 수 있는 통로를 복음전도에서 찾고 있다.

---

27 三百萬復興運動社 編, 「復興」1(1945), 1~2.
28 三百萬復興運動社 編, 「復興」1(1945), 2.

그리고 그것을 남대문교회를 중심으로 전국적인 운동으로 전개하고자 했다.

김치선은 해방과 함께 삼백만부흥운동의 목적을 제시하고, 그것을 전개하기 위한 구체적인 방법들을 계획, 실천하는 것은 물론, 나아가서 직접 각지를 순회하면서 전국적인 '삼백만부흥전도회'를 조직하고 부흥회를 직접 인도하기도 했다. 이 때 부흥회는 삼백만부흥운동에 동참한 목회자들이 강사로 나서서 전국 지부와 교회들의 요청에 따라서 부흥집회를 인도했다. '부흥'에 실린 소식란에 전국 각지의 집회 인도자로 자주 등장하는 사람은 김치선, 박재봉, 강흥수, 김응조, 송태용, 박재원, 구재화, 배은희, 김인서, 박윤선, 김응조, 이약신 등이다.[29] 또한 김동화에 의하면 이 외에 당대 최고의 부흥회 강사로 활동한 이성봉, 손양원 목사도 이 운동에 적극적으로 동참하여 활동한 이들이다.[30] 그 중에도 손양원은 김치선과 함께 부흥회를 인도하면서 이 운동을 주도했다.

그가 구상한 이 운동은 구체화 되었다. 전국 지부를 설치하는 것은 물론이고, 각 지부들을 통한 부흥운동은 실제적으로 기도회, 전도집회, 개척전도, 전도문서 보급 등으로 이어졌으며, 그 외에도 라디오를 통한 전도와 부흥회 강사를 요청하는 곳에 파송해서 부흥회를 인도하는 것, 이와 함께 부흥음악단을 조직해서 요청하는 곳에 파송하여 집회를 돕는 것 등의 방법을 준비하여 전개했다.[31]

이와 함께 삼백만부흥운동의 전개는 전도대를 조직해서 긴급하게 요청되는 곳에 파송하는 일, 이 운동을 위해서 필요한 일꾼을 양성하는 일(신학교), 2만 8천 동네에 우물을 파는 운동 등으로 구체화 시켰다. 즉 그는 부흥회를 중심으로 하는 운동은 계획대로 전개하면서 일정에 따라서, 혹은 각 지부

---

29 姜興秀 編, 『復興』 7(1947), 30, 34; 남대문교회사편찬위원회, 『남대문교회사』, 185; 姜興秀 編, 『復興』 10(1948), 16.
30 김동화, 『나에게 있어 영원한 것』, 158.
31 三百萬復興運動社 編, 『復興』 1(1945), 6.

와 교회의 요청에 따라서 전개하는 것과 동시에 장기적인 안목을 갖고 삼백만 부흥운동의 완성을 위한 계획을 별도로 세웠다. 그것들은 앞에서 언급한 전도대 조직과 파송, 신학교 설립, 우물파기 정신에 의한 개척전도운동 등으로 구현되었다.[32]

3.2 남대문교회의 역할

당시 남대문교회는 남한의 교회를 대표하는 위치에 있었다. 교회의 규모나 지리적 위치가 남한교회를 대표할 정도였다는 의미이다.[33] 김치선이 이 교회에 부임한지 약 1년 남짓 후에 해방을 맞으면서 그가 구상한 삼백만부흥운동을 전개할 수 있었던 것은 남대문교회가 있었기 때문에 가능했다고 해도 과언이 아니다. 그러한 의미에서 남대문교회는 삼백만부흥운동의 중심에 있었으며, 이 운동에 기여한 역할이 컸다.[34]

김치선 목사는 해방 전해에 남대문교회에 부임하면서 지도자로서 교회적 책임과 위치를 인식할 수 있는 계기가 있었다.[35] 누구도 계획한 것이 아니지만 결과적으로 김치선과 남대문교회를 쓰시고자 하는 하나님의 섭리였음을 확인하게 된다. 왜냐하면 남대문교회는 어려운 환경 속에서도 나름의 리더십을 가질 수 있는 구성원을 가지고 있었기 때문이다. 그것은 남대문교회가 세브란스병원 내에서 시작해서 병원에 종사하는 직원들이 신자들의 중심이었기

---

32 삼백만부흥운동을 장기적으로 전개하기 위해서 설립한 대한신학교, 접경지역에 전도대 파송, 한 마을에 하나의 교회를 세우는 2만 8천 동네에 우물파기 운동 등을 전개한 것에 대해서는 필자의 글 이종전, "삼백만부흥운동의 성격과 실체에 대한 연구,"를 참고하라.
33 정성한, "한국교회의 해방 전후사 인식(1)," 98; 柳智澣, "獻金芳名을 실으면서," 『復興』 9(1948), 32.
34 남대문교회사편찬위원회, 『남대문교회사』, 179.
35 정성한, "한국교회의 해방 전후사 인식(1)," 100.

때문에 다른 교회와는 다른 형편이었다. 즉 의사나 간호사들이 많이 있었고, 그 외에도 병원에서 다양한 역할을 하는 사람들이 모여서 교회를 형성하고 있었기 때문에 경제적인 형편이 처참했던 당시의 상황에서 남대문교회는 상대적으로 삼백만부흥운동을 주도할 수 있는 경제적인 여건이 되었다.[36]

그러한가 하면 영적인 리더십도 준비되어 있었다. 남대문교회는 김치선의 부임과 함께 남한에서 최초로 매일 새벽기도를 시작한 교회였다.[37] 이것이 사실이라면 이 부분 역시 한국교회사에서 분명하게 정리해야 할 것이다. 즉 남대문교회가 시작한 새벽기도는 단지 한 교회의 일이 아니라 남한 교회 전체에 영향을 미친 결정적인 것이기 때문이다. 한국교회를 말할 때 새벽기도를 신앙의 특징으로 말 할 만큼 전국 대부분의 교회가 시행하고 있고, 새벽기도운동은 한국교회의 부흥의 원동력이었다는 평가가 일반적이라는 사실[38]을 전제한다면 더욱 남대문교회의 새벽기도는 역사적으로 중요한 의미를 갖는다.

그러한 의미에서 남대문교회의 새벽기도가 김치선의 부임과 함께 시행되었다는 것에 주목할 필요가 있다.[39] 또한 김치선은 이미 기도하는 사람으로서 일본에서 사역하는 동안은 물론 그가 삼백만부흥운동을 전개함에 있어서도 항상 기도로 준비하고, 기도와 함께 시행했다는 사실은 아무리 강조해도 지나치지 않는다.[40] 이러한 사실을 찾아낸 김성한은 그의 글에서 "삼백만구령운동의 동력은, 이미 해방 이전 1944년부터 남대문교회가 하나님 앞에서 무릎을 꿇

---

36 정성한, "한국교회의 해방 전후사 인식(1)," 100.
37 정성한, "한국교회의 해방 전후사 인식(1)," 100.
38 김명혁, 『한국교회 쟁점진단』(서울: 규장문화사, 1998), 49, 82~83.
39 정성한, "한국교회의 해방 전후사 인식(1)," 112.
40 姜興秀 編, 「復興」 7(1947), 29~30. 여기서 "삼백만부흥전도회의 추기대부흥회의 전모"를 소개하면서 부흥회를 준비하는 과정에서 '입산기도'로 준비했음을 전하고 있다. 즉 "집회가 열리기 3일 전을 기하여 은혜를 갈구하는 3,4백 명의 남녀 성도들은 삼각산 향린원 영장(靈場)에서 박재봉 김치선 목사의 지도하에 3일간 준비기도회를 열었다. 금식으로 지낸이도 많았다. 욱어진 대나무밑과 돌바위에, 잔잔한 시냇가에 옆대여 밤과 낮으로 기도하는

고 이 민족이 제사장 나라가 되게 해 달라며 흘렸던 눈물의 기도가 축적된 데 기인한 것이다."[41]고 정리하고 있다.

이러한 영적인 준비가 한 개인 김치선에게 있었던 것이 아니라, 남대문교회를 준비하고 있었기 때문에 김치선은 남대문교회와 함께 자신이 구상한 삼백만부흥운동을 전개할 수 있었고, 남대문교회는 이 운동의 구심점으로서의 역할을 해주었다.[42] 특별히 이 운동은 해방 이후 월남하는 난민들이 남대문교회에 몰려들면서 더욱 확산되었다. 월남하는 많은 신자들이 서울에 도착했을 때 먼저 찾게 되는 곳이 남대문교회였기 때문이다.[43] 그들의 환경적인 어려움을 남대문교회가 보듬어 안으면서 기도하게 한 것은 폭발이라고 할 수 있을 만큼 대단한 열정을 동반시켰다.

김성한은 김치선이 남대문교회의 새벽기도운동을 전개한 것에 대해서 "1944년부터 시작된 김치선의 눈물 목회는 해방 이전 1년여 기간에는 새벽기도회를 통해 민족의 해방을 준비하게 했고, 해방 이후 남북분단의 정치적 혼란기에는 월남 피난민들과 혼란의 와중에서 방황하던 민중들의 비애를 달래주었다."[44]고 평가하고 있다. 이러한 평가가 가능한 것은 김치선의 지도로 남대문교회가 새벽기도를 전개함으로써 피난민은 물론 교회 구성원들이 영적인 위로와 함께 원대한 목표를 가지게 되었고, 남대문교회가 한국교회를 위해서 감당해야 할 역할이 무엇인지를 깨달을 수 있게 했다.

광경은 진실로 죄악에 흐린 도시의 속생활에 비하여 감격할 만한 현상이었다. … 마치 변화산상에 있는 베드로의 심경과도 같이 그 자리 그 은혜의 자리 그 품속 그 큰 사랑의 품속에서 속되고 흐린 세상에 나오고 싶지 않았다. 3일이 지나 산에서 내려오는 남녀성도들의 얼굴에는 모두 은혜에 젖은 광명이 빛났다.

41 정성한, "한국교회의 해방 전후사 인식(1)," 112.
42 정성한, "한국교회의 해방 전후사 인식(1)," 113.
43 정성한, "한국교회의 해방 전후사 인식(1)," 107.
44 정성한, "한국교회의 해방 전후사 인식(1)," 96.

삼백만부흥운동과 관련해서 남대문교회는 실제적인 측면에서도 결정적인 역할을 했다. 부흥운동을 전개할 때 전국적으로 교회들이 나섰고, 남대문교회 예배당은 서울 집회의 중심이 되었다. 뿐만 아니라 이 운동을 전개하기 위한 조직인 '삼백만부흥전도회'의 중심적인 역할을 감당한 인물들도 대부분 남대문교회의 신자들이거나 남대문교회 내에 있었던 대한신학교 학생들이었다. 또한 이 운동을 위해서 필요한 자금도 남대문교회의 신자들의 헌금으로 충당되었기 때문에 실제적인 에너지가 되었다. 당시 남대문교회의 장로로서 '삼백만부흥전도회'의 재정을 담당했던 유지한(柳智瀚)은 헌금을 요청하는 글을 쓰면서 다음과 같이 말하고 있다.

> 우리 삼백만부흥전도회는 세상이 아는바와 같이 서울 남대문교회에서 발족해서 오늘의 성장을 보았고 독립한 기관이나 오늘의 성장 오늘의 유지 경영은 역시 남대문교회의 절대적인 후원과 적극적 헌금과 기도의 힘임을 하나님께 감사하고 남대문교회에 감사하나이다.[45]

이 글에서 적어도 두 가지 사실을 확인할 수 있다. 첫째는 삼백만부흥운동의 출발이 남대문교회였다는 사실이다. 그러한 의미에서 남대문교회가 없는 삼백만부흥운동은 불가능했다는 사실을 알 수 있다. 실제로 이 운동의 각 역할을 감당했던 것은 남대문교회 신자들이기도 했다. 그 중에서도 월남한 신자들이 적극적으로 동참했다는 것도 기억해야 한다. 김치선의 구상이 구체적으로 전개되기 위해서는 어떤 형태의 조직이든 조직이 필요했고, 그 조직원인 일꾼이 필요했다. 그런데 그가 목회를 하고 있던 남대문교회는 담임목사이자 당시 한국장로교회를 대표하는 지도자인 김치선의 제안을 허락하고 직접 동

---

45 柳智瀚, "獻金芳名을 실으면서," 32.

참했는데, 개인의 일이 아니라 남대문교회의 일이고, 그것은 곧 한국교회의 일이라고 생각했던 것이다.

둘째로는 이 운동을 전개함에 있어서 필요한 재정도 남대문교회와 신자들이 적극 동참함으로 가능했다는 사실이다. '삼백만부흥전도회'의 재정을 담당했던 유지한 장로는 "남대문교회의 절대적인 후원과 적극적 헌금과 기도의 힘"에 의해서 하나의 독립된 기구로 발전할 수 있었다고 한다. 당연히 이 운동의 성격이나 규모로 볼 때, 결코 김치선 개인의 능력으로 감당할 수 있는 일이 아니다. 그럼에도 전국적인 조직을 운영하고, 실제로 전도대를 파견하고, 문서를 발행하는 일이 가능했던 것은 전국적인 모금과 함께 그 중심에 남대문교회와 신자들의 적극적인 참여가 있었기 때문이다.

4. 한국교회 부흥사(復興史)에 있어서 의미

지금까지 제대로 알려지지 않은 삼백만부흥운동의 실체를 찾아보면서 확인하게 되는 것은, 이 운동이 한국교회 부흥사에 있어서도 중요한 위치에 있고, 또한 이 운동은 그 후에 전개된 민족복음화운동의 효시였다는 사실이다. 이렇게 말할 수 있는 것은 삼백만부흥운동의 정신에 이러한 사실이 담겨있기 때문이다. 즉 삼백만부흥운동은 즉흥적, 일시적 전도운동이 아니라, 적어도 한국교회사 전체를 보면서 해방 이후 복음전도를 구원과 구국의 원리로 확신한 한 지도자가 고민하면서 계획해서 전개한 것이다. 그러한 의미에서 삼백만부흥운동은 김치선이 계획하고 주도한 한국교회 부흥사에 있어서 해방이후 민족복음화운동의 효시라고 할 수 있다.

---

46 姜興秀 編, 「復興」 7(1947), 29.
47 姜興秀 編, 「復興」 7(1947), 29.

4.1 1907년 대부흥운동의 계승

삼백만부흥운동의 기관지로 발행된 '부흥' 제7호에 실린 이 운동의 전모(全貌)를 밝히는 글에 의하면 매우 흥미로운 제목이 있다. 즉 "1907년 대부흥 광경을 재현한 삼백만부흥전도회의 추기 대부흥회의 전모"라는 제목이다.[46] 이 제목을 통해서 알 수 있는 것은 삼백만부흥운동이 분명한 역사의식과 함께 계획, 전개되었다는 것이다. 이 운동을 계획함에 있어서 한국교회의 부흥운동의 효시인 1907년 대부흥운동을 전제로 해서 한국교회의 부흥운동의 역사를 계승하는 것임을 밝히고 있다는 것을 알 수 있다. 또한 그러한 부흥의 역사가 일어날 것에 대한 소망을 담고 있다. 즉

> 날이 갈수록 어두워지는 조국의 앞길과 시시각각으로 확대되는 죄악의 물결 속에 잠겨 들어가는 동포의 참상을 바라볼 때 눈물이 없을 수 없고 피가 끓지 않을 수 없다. 삼백만부흥전도회는 이 시급한 민족적 위기를 당면하여 대능의 섭리, 하늘의 크신 역사가 이 땅과 이 민족의 위에 임하기를 바라는 마음이 간절하여졌다. 1907년 이 땅위에 임하였던 천래의 성화 성신의 바람이 다시 불어 와야 할 것을 통절히 느끼어 이 은혜를 대망하는 마음으로 기도하기를 시작하였다.[47]

이것은 삼백만부흥운동이 1907년 대부흥운동을 전제로 시대적 위기의 상황에서 부흥운동의 필요성을 말하고 있다. 그와 함께 이 운동은 1907년 대부흥운동과 같은 맥락에서 계획했고, 그것을 사모하는 뜻을 담고 있는 것을 알 수 있다. 또한 이 운동은 단지 사람이 계획해서 진행할 수 있는 것이 아니고 전적으로 하나님의 능력이 함께 하며 "천래의 성화 성신의 바람이 다시 불어와야 할 것을 통절하게 느낀다."는 것이다. 곧 하나님의 섭리와 간섭과 역사가 없이는 안 될 운동임을 전제하는 표현이다. 그렇기 때문에 1907년에 임했던 것과

같이 하나님의 임재와 역사를 대망하는 마음으로 이 운동을 계획했다고 할 수 있다.

다음은 이 운동의 결과 내지는 성과를 정리한 내용을 담고 있는 표현인데, 그 평가가 주관적이기는 하지만 적어도 어떤 의식을 갖고 이 운동을 전개했는지를 충분히 알 수 있는 표현이 있다. 즉

> 八月 三十日 오후 二시 대회장소인 남대문예배당의 장내에는 二千여 명의 군중이 마당에까지 넘쳐 은혜의 분위기가 서울 전폭에 덮이었다. … 이리하여 아침으로 저녁까지 밤으로 새벽까지 은혜를 갈구하는 성도들이 구름같이 모여들어 한 주일이 하루같이 죄악의 속된 세상에 물든 영혼들은 은혜의 바다에 목욕하여 새생명의 기쁨과 환희를 맛보았다.[48]

> 천래의 성화 하늘의 불은 떨어졌다. 군중은 새술에 취한 듯이 글자 그대로 여광여취(如狂如醉)의 상태에 들어갔다. 마치 1907년에 이 땅에 임하였던 대부흥의 광경을 다시 나타내었다.[49]

이 보고 내용은 1947년 8월 31일 오후 2시에 남대문교회에서 열린 삼백만부흥운동 집회와 관련한 것이다. 이 집회에는 전국 각지에서 2천여 명이 참석했는데, 예배당 안에 다 들어갈 수 없어서 밖에 자리를 잡고 집회에 참석했다. 그리고 이 집회에 참여한 신자들이 모두 "넘치는 은혜의 분위기가 서울 전폭에 덮이었다."[50]는 표현으로 전하고 있다. 또한 이 글에서 볼 수 있듯이 삼백만부흥운동에서 나타난 현상을 1907년 대부흥운동과 연결하고 있다. 즉 이 운동

---

48 姜興秀 編, 「復興」 7(1947), 30~31.
49 姜興秀 編, 「復興」 7(1947), 31.
50 姜興秀 編, 「復興」 第7號(1947), 30.

을 주도한 이들의 의식에 1907년 대부흥운동과 같은 맥락에서 계획한 것으로써 같은 결과를 낳았다고 평가하고 있다.

그런가 하면 이 운동은 이미 한국교회사에 확인할 수 있는 1907년 대부흥운동 이후에 한국교회 성장에 크게 공헌한 사경회의 성격을 갖고 전개되었다. 이 운동을 전개하면서 1907년 대부흥운동의 열기와 지속적인 은혜의 충만함과 성장을 기대했던 것이 사경회와 같은 형태의 집회를 구상하게 되었다는 것이다. 이 보고서는 다음과 같이 집회 프로그램을 소개하고 있다.

1. 통야(通夜)기도회
예배당 안에서 자며 밤을 새워 기도하는 군중의 무리 7,8백 명에 달하여 통곡하는 기도소리가 하늘에 사모쳤다. 박재봉 목사가 인도하였다.

2. 새벽기도회
강사 이약신 목사의 인도하에 맑고 정성스럽고 신비스런 은혜의 문이 열리어 나날이 은혜의 도수는 더하여 갔다.

3. 오전공부
김치선 목사의 성신 공부가 있었는데 氏의 불같은 정열 예레미야 같은 눈물은 시간마다 군중을 뜨겁게 하고 정열의 도를 높이었다.

4. 낮 시간
박재봉 목사의 인도로 그가 받은바 전후 9년 동안의 산중 기도생활이 고귀한 체험담과 전도행의 사실을 인증할 때 군중은 한 사람 기침소리 없이 감격과 찬탄의 아멘 소리가 계속할 뿐이었다.

5. 오후 국사 강좌

강흥수 목사의 인도하에 과거 조선의 피묻은 발자취를 들춰 망국죄악의 근원
을 설명할 때 누구나 인간역사의 배후에 움지기는 신의 섭리를 다시금 깨닫고
과거 조상의 잘못 된 거름 의인의 피로 물들인 선인의 역사를 들을 때 누구나
뼈아픈 뉘우침과 새로운 결심의 주먹을 부르쥐었다.[51]

　　이것은 삼백만부흥운동을 전개함에 있어서 집회의 성격을 보여주는 보
고 내용이다. 앞에서 언급했듯이 이것은 사경회로 볼 수 있는 성격의 집회였다.
식사와 쉬는 시간 말고는 24시간 동안 계속되는 집회인 것도 알 수 있다. 이러한
형태의 집회는 일반적으로 사경회라고 하는 것이 옳을 것이다. 어떻든 이 부흥
운동은 전국 각지에서 남대문교회에 모인 2천여 명의 신자들이 24시간을 함께
하면서 기도, 찬양, 간증, 설교, 국사강좌까지 듣고 배우는 것이었다. 매일 철야
를 하면서 기도하는 신자만 7,8백여 명이었다는 것도 당시로서는 상상하기 쉽
지 않는 광경이었다.[52]
　　여기서는 삼백만부흥운동의 내용을 살펴보는 것이 아니라 이 운동은
1945년 해방 직후 1907년 대부흥운동을 계승하려는 의식을 가지고 계획된 것
임을 확인하고자 하는 것이다. 즉 1907년 대부흥운동은 새벽기도와 사경회를
낳았다면, 1945년 시작한 삼백만부흥운동은 해방 이후 그것을 계승한 복음전
도운동이었다고 할 수 있다. 이 사실을 확인하게 하는 것은 삼백만부흥운동의
일환인 남대문교회에서의 집회를 평가함에 있어서 "마치 1907년에 이 땅에 임
하였던 대부흥의 광경을 다시 나타내었다."[53]는 말로 한국교회부흥사(韓國敎
會復興史)에 있어서 삼백만부흥운동의 역사적 위치를 확인하는 것이다.

---

51 姜興秀 編,「復興」第7號(1947), 30.
52 姜興秀 編,「復興」第7號(1947), 30.
53 姜興秀 編,「復興」第7號(1947), 31.

4.2 민족복음화운동의 효시

"이 민족 삼천만"이라는 말은 김치선의 또 다른 별명이라고 할 만큼 그의 문서에서 반복적으로 사용하는 단어이다.[54] 또한 실제로 이 말은 삼백만부흥 운동을 전개하는 출발점에 중요한 단어가 되었다. 김치선이 주도한 이 운동은 민족의 주권과 자유를 회복시키는 것과 복음을 통해서 나라를 바르고 튼튼하게 세우는 것을 목적으로 하고 있다. 김치선에게 있어서 삼백만부흥운동은 곧 민족의 구령(救靈)과 국가의 재건을 동시에 생각하고 있기 때문이다.[55] 단지 복음을 전해서 예수님을 믿는 신자를 만든다는 것에 국한 하지 않고, 그리스도인이 국가의 구성원으로 강건한 국가를 세워야 한다는 사명을 인식시키는 것을 복음 전도의 사명과 함께 강조하고 있는 것을 보아 알 수 있다.

다음은『부흥』제10호의 권두언 "민족해방의 복음운동"에 실린 내용이다.

> 삼천만의 가슴을 뛰게 하고 뜨거운 피를 자아내어 넘치는 감격에 몸 둘 바를 아
> 지 못하게 하던 1945년 8월 15일! 어느덧 봄바람 가를 비 세 번을 거듭하였으니
> 세월의 흐름이 참으로 덧없고 빠르다. 이 날은 우리 민족이 영원히 기념할 부림
> 절이니(에스더 9:20~22) 마음 것 기뻐하고 하나님의 은총을 감사할 날이다. 악
> 독한 왜정의 쇠사슬에서 자유해방을 받은 삼천만의 가슴 속에 어찌 깊은 감사
> 와 기쁨이 없으랴.
>
> 그러나 우리는 이것으로 만족할 수 없는 비참한 현실에 처하여 있다. 남북통일
> 의 민족적 과업이 앞에 아득히 남아 있으며 도탄에 빠진 민생문제 해결이 진실
> 로 급하다. 그러나 무엇보다도 이 난국을 타개함에 급선무인 것은 그리스도의

---

54 김동화,『나에게 있어 영원한 것』, 147.

54 김동화,『나에게 있어 영원한 것』, 147.
55 김치선,『한국 기독교 강단설교 김치선』(서울: 홍성사, 2011), 21.
56 姜興秀 編,「復興」第10號(1948), 2.

김치선 박사의 생애와 신학 • 201

복음운동이다. 복음의 위력이 아니면 이 땅 이 백성의 살길을 능히 개척할 수 없다.[56]

　이 글에서 삼백만부흥운동은 무엇을 목적으로 전개한 것인지 알 수 있다. 그 한 마디가 "이 난국을 타개함에 급선무인 것은 그리스도의 복음운동이다. 복음의 위력이 아니면 이 땅 이 백성의 살길을 능히 개척할 수 없다."는 말에 있다. 즉 이 권두언에서는 당시의 시대적 상황을 읽을 수 있는데, 먼저 민족의 해방에 대한 기쁨을 말하고 있다. 광복이 가져다 준 기쁨과 감격은 주체할 수 없을 만큼 크고 중요한 것이었다. 그러나 그와 함께 주어진 사회적 현실은 암담하고 미래가 보이지 않는 것이었고, 특별히 해방 이후 좌우로 나뉜 이념적 갈등은 사회적 무질서는 물론이고 폭행과 처형, 반목이 자행되면서 지금으로서는 상상할 수 없는 사회적 정치적 혼란이 있었다.

　이러한 시대적 상황을 극복할 수 있는 방편으로 "그리스도의 복음운동"을 제시한 것이 삼백만부흥운동임을 알 수 있다. 여기서 표현하는 "이 난국"이라는 표현은 앞에서 언급한 해방 직후 국가적으로 직면한 현실을 전제한 것이고, 그것을 극복해야 하는 것이 "급선무"인데, 문제는 그것을 무엇으로 극복할 수 있는가? 그 답을 "그리스도의 복음"으로 제시하고 있는 것이다. 따라서 '접경지역'(분쟁지역)에 전도대를 파송한 것은 또 하나의 삼백만부흥운동의 실제이었다.[57]

　또한 삼백만부흥운동은 단지 현실의 문제를 타개하는 것을 목적한 제한적 의미의 운동이 아니라 궁극적인 목적을 갖고 있다. 즉 구국과 구령, 민족구원을 동시에 말하고 있는 것이 이 운동의 목적이다. 이러한 사실은 다음의 글에서 확인할 수 있다.

---

57 이에 대해서는 필자의 "삼백만부흥운동의 성격과 실체에 관한 연구."를 참고하라.

지역의 38선은 터질 수 있다 하여도 죄악의 장벽을 헐지 못하면 이 백성은 영원히 구원 얻을 수 없다. 정부는 서서 대한국민이 될 수 있을지언정 하나님의 백성은 될 수 없다. 땅에 있어서 선량한 백성인 동시에 하늘의 영원한 백성으로서 무한한 축복을 누릴 자는 누구인가? 오직 악독한 죄악에서 완전히 해방 받은 자들이니 우리 신자들의 책무는 실로 중대한 것이다. 멸망의 구렁에서 헤매는 우리 동포들을 구원할 책임이 우리 이미 믿는 신자들에게 있음을 잊어서는 안 되겠다. 그러므로 우리들은 더욱 힘을 합하여 구령운동에 용기 있게 나아가자. 공중에 권세 잡은 마귀로부터 힘써 싸워 이 민족을 깊은 죄악에서 구원하자. 이 복음운동이라야 말로 나라를 구원하는 운동이며 백성을 살려내는 신령하고 강력적인 운동이다[58]

이 글은 역시 『부흥』10호의 권두언 "민족해방의 복음운동"에 실린 내용이다. 삼백만부흥운동이 당시의 역사적 현실, 특히 남북으로의 분단과 함께 사상적인 갈등으로 인해서 사회적으로 극심한 혼란 가운데 있었기 때문에 구령과 구국을 목적으로 하는 운동임을 강조하고 있다. 해방은 독립과 자유를 주었지만, 그와 함께 주어진 것은 이념적 갈등과 함께 남북으로 나뉘어 싸우는 것이었다. 그로 인해서 해방의 기쁨은 잠시고 어떤 이념에 의해서 국가를 세울 것인가 하는 혼란이 일어났다. 이 혼란은 사회적, 일시적인 현상으로 끝나지 않고 서로를 죽이는 폭력으로 발전했다. 이로 인해서 남한 지역에서 남남간에 일어난 갈등은 심각한 사회적인 문제였다.

이러한 상황에서 김치선은 "이 복음운동이라야 말로 나라를 구원하는 운동이며 백성을 살려내는 신령하고 강력적인 운동이다."고 했다. 이것은 김치선에게 있어서 이 운동의 취지에 구국과 구령이라고 하는 두 가지 목적이 있음을 확인할 수 있는 말이다. 그러한 의미에서 이 운동은 해방과 함께 주어진 암

---

58 姜興秀 編, 「復興」 10(1948), 2.

울한 국가적 현실 앞에서 나라를 세우면서 동시에 백성을 구원할 수 있는 것은 '복음운동'이라고 생각하고 전개한 것임을 알 수 있다.

이렇게 볼 때 삼백만부흥운동은 민족을 복음화해서 국가의 미래를 세우자고 하는 꿈이 담겼음을 알 수 있다. 그렇다면 한국교회의 부흥사에서 이 운동은 매우 중요한 위치와 의미를 갖게 된다. 즉 삼백만부흥운동은 민족복음화의 효시이기 때문이다. 실제로 해방 전까지 민족복음화라는 말은 사용하지 않았다.[59] 이것이 사실이라면 한국교회사를 서술함에 있어서 민족복음화의 효시로서 삼백만부흥운동을 반드시 언급해야 하고, 이 운동의 성격과 내용을 파악하는 것은 당면한 한국교회사의 과제인 셈이다.

일반적으로 민족복음화라는 말은 1970년대에 들어와서 사용하기 시작했다고 볼 수 있다.[60] 그러나 김치선이 계획하고 전개한 이 운동이야말로 민족복음화운동의 효시이고, 한국교회 부흥의 역사에서 1907년 대부흥운동으로부터 이어지는 부흥운동의 맥을 잇는 역사의 중간 위치에서 징검다리 역할을 했다고 해석하는 것이 가능하다. 그럼에도 이 운동에 대한 인식이 결여된 채 한국교회사를 서술한다면, 그것은 역사적 사실을 놓치는 것이다.

이러한 사실을 더 확증할 수 있는 것은 『부흥』 11호의 권두언 "흥국의 기

---

59 禹完龍, 『韓國敎會 復興運動의 歷史와 神學』(서울: 도서출판 고도, 1992) 이 책은 한국교회의 부흥운동사를 정리한 것인데, 저자는 이 책에서 적어도 1970년대 이전에 민족복음화라고 하는 용어를 사용하고 있지 않다. 또한 해방 이후 김치선에 의해서 주도된 삼백만부흥운동은 한 마디도 언급하고 있지 않다. 이것은 이 논문 말미에 필자가 언급하듯이 김치선이 한국교회사에서 소외된 것과 함께 그의 삼백만부흥운동도 한국교회사에서 소외된 것을 반증하는 것이다. 한국교회의 부흥운동의 역사를 정리한 책에서 김치선에 관하여 한 마디도 언급이 없다는 것은 한국교회, 특히 장로교회사에 있어서 그의 위치나 역할에 대한 몰이해가 원인이라 할 것이다. 물론 그렇게 될 수밖에 없는 책임은 저자 이전에 한국교회에게 주어진 책임이며 과제이다.

60 禹完龍, 『韓國敎會 復興運動의 歷史와 神學』, 191~96.

초"라는 글에서 찾아볼 수 있다. 제목에서 암시하고 있는 것처럼 삼백만부흥운동은 철저한 국가관에서 출발하고 있고, 그것을 목적으로 하고 있다는 것을 알 수 있다. 이 글의 제목인 "흥국의 기초"는 곧 민족을 구원하는 것이고, 그것을 위해서 복음운동, 즉 전도해야 한다는 것이 이 글의 논지이고, 동시에 그것은 삼백만부흥운동의 목적이기도 하다.

> 보라 그리스도의 복음은 능히 식인종을 구원하고 야만민족을 문화인으로 개조하였다. 우리 민족의 일분자가 아무리 악하다 할지라도 복음의 능력은 이 백성을 구원하고도 더욱 남음이 있을 줄 믿어 의심치 않는다. 우리 그리스도인들은 각각 그 지역에서 충성을 다하여 선한 싸움을 힘써 싸우자. … 신자들은 자기의 기능과 역량을 각자의 지역에서 최대한으로 힘껏 발휘하여 위기에 직면한 이 민족의 구원을 위하여 희생 봉공의 정신으로 합심합력하여 용왕 매진하자.[61]

이 글에서 첫째, 복음의 능력은 "식인종을 구원하고 야만민족을 문화인으로 개조하였다", 둘째, "복음의 능력은 이 백성을 구원하고도 더욱 남음이 있을 줄 믿어 의심치 않는다." 셋째, "이 민족의 구원을 위하여 희생 봉공의 정신으로 합심합력하여 용왕 매진하자"는 것이다. 여기서도 같은 맥락의 뜻을 읽을 수 있다. 결국 민족복음화라는 단어를 직접 사용하고 있지는 않지만 민족(국가)의 "구국과 구령"을 목적으로 하는 이 운동은 복음을 전하는 것을 수단으로 한다는 것이다. 물론 필자가 이미 "삼백만부흥운동의 성격과 실체에 관한 연구"에서 밝혔지만, 이 운동은 단순히 전도집회만을 수단으로 한 운동이 아니었다. 수단은 다양하지만, 목적은 복음을 전하는 것이고, 복음을 전하는 대상은 "이 민족 삼천만"이었던 것이다. 따라서 이 운동을 민족복음화의 효시로 보

---

61 姜興秀 編, 「復興」 11(1948), 2.

는 것이 결코 타당성이 없는 것이 아니라고 생각한다.[62]

그러한 의미에서 이 운동은 그의 국가(민족)의식에서 나온 민족복음화 운동이다. 그에게 나라가 없는 믿음, 나라가 없는 교회는 없는 것이었다. 그 자신이 3·1독립만세운동에 참여하여 옥고를 치렀고, 일본에서 목회를 하면서 수모와 고통을 당했고, 그곳에 살고 있는 동포끼리 생존을 위해서 경쟁하고, 배반하는 일들은 그에게 국가가 얼마나 중요한 것인지를 뼈저리게 느끼게 했다. 따라서 그에게 있어서 민족과 국가는 같은 개념이었고, 민족을 살리는 길은 곧 국가를 살리는 것이고, 그것을 가능하게 하는 것은 복음을 전하는 것, 즉 민족복음화를 이루는 것이었다. 따라서 그의 삼백만부흥운동은 곧 민족복음화운동이었다고 할 수 있다.[63]

이러한 사실을 더욱 분명하게 말할 수 있는 것은 『부흥』 11호에 실린 방훈(方薰)의 "運動과 新生活"이라는 글이다. 비록 이것이 김치선의 글이 아니지만, 그가 전개하는 운동의 대변지에 실린 것이기에 이 운동의 지향성이 무엇인지를 알 수 있기에 충분하다. 그리고 다양한 필자가 글을 쓰고 있다는 점에서 부흥운동을 위한 김치선의 생각을 면면히 살펴볼 수 있다.

> 해방 3주년인 지난 8월 15일은 우리 대한민국 독립을 세계에 선포한 날이므로 우리 3천만 민족의 기뻐할 영원한 기념일이다. 해방에서 독립 자유를 얻은 우리들은 새시대를 맛났다. 이 새시대는 구속 압박에서 자유해방으로 암흑에서 광명으로 죽음에서 삶으로 전환하게 하였으니 이 새시대를 당한 우리 기독교인들은 깊이 든 잠을 깨어서 천재일우의 좋은 시기를 1분 1초라도 허송치 말고 전도운동에 총집중하여 구령사업에 대 활동을 전개하자.[64]

---

62 김치선, 『한국 기독교 지도자 강단설교 김치선』, 28.
63 이은선, "김치선의 국가관," 「신학지평」 13(2000), 110~111.
64 方薰, "傳道運動과 新生活," 「復興」 11(1948), 17.

이 글은 김치선의 것이 아닐까 할 만큼 김치선의 생각을 잘 담았다고 할 수 있다. 그만큼 이 운동의 대변지로서 목적하는 것을 위한 글들이 실린 것이라고 생각한다. 그의 부흥운동은 곧 독립과 해방을 통해서 주어진 새 시대를 결코 다시 잃어버릴 수 없다고 하는 국가적(민족적) 기쁨을 영원히 보존하기 위해서 "1분 1초라도 허송치 말고 전도운동에 총 집중하여 구령사업에 대 활동을 전개하자"는 것이다. 그가 표현하고 있는 "새 시대"는 해방과 함께 주어진 국가의 현실이며, 이것은 새 나라를 의미한다고 볼 수 있다. 해방과 함께 다시 주어진 자유와 기쁨을 잃어버려서는 안 된다는 것을 전제로 그렇게 되기 위해서 "1분 1초라도 허송치 말고 전도운동에 총집중하여 구령사업에 대 활동을 전개하자"는 것이다.

즉 김치선의 "구국과 구령"이라는 이중의 목적은 곧 민족복음화를 의미하는 것이고, 이 민족복음화를 위해서 삼백만부흥운동을 계획하고 전개한 것이다.[65] 결국 삼백만부흥운동을 전개하는 것은 "구국과 구령"을 목적으로 하는 민족복음화운동이었다.

그럼에도 불구하고 이 운동이 한국교회사에서 크게 주목을 받지 못한 이유는 몇 가지로 정리할 수 있다. 첫째는 앞에서 지적했듯이 한국장로교회의 분열의 과정에서 김치선이 주류교단에 남지 않고 독자적인 길을 갔기 때문이다. 따라서 한국교회사에서 그에 대한 관심과 역할이 자연스럽게 소외되고 말았다. 둘째는 삼백만부흥운동이 전개되는 말미에 6.25동란이라고 하는 비극적인 전쟁이 발발함으로 더 이상 조직적인 운동의 전개와 지속이 어렵게 되었기 때문이다. 셋째는 6.25동란이 끝남과 동시에 장로교단의 분열은 이 운동을 지속할 수 있는 여유가 없게 했다. 넷째 6.25동란 이후에 김치선과 남대문교회의 관계가 멀어지면서 이 운동을 지속할 수 있는 동력을 상실했다. 즉 김치선은

---

65 이은선, "김치선의 국가관," 111.

1952년 말 공식적으로 남대문교회를 사임함으로써 그가 이 운동을 지속할 수 있는 기반을 잃어버리게 되었기 때문에 이 운동의 추진력을 상실하게 되었다고 할 수 있다.

5. 마무리하면서

지금까지 살펴본 것처럼 삼백만부흥운동은 해방 이후 한국교회 재건의 역사에서 잊혀서는 안 될 분명한 역사적 사건임을 알 수 있다. 그렇다고 하면 이 운동은 1907년 대부흥운동 이후 한국교회부흥사에 있어서 해방 이후 그 역사를 잇는 운동으로 자리매김을 할 수 있도록 해야 하며, 한국교회사에서 잊혀진 사실로서 역사화하는 과정이 반드시 필요하다. 비록 지금까지 삼백만부흥운동에 대한 구전적 사실은 있었고, 그것을 한국교회사 문헌에 적시한 경우는 있지만[66] 정작 이 운동이 한국교회사에 온전하게 기술되지 못했고, 또한 이 운동에 대한 역사적 정립이 충분하게 되지 못한 것도 사실이다.

이러한 사실을 인지하고 있는 학자들도 있지만[67] 이 운동에 대한 연구가 이뤄지지 않은 것은 여러 가지 원인이 있기에 아쉬운 일이다. 가장 근본적인 문제는 이 운동의 실체를 알 수 있는 자료가 없었다는 것이다. 이제까지 필자에 의해서 발굴된 것은 『부흥』 창간호, 4호, 7호, 8호, 9호, 10호, 11호가 전부이다. 그것도 보존상태가 너무 좋지 않은지라 연람자체가 어렵다. 종이가 삭아서 분해되는 상태이기 때문에 조만간 영인본으로 제작해서 연구자들에게 제공되도록 하여 한국교회사에서 김치선과 삼백만부흥운동의 위치를 찾도록 하겠다는 생각이다.

우완용은 그의 책 '한국교회 부흥운동의 역사와 신학'에서 한국교회의 부흥의 역사를 정리했다. 하지만 그의 글 어디에도 김치선이나 삼백만부흥운동에 관한 사실을 제시하는 내용을 찾아볼 수 없다. 이 글의 각주 59번에서 설명했지만 한국교회사에서 김치선이 소외된 것과 그의 역사적 위치를 회복시키지 못한다면, 그는 물론이고 삼백만부흥운동의 역사적 사실도 역사에서 소외될 수밖에 없다.

또한 민족복음화운동으로 표현되는 부흥운동은 1964년부터 제일 먼저 등장하는 것이 "전국복음화", 1965년 "3천만을 그리스도에게로",[68] 1973년 "오천만을 그리스도에게로",[69] 그리고 1977년에 이르러 "77민족복음화운동"이 등장한다.[70] 이렇게 볼 때 삼백만부흥운동이 민족복음화라는 개념의 부흥(전도)운동의 효시라고 하는데 무리가 없다. 김치선이 이 운동을 계획하고 전개함에 있어서 그의 의식에 분명하게 전제된 것은 민족의 구령이었고, 그것을 통해서 구국을 이루겠다고 하는 것이었다. 따라서 삼백만부흥운동은 곧 민족복음화운동의 효시인 것이다.

66 편집부, 『基督教大百科事典 8』, 782~783.
67 박용규, 『한국기독교회사 2』, 844~846; 이상규, "김치선 박사의 한국교회사적 의의," 「부·경 교회사연구」 제29호(2010), 27~28; 한성기, "김치선 목사의 신학사상," 「신학지평」 제13집(2000), 76.
68 禹完龍, 『韓國教會 復興運動의 歷史와 神學』, 191.
69 禹完龍, 『韓國教會 復興運動의 歷史와 神學』, 192.
70 禹完龍, 『韓國教會 復興運動의 歷史와 神學』, 193.

참고문헌

姜興秀 編. 「復興」第七號(1947)

_____. 「復興」第八號(1948)

_____. 「復興」第九號(1948)

_____. 「復興」第十號(1948)

_____. 「復興」第11號(1948),

김명혁. 『한국교회 쟁점진단』, 서울: 규장문화사, 1998.

김치선. "조선의 참 활로(참 살 길)," 민수기 16장을 본문으로 한 설교(1947년 11월)

김치선. 『한국 기독교 지도자 강단설교 김치선』, 서울: 홍성사, 2011.

남대문교회사편찬위원회. 『남대문교회사』, 서울: 대한예수교장로회 남대문교회,
        1979.

박용규. 『한국기독교회사 2』, 서울: 생명의 말씀사, 2006.

三百萬復興運動社 編, 「復興1號」(復興社, 1945)

채기은, 『韓國敎會史』. 서울: 한국기독교문서선교회, 1977.

편집부, 『基督敎大百科事典 8』. 서울: 기독교문사, 1982.

이은선, "김치선목사의 개혁과부흥운동," 「신학지평」제23호(2010)

_____, "김치선의 국가관," 「신학지평」제13집(2000)

이상규, "김치선박사의 한국교회사적 의의," 「대흔논총」제2호(2009)

_____, "김치선 박사의 한국교회사적 의의," 「부·경 교회사연구」제29호(2010)

이종전, "삼백만 부흥운동에 나타난 김치선의 신학사상," 「대흔논총」제2호(2009)

_____, "삼백만부흥운동의 성격과 실체에 대한 연구," 「개혁논총」제22권(2012)

정성한, "한국교회의 해방 전후사 인식(1)," 「神學과 牧會」제28집(2007)

최순직, "大神의 內的 變遷史," 「생수」제6집(1988. 12.)

한성기, "김치선 목사의 신학사상," 「신학지평」제13집(2000)

제6장

'신학과 신조'에 나타난
김치선의 신학사상

1. 들어가는 말

김치선의 "신학과 신조"라는 작은 글은 특별한 의미를 가지고 있다. 그의 행적에 있어서 "신학과 신조"라는 제목으로 강연한 최초의 기록은 한국장로교회사에 있어서 한 흐름을 잇게 되는 현 고신대학의 역사와 함께 나타난다. 즉 김치선은 고신대학의 전신인 고려신학교 개교식에서 설교를 하게 되는데, 당시 설교의 제목이 "신학과 신조"였다. 1946년 9월 20일 부산진에 있는 금성중학교(전 일신여학교)에서 있었던 고려신학교 개교식에서 한 설교의 제목이었기 때문이다.[1]

특별히 성경신학을 연구한 사람으로서 한국의 개혁파신학을 파수하는 또 하나의 축을 이루게 될 고려신학교의 개교식 예배에서 그가 "신학과 신조"라는 제목의 설교를 했다는 것은 의외이면서도 적절하고 매우 필요한 것이었기 때문에 의미가 크다. 적어도 그는 신학과 신조의 관계를 알고 있었다는 것이고, 한국의 장로교회가 정통신앙을 계승하기 위해서 해야 할 것이 무엇인지를 알고 있었다는 의미이기 때문이다.

그 후 김치선은 1954년 구 대한신학교 교지로 발행한 『우물1호』에 같은 제목의 글이 실렸다.[2] 이 글이 고신대학 개교식에서 한 설교와 같은 것인지는 확인할 수 없으나 그 개연성은 있다고 본다. 비록 설교원고가 전해지고 있지 않기 때문에 비교할 수 없지만 설교원고로 준비했던 것을 교지를 창간하면서 실은 것이 아닌가 하는 생각이다. 이러한 유추가 맞는다면 "신학과 신조"라는 글은 그의 사상의 일면을 확인할 수 있는 매우 중요한 사료라고 할 수 있다. 필자는 이러한 가정을 전제로 해서 비록 짧은 글이지만 "신학과 신조"에 담긴 김치선의

---

1 허순길, 『한국장로교회사』 (서울: 대한예수교장로회 총회출판국, 2002), 325-26.
2 「복음세계」 1권 2호(1954)에 같은 글이 실렸다.

사상을 정리하고자 한다.

이 글이 고신대학교 개교식에서 한 설교라고 한다면, 고신대학이나 고신 교단에서도 매우 중요하게 간직해야 할 문서이기도 하다. 왜냐하면 개혁파신 학과 전통에 있어서 "신학과 신조"의 관계는 뗄 수 없는 필연적인 것이기 때문 이다.[3] 개혁파교회에 있어서 신조는 신학의 결정체이며, 신학은 신앙의 체계적 규명이기 때문이다. 그러한 의미에서 "신학과 신조"는 결코 분리해서 생각할 수 없다. 따라서 신조로 규명되지 않은 신앙은 바른 신앙이라고 할 수 없다.

이러한 사실을 전제할 때 김치선의 신학적 의식은 이 점에 있어서 개혁파 전통에 대한 이해를 나름대로 하고 있었다는 증거가 된다. 비록 성경신학자로 서 전체 개혁파신학의 흐름에 대해서 어떠한 지식을 가지고 있었는지 모르나 기본적인 이해는 하고 있었다는 증거라는 의미이다. 그가 서술하고 있는 글의 분량이나 양이 매우 제한된 것이기 때문에 연구, 분석함에 있어서 한계를 부정 할 수 없지만, 최소한 김치선의 신학사상을 엿볼 수 있는 자료라고 생각된다.

또한 해방 전후에 한국장로교회는 사상적인 측면에서 매우 혼란스러웠 다. 즉 자유주의신학이 주도권을 가지면서 지도자 양성은 물론 정치적으로도 교권을 장악하고 있었기 때문이다. 1938년 평양신학교가 사실상 폐교를 하자 이듬해 김재준을 중심으로 조선신학교를 세워 한국장로교회의 지도자를 양 성했다. 해방 이후 이 신학교를 총회신학교로 인정한 것이 한국장로교회의 역 사이다. 따라서 일제말기로부터 1948년까지 조선신학교 출신이 한국장로교회 의 목사로 양성된 것이다. 때문에 정치적 사회적 박해와 어려움만이 문제가 아 니라 교회 안에서는 사상적인 문제로 인해서 대 혼란을 겪었던 것이다.

---

3   Herman Bavinck, 『하나님의 큰 일』 김영규 역(서울: 기독교문서선교회,
    1984), 116-17. 조석만, 『기독교신학서설』(안양: 대한신학대학원대학교,
    2009), 535-37. 牧田吉和, 『개혁파신앙이란 무엇인가?』 이종전 역(인천:
    아벨서원, 2010), 68-69.에서 "개혁파교회의 신조에 대한 기본자세"라는
    주제로 개혁파교회에 있어서 신조의 역할과 중요성을 다루고 있다.

이러한 혼란 가운데서 새롭게 등장한 것이 고신교단의 총회신학교인 고려신학교다. 고려신학교는 출옥성도를 중심으로 하는 신앙적 특징을 가지면서 한국장로교단 안에서 정통신학의 한 흐름을 계승하는 교단으로 발전하게 되었다. 그러한 상황에서 고려신학교 개교식 예배에서 "신학과 신조"라는 제목의 설교를 했다는 것은 매우 중요한 의미를 가진다.

2. 역사적 신앙과 전통을 계승하는 개혁파사상

신조의 기능은 여러 가지가 있지만 그 중에도 신앙의 계승의 수단으로서 기능이 크다. 그러한 의미에서 신조의 기능을 분명하게 말하고 있는 것은 김치선의 사상을 알 수 있게 한다. 개혁파교회는 신앙의 계승의 수단으로서 신조를 중요하게 생각하는데, 그는 "신학은 반드시 신조를 토대로 하지 않으면 안 될 것이다."[4]고 함으로써 신조를 신학적 규명과 계승의 원리로 이해하고 있을 뿐 아니라, 그것을 분명하게 가르치고 있다.

이런 사실은 그의 사상이 형성되는 과정에서 개혁파신학의 영향을 받았다는 것을 알 수 있게 한다. 그는 실제로 평양신학교, 고베중앙신학교(일본, 현 고베개혁파신학교), 웨스트민스터신학교와 달라스신학교(미국)를 거치면서 공부했다. 또한 그가 신학을 공부하는데 있어서 절대적인 영향을 미친 영재형 (L. L. Young) 선교사는 철저한 개혁파신학사상을 가지고 있는 인물이었다.[5] 따라서 김치선의 신학사상이 형성되는 과정에서 직접적으로 가장 크게 영향을 준 인물과 신학적 배경은 모두 개혁파사상이었다는 것을 알 수 있다. 그러한 의

---

4 김치선, "신학과 신조" 「우물」 창간호(1992), 41. 의"신학과 신조"라고 하는 글은 1954년에 발행된 「복음세계」 제1권 2호에 실렸던 것을 옮겨 실은 것임.
5 간하배, 『한국장로교신학사상』(서울: 개혁주의신행협회, 1997), 54. 金良善, 『韓國基督教解放十年史』(서울: 대한예수교장로회 종교교육부, 1956), 186.

미에서 그가 "신학과 신조"라고 하는 주제로 설교를 했다는 것이 새삼스러운 것이 아니라, 그에게 있어서는 지극히 당연하고 자연스러운 현상인 것이다.

그는 신학과 신조의 관계를 설명하는 가운데 "신학은 신조를 무시할 수 없고 신조는 신학을 갖지 아니할 수 없다."고 한다.[6] 이것은 전통적으로 신조를 중요하게 생각하는 개혁파신학의 특징을 말하고 있는 것으로 신학과 신조의 관계를 확인하고 있다. 즉 신학과 신조를 불가불리의 관계로 이해하고 있다는 것은 정통신학의 흐름을 계승하고 있는 것이고, 이어지는 글에서 그 중요성에 대해서도 확인하고 있다. "이 둘이 완전히 서 있을 때 기독교의 생명이 있고, 또한 신학도 가치 있는 것이다."고 하는 그의 말은 이를 분명하게 증명하고 있다. 신학과 신조가 불가불리의 관계에서 기능을 함으로써 정통신앙을 확인하고 계승할 수 있다는 것이다.

이렇게 신조의 중요성에 대해서 강조하는 이유에 대해서 그는 다음과 같이 몇 가지로 설명하고 있다.

> 신조란 첫째, 성경 가운데 산재한 그리스도교 신앙의 근본진리이며, 간명한 일
> 개의 문장으로 결합하여 두는 것, 즉 결합된 진리의 의미이니 여기에는 신학이
> 필요되고, 또한 신학은 신조를 토대로 하여야 할 것이다.
> 둘째, 같은 신앙에 있는 사람들을 결합시키는 역할을 하는 것이니 동지적 결합
> 이 즉 그것이다.
> 셋째, 사도신조가 한구(句)씩 가져다 결합시켰다는 정통적 전설에 기인하여 된
> 것이니 12사도로 말미암아 된 합작의 의미를 보여주는 것이다.[7]

---

6 김치선, "신학과 신조" 「우물」, 41.
7 김치선, "신학과 신조" 「우물」, 41.

이 글에서 알 수 있는 것은 신조의 필요성과 함께 중요성에 대해서다. 그는 신조와 신학의 관계 이해와 함께 그 필요성과 중요성을 말하고 있다. 즉 신조란 성경에서 계시하고 있는 기독교 근본진리를 간명하게 해석해서 하나의 문장으로 만든 것이라고 한다. 때문에 신조란 성경의 석명(釋明)을 통해서 기독교 신앙을 체계화한 것으로 신학의 토대가 된다는 의미에서 불가불리의 관계로 양립하는 것으로 본다. 다시 말하면 신조란 성경의 해석을 통해서 기독교 신앙을 간단하고 명료하게 정리한 것이기 때문에 신조는 곧 신학인 것이다. 굳이 설명이 필요하다면 성경해석을 통해서 확인한 신앙의 내용을 체계화해서 교회적 신앙으로 정리한 것이 신조라는 의미다.

"신학은 신조를 토대로 한다."는 표현은 지극히 전통적인 개혁파입장에서 말 할 수 있는 것으로 신조를 신학의 결정체로 보는 사상이다. 자칫 오해할 수 있는 표현이기 때문에 이에 대한 충분한 이해가 전제되어야 할 것임을 염두에 두고 생각한다면, 이 표현은 매우 필연적인 것이다. 왜냐하면 개혁파신학은 신조를 신학의 결정으로 보면서 신학을 함에 있어서 성경에 종속하는 권위로 보기 때문이다. 따라서 역사적 기독교회의 신앙을 계승한다는 것은 바로 역사적 기독교회가 남긴 신조를 계승한다는 의미다.

다음으로 언급하고 있는 것은 신조의 기능적인 면에 대한 확인이다. 즉 그는 "같은 신앙에 있는 사람들을 결합시키는 역할을 하는 것이니 동지적 결합"을 이루게 하는 것을 신조의 기능으로 확인하고 있다. 이것은 유형교회를 형성함에 있어서 기본적인 원리를 말하는 것이다. 이 원리에 대한 확인이 없이 유형교회의 질서를 기대하는 것은 불가능하다. 그런데 김치선은 이에 대한 분명한 제시를 하고 있다. 즉 그는 '신앙의 일치와 교회의 통일'을 이룰 수 있도록 하는 기능을 신조라고 보는 것이다. 이것은 개혁파교회가 교회형성의 원리[8]로 말하고 있는 가장 중요한 요소를 분명하게 제시하는 것으로서, 그는 개혁파신학에 있어서 교회형성의 원리를 계승했고 자신도 그것을 제시하고 있는 것이다.

이처럼 신조를 교회형성의 기본원리로 확인하는 것은 그가 종교개혁과 더불어 개혁파교회의 전통에 서 있음을 보여주는 것이다. 특별히 종교개혁과 함께 개혁파교회의 전통을 확립시키는데 있어서 가장 앞에 섰던 교회들이 보여준 것을 본다면 더욱 분명할 것이다. 즉 1559년 프랑스개혁파교회는 신앙고백(신조)과 교회규칙을 하나로 생각했고, 1560년 스코틀랜드교회도 신앙고백과 정치조례, 치리서를 확정하여 교회의 틀로 받아들였다.[9]

개혁파교회는 유형교회와 신앙의 질서를 감독의 계급으로서의 권위에서 찾지 않는다. 교회에 대한 통치권은 오직 교회의 머리이신 그리스도에게 둔다. 다만 유형교회의 질서를 위해서 직분을 두어 관리하게 하심을 믿는다. 따라서 어떤 직분이든 그리스도께 전적으로 순종함에 있어서 유효하며, 그 권위가 보존된다고 믿는다. 이러한 신앙이 유효하게 되기 위해서는 교회적 권위를 확보할 수 있는 방법이 신자들 모두가 공적으로 확인하는 신앙고백에 의해서 가능한 것이다. 때문에 교회를 형성하고 있는 모든 구성원들이 같은 신앙고백을 통해서 질서를 확보할 수 있어야 한다. 그러한 의미에서 신앙고백을 교회형성의

---

8 Sara Little, 『改革教會の信仰』田代忠男 譯(札幌: 一麥出版社, 1998), 100.
   에서 Little은 교회와 신조의 역할을 설명하면서 "교회가 스스로 신앙을 고백하는 것은 교회의 생명 그 자체를 위한 것이다. … 또한 공동체로서는 공동의 예배를 통해서 회중과 모든 시대의 하나님의 자녀들과 일치하여 주권자이신 하나님을 향한 신뢰와 신앙을 표명할 때 신앙을 고백하는 것이다."고 한다. 따라서 그는 신조를 교회형성의 기본적인 요소로 말하고 있으며, 그것은 실제로 그렇다.; 渡辺信夫, 『カルヴァンの教會論』(札幌: 一麥出版社, 2009), 200.에서 저자인 와다나베 노부오는 신조와 교회법의 관계를 통해서 신조의 중요성과 함께 교회형성의 원리를 말하고 있다. 즉 "교회법(교회규칙)은 '신앙고백'과 '예배규정'을 포괄한다. 칼빈의 신학적 입장을 받아들이는 교회에서는 신앙고백은 반드시 그것과 같은 무게를 가진 교회규칙과 연관을 가지고 있으며, 만일 이 둘의 관계가 없어진다면 둘은 모두 무의미하게 된다."고 함으로써 교회법과 신앙고백, 즉 신조의 관계는 뗄 수 없는 것으로 강조하고 해석하고 있다. 최덕성, 『개혁신학과 창의적 목회』(서울: 본문과 현장사이, 2005), 72-77.; 牧田吉和, 『개혁파신앙이란 무엇인가?』 이종전 역(인천: 아벨서원, 2010), 65-69.를 참조하라.
9 渡辺信夫, 『カルヴァンの教會論』, 200-201

원리로 확인하고 있는 것이 개혁파교회의 특징이다.[10]

그러므로 신학과 신조의 관계는 물론 교회형성의 기본원리로서 신조를 이해하고 있다는 것은 그의 사상의 기본에 개혁파전통에 대한 이해가 있었다는 것을 의미하며, 실제로 교회형성의 원리로서 신조를 이해함과 신앙의 일치와 교회의 통일을 위해서 신조의 역할과 그 중요성을 제시하고 있다는 것은 한국교회가 개혁파의 전통을 계승하는 교회로 세워지기를 바라는 그의 마음이 담긴 설교였다고 평가할 수 있을 것이다.

세 번째로 언급하고 있는 "사도신조가 한구(句)씩 가져다 결합시켰다는 정통적 전설에 기인하여 된 것이니 12사도로 말미암아 된 합작의 의미를 보여주는 것이다."는 것은 조금 애매한 표현이긴 하지만, 그 의도를 이해함에는 중요한 증거가 된다. 즉 이것은 사도적 전통을 계승하는 수단으로서 신조의 중요성을 말하고 있는 것으로 이해할 수 있기 때문이다. 교회가 신조를 통해서 신앙을 계승함에 있어서 신조가 가지고 있는 의미에 대한 설명을 이렇게 하는 것으로 신조는 사도적 전통에 의해서 확립된 신앙의 규범이라는 설명인 것이다.

다만 그 설명에 있어서 아쉬움은 있다. 그것은 사도신조만을 국한해서 언급함으로써 복음주의의 간단신조주의적인 입장인 것처럼 오해할 수 있다는

---

10 웨스트민스터신앙고백 제25장, 제2스위스신앙고백 17,18장, 벨직신앙고백서 30,31,32장, 스코틀랜드신앙고백서 16,20장, 등 개혁파신학의 전통에 있어서 가장 중요한 신앙고백서들은 한결같이 이에 대해서 증거하고 있다. John Calvin, 『칼빈의 기독교신앙안내』 조석만 역(시흥: 도서출판 지민, 2010), 121-24. 그 중에 특히 123페이지의 내용가운데 일부를 소개하니 참고 바란다. "그런데 우리가 성경에서 목사의 권위가 다만 전적으로 말씀의 대언자로서의 봉사에 있으며 말씀의 봉사에 한정되어 있음을 잊어서는 안 되는 것입니다. 이는 그리스도께서 위탁하신 목사의 권위는 고유한 의미에서나 절대적인 의미에서가 아니라 하나님의 말씀에 의한 사람들을 가르치며 훈계하는 교역자로서의 권위이기 때문입니다(고후 2:17, 살전 2:4). 오직 하나님의 말씀만이 절대 권위를 가지고 있는 것입니다."

것이며, 또 하나는 사도신조가 사도들의 직접적인 저술이라고 생각하는 것은 문제가 있다. 그러나 이것은 그가 성경신학자로서의 설명이라는 점을 감안한다면 충분히 이해될 수 있는 부분이라는 것이 필자의 판단이다.[11]

어떻든 김치선은 개혁파신학의 전통과 그 원리를 분명하게 인식하고 있었으며, 그것을 통해서 교회를 세워가야 한다는 것을 제시하고 있는 것이 분명하다.[12] 특별히 자유주의신학에 대한 경계와 함께 그들조차도 신조를 필요로 한다는 말로써 신조의 필요성을 변증한다. 다만 자유주의자들은 그리스도를 선한 사람(善人)이라고 하는 것이 그들의 신조가 될 것이라고 함으로써 자유주의자들이 신조를 부정하더라도 실제는 신조를 필요로 함을 역설적으로 설명하고 있다.[13] 그만큼 신학과 신조의 필연적 관계를 이해하고 있는 것이고, 신조는 자유주의에 대처할 수 있는 근본원리로 확인하고 있는 것이다. 즉 신조는 정통신앙의 계승의 수단임과 동시에 왜곡과 변질되는 신앙에 대처할 수 있는 방법으로도 유용한 것임을 밝히는 것이다.

3. 교회적 신학을 중시하는 개혁파사상

개혁파신학의 특징 가운데 하나는 개인의 신학을 주장하는 것이 아니라

---

11 한국교회에서 간단신조주의라는 말은 일반적으로 사용하지 않는 말이다. 그러나 실제로는 존재하는 사상이다. 이 사상은 복음주의적인 입장의 교회가 가지고 있는 사상으로 사도신조 정도로만 기독교의 신앙을 확인할 수 있으면 된다는 것으로 신앙의 구체적인 고백을 표명하는 것을 극도로 거부하는 특징을 가지고 있다. 그 이유는 신앙을 구체적으로 확인하려고 할 때 오히려 분열과 논쟁이 발생하기 때문이라고 한다. 하지만 이러한 사상이 오늘날 기독교에 지배적으로 영향을 미침으로써 기독교의 본질이 손상되어가고 있음은 심히 안타까운 현실이다. 이에 대해서 문제를 지적하고 있는 牧田吉和, 『개혁파신앙이란 무엇인가?』, 69-71을 참조하라.
12 손다윗, 『김치선의 지도력』(서울: 圖書出版 總神, 2004), 75.
13 김치선, "신학과 신조", 41.

교회적 신학을 확인하는 것이다. 그러한 의미에서 "신학과 신조"의 관계를 설명하고 있는 김치선은 이에 대해서 어떻게 생각하고 있는가 하는 것에 주목하게 된다. 그는 앞에서 살펴본 바와 같이 이에 대해서 역사적 신앙과 전통을 계승하는 입장을 밝히고 있다. 그가 이에 대해서 설명하는 가운데 역사적 기독교회가 남긴 회의에 대해서 언급을 한다. 여기서 그는 기독교회의 신앙은 개인의 체험이나 주장을 따르는 것이 아니라 전적으로 교회적으로 확인한 신앙의 체계를 통해서 신조가 확립되고, 그 신조를 통해서 신앙을 계승했다는 사실을 열거하고 있다.

즉 "기독교사상 신학과 신조와의 밀접한 관계를 맺어 복음의 발전을 가져온 시대가 있다면 제4세기와 제16세기, 그리고 오늘의 제20세기를생각하지 않을 수 없다."고 한다.[14] 그의 이러한 신학과 신조에 대한 역사적 이해를 통해서 신앙의 확립과 계승이 개인적이지 않고 교회적이었다는 것을 전제하는 것임을 알 수 있다. 기독교회의 신앙의 확립과 계승이 단지 어떤 한 개인의 신학적인 작업이나 노력에 의해서 이루어진 것이 아니라는 의미이다. 왜냐하면 4세기란 기독교 신앙의 본질에 대한 이해와 확립이 공교회의 회의를 통해서 신조를 채택함으로 확인되었고, 다시 이 신조는 정통 기독교 신앙의 계승의 수단으로서 사용되었기 때문이다. 그런데 김치선이 이러한 사실을 설명하면서 4세기와 16세기를 예로 든 것은 그 시기가 곧 교회의 회의를 통해서 기독교회의 신앙을 확립함과 동시에 신조를 채택하여 확인하는 작업을 했던 시대였기 때문이다.

4세기는 기독교회의 신앙의 대상으로서 하나님이 어떤 분인지, 신존재에 대한 이해와 체계화를 위해서 노력했고, 그 노력의 산물을 하나의 문서로 확립한 것을 기독교의 기본신조(Ecumenical Creeds)라고 하고, 16세기는 중세 역사를 통해서 신조로 확인하는 신앙이 부정되었던 것을 다시 회복시키려는 노력을 통해서 정통신앙을 회복하게 되었던 것이다. 이때 회복해야 할 신앙의 내용

---

14 김치선, "신학과 신조", 42.

을 문서화 한 것이 신조로 일컬어지는 것이다.

　그런데 김치선이 이 글에서 직접적으로 그러한 표현은 하지 않지만 4세기와 16세기, 그리고 20세기를 "신학과 신조와의 밀접한 관계를 맺어 복음의 발전을 가져온 시대"라고 해석하는 것은 신학의 발전이 신조와 함께 있었고, 그것은 공교회적인 결정에 의해서 확인하는 신앙이었다는 것을 전제한 것으로 이해할 수 있기 때문에, 그의 사상은 교회적 신학을 중시하는 개혁파사상이라고 할 수 있다.

　1세기부터 3세기 초까지는 교회가 박해로 인해서 신앙의 체계화를 필요로 하면서도 실제로는 그러한 기회를 가질 수 없었다. 그러나 313년 기독교에 대한 박해가 중지되면서 3세기에 걸친 박해 속에서 신앙의 체계적으로 확립하지 못했던 기독교 신앙의 본질에 대한 체계적인 논의와 함께 정립할 수 있는 기회를 가지게 되었던 것이다. 그러다가 325년 니케아회의를 통해서 최초로 기독교 신앙에 대한 체계적인 정립을 하게 되었고, 그것을 교회적으로 확인하는 과정을 거쳐서 니케아신조를 기독교회 신앙의 표준문서로 확립하게 되었다. 이것은 단지 역사적 사실로 회자하는 것이 목적이 아니라 니케아회를 통해서 채택된 신조는 곧 공교회적 확인이고, 기독교회신앙을 계승하는 수단과 기독교 신앙의 변질을 방어하는 방편으로서 신조를 확인하는 것이다.

　따라서 신조를 중시하는 개혁파신학은 신학자 개인의 신학을 중시하는 것이 아니라 공교회가 확인하는 신학을 중시한다. 그리고 공교회의 신학은 신조를 통해서 확인한다. 따라서 신조와 신학은 불가불리의 관계일뿐더러 신조는 교회의 신앙을 공적으로 표명하는 수단인 것이다.[15] 이처럼 개혁파신학에

---

15 Sara Little, 『改革教會の信仰』, 100-102.에서 "살아있는 교회와 신조의 역할"이라는 주제로 설명하면서 1) 교회가 자신의 신앙을 고백하는 것은 불가결한 것이다. 2) 교회가 신앙을 확립하고 명료하게 하는 것은 당연하다는 소주제로 신조와 신학의 불가결한 관계를 설명함과 동시에 신조는 결과적으로 공교회의 산물임을 말한다. R. Michael Allen, *Reformed Theology*, (London: T&T Clark International), 2010, 138.

서 신조의 기능에 대한 바른 이해를 강조하는 것은, 신조는 곧 교회적 신학의 공적인 확인이기 때문이다. 그러한 의미에서 서방교회를 통해서 정통기독교신앙이 계승될 수 있었다고 하는 김치선의 글은 개인으로서 각 학자들의 공헌을 인정하면서도 서방교회라고 하는 공교회가 확인하고 정리한 것으로 설명하고 있다.[16]

　　유사기독교(이단)를 규명하는 것도 개인의 신학적인 견해에 따르는 것이 아니라 교회적 신앙의 확인이 있어야만 가능하다. 즉 개인적으로 신앙이 다르다는 이유로 이단으로 규정할 수 있는 것이 아니라는 말이다. 이단을 규명하는 과정도 교회적(공적) 신앙의 규범인 신조에 의한 확인이 있어야만 가능하다. 김치선은 그의 글에서 그 예로 아리우스(Arius)가 이단으로 정죄되는 과정에서 동방과 서방의 신앙적 확인의 다름을 지적하고 있다.[17] 즉 아리우스는 그리스도의 신성을 부정함과 동시에 그리스도를 피조물로 규정하여 이해함으로써 니케아회의에서 이단으로 정죄되었으며, 381년 콘스탄티노플회의에서 니케아신조를 재확인함으로써 아리우스논쟁은 종지부를 찍게 되었다. 따라서 381년 이후에 기독교회는 그리스도의 신성을 인정하는 것은 물론 삼위일체신앙을 확립함에 있어서 결정적인 입장을 가지게 되었다. 그러나 아리우스주의는 기독교회의 역사에서 끊임없이 등장하면서 삼위일체로서의 하나님을 부정하는 신앙을 형성하고 있다. 이에 대해서 정통기독교회는 이단으로 규정할 수 있는 것은 교회적 신앙을 확인한 신조를 근거로 하는 것이다.

　　물론 그렇다고 개혁파신학은 개인의 신학작업을 부정하거나 제한한다는 의미가 아니다. 오히려 각자의 탁월한 지혜와 은사를 통해서 심오한 하나님의 뜻과 진리의 체계를 깨닫고 밝히는 일은 적극적으로 장려한다. 따라서 아리우스를 이단으로 정죄하는 신학적 규명이 있기까지 결정적인 역할을 했던 아다

16　김치선, "신학과 신조", 42.
17　김치선, "신학과 신조", 42.

나시우스(Athanasius)와 카파도기아의 세 신학자인 바실(Basil), 니사의 그레고리(Gregory of Nyssa), 그레고리(Gregory of Nazianzus)를 기억하지 않으면 안 된다고 하면서 그들의 이름을 일일이 일컫고 있는 것을 볼 수 있다.[18] 이것은 개혁파교회가 교회적 신학을 강조하면서도 개인의 신학적 활동을 제한하거나 강제하지 않는다는 것을 분명히 하는 그의 입장을 알 수 있게 한다.

다만 어떤 깨달음도 그것을 교회적으로 확인하고 받아들이는 과정이 필요하다는 것이 개혁파신학의 입장이다. 또한 그러한 교회적 확인을 공유하는 것이 중요하다. 어떤 개인의 노력의 결과로 새롭게 깨달은 진리체계가 있다고 할지라도 그것을 교회적으로 확인하는 과정을 거쳐서 전체 교회가 공유함으로써 진정한 신앙의 확인을 할 수 있어야 한다는 것이다.

김치선은 이러한 설명과 함께 동방교회가 몰락하게 되는 원인을 한 사람의 잘못된 신학의 정립 때문이라고 한다. 그리고 그 한 사람의 주장을 아무런 생각이 없이 따랐던 동방교회가 몰락했다고 단언하고 있다.[19] 이것은 신학에 대한 교회적 책임을 분명하게 묻고 있는 것임을 알 수 있다. 유형교회는 결코 완전할 수 없다. 그렇다고 해서 교회는 진리에 대해서 아무런 책임이 없다고 할 수도 없다. 비록 완전하지 못한 것이 유형교회의 한계이지만, 교회에 맡기신 본분을 충실하게 감당해야 하는 것도 교회적 책임인 것을 분명히 해야 할 것이다. 그러한 의미에서 개혁파신학은 교회의 기능을 말함에 있어서 진리를 보존함과 동시에 계승시키는 책임이 있음을 고백하고 있다.[20]

實例를 들면 주후 325년 니케야회의의 결과라고 생각합니다. 동방교회들은 다 없어지고 서방교회들은 한 때 암흑시대가 있었으나 그대로 교회가 유지되었

---

18 김치선, "신학과 신조", 42.
19 김치선, "신학과 신조", 42.
20 Sara Little, 110-11.

고, 뿐만 아니라 없어진 동방에 까지 복음을 전하게 된 것이니 이 사실은 참 기독을 본질로 하였다는 것 밖에 다른 것은 도모지 생각할 수 없는 바이와다.[21]

그는 이 글을 통해서 서방기독교회가 정통신앙을 계승할 수 있었고, 복음의 본질을 보존할 수 있었던 것은 교회적 신학의 확인, 즉 교회회의를 통해서 확립한 것이 중요했다고 보는 것이다. 따라서 진리를 석명하는 책임이 얼마나 중요한 것인지와 교회에 그 책임이 있다는 것을 인식시키고 있다. 이 책임을 다하지 못할 때 교회는 진리로부터 멀어지게 되고, 비진리에 의해서 지배를 받을 수도 있게 된다는 의미이다. 그런데 진리에 대한 석명은 단지 개인적인 활동이나 노력으로 될 것이 아니라 교회적으로 확인되어야 하는 것이기에 교회적 신학의 확인이 필요하다는 것이 개혁파의 전통이며 그것에 대한 입장이다.

이와 같은 그의 식견은 우연한 것으로 지나칠 것인가 하는 질문을 하게 된다. 하지만 그는 이에 대해서 초대교회에서 삼위일체신앙을 확립하는 과정을 설명하면서 "이것은 4세기의 기독사의 정수(精髓)라고 볼 수 있는 것이다."[22]고 평가하고 있는 것을 볼 때 결코 우연한 것이 아님을 알 수 있다. 즉 그는 신조로서 정립되고 확인되는 교회적 신앙에 대한 이해를 가지고 있었던 것이다. 다만 그의 글이 짧고 구체적인 논술을 하고 있는 것이 아니기 때문에 더 구체적인 그의 신학을 해석해 내는 것은 어려움이 있다.

그럼에도 불구하고 그의 신학적 입장은 교회적 신학에 대한 분명한 이해가 있음을 알 수 있다. 특별히 신조로서 신학을 규명하는 것은 신앙의 일치와 교회적 통일을 이루면서 이 땅에서 하나님의 교회를 세워갈 수 있는 원리[23]이

21 김치선, "基督敎의 本質" 「김치선 목사의 글 모음집」(안양대학교 신학연구소, 1998),
22 김치선, "신학과 신조", 43.
23 Jaroslav Pelikan, *The Christian Tradition*, (Chicago: The University of Chicago Press, 1975), 127.

기 때문에 중요하다는 인식을 하고 있다는 점에서 그의 사상을 알 수 있게 한다. 즉 교회적 신학을 신조를 통한 공적인 확인이라는 차원에서 신조의 위치를 분명히 하는 것은 그의 사상이 개혁파의 입장을 대변하고 있음을 알 수 있다.

4. 삼위일체 하나님 중심의 개혁파사상

삼위일체 하나님 중심의 신학적 체계를 중시하는 것이 개혁파신학의 특징이다.[24] 물론 최근에 복음주의권에서도 삼위일체론을 신학적 주제로 언급하고 있는 것을 알고 있으나 그들은 단지 신학의 방법론으로서 삼위일체를 말하는 것이다. 즉 하나님의 본체에 대한 이해와 변증, 그리고 하나님의 뜻을 밝히는 작업으로서의 신학이 아니라 삼위일체를 인간의 삶과 이상적 사회를 구현하기 위한 원리 내지는 방편으로서 적용하려고 하는 시도를 하고 있다.[25] 그동안 복음주의권에서는 신학을 정립함에 있어서 일반적으로 기독론 중심의 신학을 전개했고, 오순절적인 교회들에서는 성령론 중심의 신학을, 유사기독교들 가운데는 성부 하나님 중심의 신학을 전개하는 경우도 있었다. 급진주의신학의 경우는 신학자체를 인본주의 입장에서 정립하고 있다. 이에 반해서 최근에 등장하는 삼위일체중심의 신학을 언급하는 것은 정통 기독교인 개혁파신학에서 삼위일체론 중심의 신학체계와 혼동할 수 있다는 점은 유의해야 할 것이다.

---

24 牧田吉和, 『개혁파신앙이란 무엇인가?』, 83. Henry Meeter, *The Fundamental Principle of Calvinism*, (Grand Rapids: Zondervan Publishing House, 1930), 31.

25 곽미숙, 『삼위일체론 전통과 실천적 삶』(서울: 대한기독교서회, 2009),을 참조하라. 이 책은 오늘날 신학의 경향이 삼위일체론을 하나님의 본질에 대한 이해가 아니라 신앙의 실천적 방법론으로 적용하려는 시도가 일반적으로 현대신학의 흐름에 나타나고 있는 것을 확인할 수 있는 글이다.

다음에서 볼 수 있듯이 김치선은 신학과 신조에 관하여 서술하는 가운데 개혁파신학의 특징인 삼위일체론 중심의 신학체계가 중요한 것을 특별히 강조하는 것을 볼 수 있다.

> 16세기는 그러면 신학과 신조는 어떠하였느냐? 이것이 문제이다. 보통으로 생각하면 아주 다른 방향으로 흘러 내려간 감이 없지 아니하니 이것은 젊은 신학자 멜랑톤의 말씀을 인용함으로 알 수 있다고 생각된다. 그가 1521년 신교(新教)의 처음 교의학자라고 할 만한 로기 곤무네스를 처음 서술할 때 여기에 소개한 모든 논제는 전부가 구원에 필요한 것뿐이라고 하였다. 그리하여 그리스도의 은혜의 행위에 속한 사건뿐으로 삼위일체론에 대하여 무관심한 것이며, 루터선생 자신도 그러하였다. 1538년 슈마루카루다 조문에 대하여도 신앙의 의(義)에 중심 삼아 비록 천지가 무너져도 일보도 양보 않겠다고 하였으나 삼위일체론에 대하여는 무관심한 것이다.[26]

이 글을 통해서 알 수 있는 것은 김치선은 이미 루터의 신학의 한계가 어디에 있는 간파하고 있다는 것이다. 멜랑히톤과 루터가 독일의 종교개혁을 주도하고 완성한 인물이지만 그들의 신학적 체계가 기독론, 즉 그리스도로서의 복음에 집중하고 있다는 것을 분명하게 지적하고 있다. "소개한 모든 논제는 전부가 구원에 필요한 것 뿐"이라는 지적과 함께 "그리스도의 은혜의 행위에 속한 사건뿐으로 삼위일체론에 대하여 무관심한 것"을 문제로 지적하고 있다. 물론 루터가 탁월한 한 시대의 지도자며 종교개혁을 주도하는 선구자로서의 위치에 있는 것은 분명하지만, 그의 신학적 체계가 가지고 있는 한계가 무엇인지를 간과하지 않고 지적해 내고 있는 것은 우연한 것이 아니라 김치선이 가지고 있는

---

26 김치선, "신학과 신조", 43. 이 글 가운데 표기가 틀리거나 요즘 사용하지 않는 것은 김치선의 표기를 그대로 인용한 것임.

개혁파신학의 식견 때문인 것을 부정할 수 없다.

　계속되는 김치선의 글은 매끄럽지 못함과 난해한 문맥 때문에 해석이 어렵기는 하지만 전체적으로 볼 때, 그가 지적하고 있는 것은 16세기 종교개혁자들의 관심이 구원론, 즉 기독론 중심의 구원문제에 집중하고 있는 것이 특징이라는 것이고, 그러한 특징을 잘 보여주는 것이 멜랑히톤과 루터에게서 확인할 수 있다는 것이다. 그럼에도 불구하고 "종교개혁자들은 정통교의로서의 삼위일체론을 굳게 지키었다는 것만은 분명한 사실이다."[27]고 하면서 그가 이렇게 표현한 것은 두 가지 측면으로 이해할 수 있을 것 같다. 하나는 종교개혁자들의 주된 관심은 기독론 중심의 구원에 있었지만 정통적으로 계승된 삼위일체 신앙에 대해서 부정하지 않고 있다는 것이고, 또 하나는 적극적인 의미에서 개혁파신학을 주도한 개혁자들의 경우는 삼위일체론 중심의 신학적 이해와 체계를 확립하고 있다는 것이다. 그러나 이 짧은 표현에 담긴 김치선의 중심을 헤아리는 것은 사실상 어렵다고 할 때, 그의 표현은 전자에 중심을 둔 것이 아닌가 하는 생각이다. 그렇다할지라도 그가 종교개혁자들 가운데 특히 멜랑히톤이나 루터의 신학에 대해서 기독론 중심의 신학임을 지적한 것은 매우 의미가 있는 것이다. 그러한 식견은 개혁파적 사고를 통해서 가능하기 때문이다. 삼위일체로서의 하나님 이해를 신학의 기본구조로 하고, 삼위일체 하나님을 중심으로 신학체계를 확립하려는 것이 개혁파신학이기 때문에 김치선은 그러한 의식을 가지고 멜랑히톤과 루터의 신학에 있어서 문제가 무엇인지를 지적하고 있는 것이다.

　김치선은 종교개혁자로서 루터나 멜랑히톤이 강조했던 기독론 중심의 구원론을 이해함에 있어서 삼위일체 하나님을 배제한 이해는 불가능함을 분명히 하고 있다. 그러한 의미에서 루터의 신학을 배척하는 글이 아니라 오히려 설

---

27 김치선, "신학과 신조", 43.

명하는 듯한 느낌을 주고 있다. 그러면서 강조하는 것은 삼위일체론을 배제한 구원론은 성립될 수 없다는 것이다. 이렇게 까지 표현할 수 있는 것은 그가 루터 신학의 한계를 알고 있기 때문이었고, 그러면서도 루터의 복음에 대한 열정은 수용하겠다는 의지가 아니었을까 하는 생각이다. 다음은 이에 대한 김치선의 표현이다.

> 과연 제4세기의 관심은 삼위일체론이요. 제16세기의 관심은 구원론이었으나 여기에 우리가 깊이 생각할 것은 삼위일체론은 구원을 떠날 수 없다는 것과 동시에 구원론은 결코 삼위일체론을 떠나서는 설 수 없다는 것이다. 루터선생은 신앙 뿐만으로 은총의 절대성을 보지(保持)하였다는 것은 누구나 다 아는 사실이다. 그런즉 신앙뿐이라는 절대성을 갖고 우리가 생각하면 이것이야말로 진실로 삼위일체론의 구조에 불외(不外)하는 것이다.[28]

이 글은 김치선이 교회사를 통해서 무엇을 읽어내고 있는가 하는 것을 알 수 있게 한다. 중세는 신학활동이 교황의 권위로 대체되었던 시기였기 때문에 신조에 대한 관심은 없었던 시기다. 따라서 신조의 필요성과 중요성을 확인하게 되는 것은 종교개혁과 더불어서다. 그렇기 때문에 종교개혁은 필연적으로 신앙고백서를 작성하고 채택하는 과정을 통해서 각각 완성되었던 것이다. 그러한 의미에서 종교개혁은 교회에 있어서 신조의 위치를 회복시킴과 동시에 발전시켰던 시기로 해석할 수 있다.

다만 김치선이 제기하고 있는 것은 초대교회는 하나님의 본질을 이해하고 정립하기 위한 삼위일체론에 집중했고, 16세기 종교개혁의 지도자인 루터와 멜랑히톤의 경우는 구원론에 집중하고 있음을 지적하고 있다. 그렇지만 루

---

28 김치선, "신학과 신조", 43.
29 김치선, "신학과 신조", 43-44.

터가 삼위일체를 배격한 것은 아니라는 점을 전제하면서도 복음만 강조하고 있는 것을 지적하고 있는 것에 유의해야 할 것이다.

동시에 김치선은 루터가 집중하고 있는 구원론을 지적하면서도 "우리가 깊이 생각할 것은 삼위일체론은 구원을 떠날 수 없다는 것과 동시에 구원론은 결코 삼위일체론을 떠나서는 설 수 없다는 것이다."고 한 것에 주의해야만 한다. 그는 구원론을 이해함에 있어서도 기독론 중심으로만 볼 때 발생하게 되는 문제를 인식한 것으로 볼 수 있기 때문이다. 이신칭의론을 근본으로 하는 복음을 이해함에 있어서 삼위일체론 중심의 구원론을 말하지 않을 때, 구원은 결과적으로 인간의 종교적 노력의 산물로 전락할 수밖에 없기 때문이다. 그러므로 그는 구원을 말함에 있어서 반드시 삼위일체론을 전제하지 않는다면, 구원은 은혜가 될 수 없다는 사실을 지적하는 것이다. 그러한 의미에서 개혁파신학은 구원론을 말함에 있어서 기독론 중심으로 보지 않고 반드시 삼위일체론을 중심으로 보는 것이 특징이고, 이것이야말로 정통기독교의 신학적 입장인 것이다.

이어지는 표현을 빌리자면 그의 신학은 삼위일체론 중심의 신학체계를 이해하고 있는 개혁파사상임을 분명히 알 수 있다. 즉

> 구원론은 삼위일체론 이외에는 전개할 수 없는 것이다. 삼위일체론은 구원론과 결합할 때 뿐만 생명과 힘이 넘치게 되는 것이다. 이제 복음이란 삼위일체론 이외에는 자기의 자태를 나타낼 수 없는 것이다. 삼위일체론과 구원론은 서로 떠날 수 없는 것으로 만나서 결합할 것이다. 이것이 본래적으로 결합하여 있을 것이다. 복음이 갖는 유일의 이해는 삼위일체론이다. 다른 어떠한 논리도 여기에 대할 것은 없다. 삼위일체론은 어디든지 삼위일체론의 유일 현실은 복음이다. 삼위일체론은 세계의 구조가 아니고 복음의 구조이다. 이와 같이 삼위일체론과 구원론은 밀접 불가분의 것이다. 오늘 20세기에 처한 우리에게 올 과제는 삼위일체론과 구원론의 완전한 결합이 아닌가 한다.[29]

여기서 강조하고 있는 것은 구원론과 삼위일체론을 분리해서 생각할 수 없다는 것이다. 특히 "복음이 갖는 유일의 이해는 삼위일체론이다."는 표현은 삼위일체론을 배제한 구원론은 성립할 수 없다는 것이다. 이것은 구원을 위한 하나님의 신적작정을 전제한 구원론의 이해가 아니라면 결코 전적 은혜에 의한 구원론은 이해될 수 없는 것이라는 말이다. 또한 그 은혜가 성령님의 사역을 통해서 적용되지 않고서는 결코 인간의 종교적 노력에 의해서 구원에 이를 수 없다는 것을 전제하는 삼위일체론을 중심으로 하는 신학의 이해만이 하나님의 주권과 전적인 은혜에 의한 진정한 이신칭의교리가 확립된다는 말이다.

이어서 "삼위일체론은 세계의 구조가 아니고 복음의 구조이다. 이와 같이 삼위일체론과 구원은 밀접 불가분의 것이다."고 한다. 이것은 복음을 이해함에 있어서 삼위일체론을 전제하지 않으면 안 된다는 것이다. 즉 삼위일체론 중심의 구원론이해가 아니라면 은혜로서 구원과 믿음을 달리 설명할 길이 없어지기 때문이다. 그러므로 구원론은 전적으로 삼위일체론 중심으로 이해하고 정립해야만 한다는 그의 주장은 정통 기독교, 즉 개혁파 입장의 구원론을 분명하게 확인시켜주는 것이다. 따라서 그는 "삼위일체론과 구원은 밀접 불가분의 것"이라고 못을 박는다.

그와 함께 "20세기에 처한 우리에게 올 과제는 삼위일체론과 구원론의 완전한 결합이 아닌가 한다."고 함으로써 20세기 교회가 직면하게 될 것이 무엇이며, 그것을 극복할 수 있는 대답을 하고 있다는 것에 주목해야 하고, 그의 선각적 견해에 대해서 충분한 이해가 필요하다. 결국 20세기에 성황을 이룬 복음주의(엄밀한 의미에서 신복음주의)가 가지고 있는 기독론 중심의 복음이해(구원론)가 교회에 미칠 영향에 대한 염려를 하고 있으며, 그것을 경계하는 것으로 정리하고 있다.

재생(거듭남)이란 전부 하나님의 주권에 달려있는 때문이니 여기 하나님은 삼위일체의 하나님을 의미하는 것으로 생각한다. 다시 말하면 삼위일체의 하나님으로부터 난자가 곧 재생한 자라고 믿는 바이니 이러한 점에서 우리는 먼저 삼위일체의 하나님에 대하여 고찰하는 것이 그 큰 역사를 알 수 있는 방법이라고 생각한다.[30]

이 글은 김치선이 복음의 개념을 정리하면서 설명하고 있는 것으로 복음을 철저하게 삼위일체론을 중심으로 이해하고 있는 것이다. 동시에 이 사실은 믿음과 거듭남의 시점에 대한 개혁파신학의 입장을 분명히 하고 있다. 믿음과 거듭남의 시점이 삼위일체 하나님의 영원한 작정과 주권적 의지에 있고, 그 전적인 은혜로 인하여 믿음으로 고백함으로 의에 이른다고 하는 정통신학적 이해가 그의 복음이해에 있어서 확고하게 담겨있다는 사실은 그의 신학에 대한 적극적 이해가 필요하다는 생각이다.

어떠한 의미에서 이러한 그의 견해는 당시의 상황이나 신학적 수준을 통해서 볼 때 가히 선각적 식견이라고 하기에 충분하다. 따라서 많이 늦었지만 이제라도 그의 사상을 재고하는 것은 의미가 있고, 매우 필요한 것이다.

5. 은혜의 절대성에 입각한 개혁파신학

김치선은 "신학과 신조"라는 글 통해서 결정적으로 기독교의 복음에 대해서 적확(的確)하게 설명하고 있다. 단 몇 줄에 불과한 표현이지만 그러한 표현을 할 수 있다는 것은 개혁파신학에 대한 이해가 없이는 불가능한 것으로서 그의 사상을 알 수 있게 한다. 짧은 글에서 가장 길게 할애해서 강조한 것은 삼위일체론 중심의 구원론 이해이다. 그의 주장대로 삼위일체론 중심의 구원론을 설명하는 과정에서 반드시 동반되는 것이 은혜의 절대성이다. 즉 구원은 전적

---

30 김치선, 『복음의 진수』(서울: 대한예수교장로회총회 출판국, 1960), 118.

으로 하나님의 은혜에 의한 것임을 말한다.

하지만 현대자유주의와 복음주의는 복음을 강조하면서도 은혜의 절대성에 대해서는 오히려 부정적이다. 그들은 인간의 종교적 응답 내지는 책임을 강조하면서 은혜의 계발을 강조하고 있다. 이에 대해서 김치선이 은혜의 절대성을 전제로 한 복음이해가 아니면 복음은 왜곡될 수밖에 없다는 사실을 분명하게 천명하고 있다는 것은, 그가 기본적으로 개혁파신학에 뿌리를 둔 사상을 정립했음을 알 수 있다. 왜냐하면 정통기독교회로서 개혁파신학은 은혜의 절대성을 전제한 구원론을 말하고 있기 때문이다.[31]

김치선이 그의 글에서 다음과 같이 은혜의 절대성을 전제로 한 구원론 이해를 말하고 있으며, 그것은 20세기 교회와 신학이 직면한 문제로 인식하고 있다는 점에서 주의 깊게 살펴보아야 할 것이다. 즉

> 20세기 신학은 어디에 근거를 두어야 하겠느냐? 여기에는 현대자유주의가 너무도 극단에서 횡행을 하는 것으로 보아 우리는 주저할런지 알 수 없으나 반드시 은총의 절대성을 강조하는 신학들이 반드시 나타나야 하겠다. 은총에 대한 주체의 응답은 신앙이다. 은총의 절대성이란 어떤 것인가? 이것은 은총을 전부로 하는 것인데, 즉 은총뿐이라는 것이다. 그런즉 이것이 즉 삼위일체론에 귀착하는 것이라고 생각한다.[32]

---

31 신복윤, 『개혁주의신학의 특성들』(수원: 합신출판부, 2007); 牧田吉和, 『개혁파신앙이란 무엇인가?』, 104. 마키다 요시카즈는 다음과 같이 은혜의 절대성과 구원의 관계를 설명하고 있다. "개혁파의 경우 종교개혁의 유산인 예정론을 시종일관 간직할 수 있었던 것은 · · · 루터파의 경우와 같이 '나의 구원'이라는 인간론적, 구원론적인 관심, 좀더 구체적으로 표현하자면 이신칭의론을 기점으로 하지 않고, 오히려 신론을 기점으로 하는 하나님의 주권성과 자유, 그리고 하나님의 영광을 어디까지든지 확보하려는 점에 있다. 개혁파 신앙의 하나님 중심적인 유추야말로 예정론을 견고하게 하며 구원의 절대적 은혜성을 철저하게 유지시킬 수 있는 근본적인 이유가 있다."
32 김치선, "신학과 신조", 44.

는 것이다. 이 글을 통해서 알 수 있는 것은 믿음과 구원에 있어서 전적인 은혜를 부정하는 현대자유주의가 득세하는 가운데 영향을 미치고 있기 때문에 개혁파교회는 이에 대한 분명한 입장을 정립해야 한다는 것을 주문하고 있다. 그러면서 그는 "반드시 은총의 절대성을 강조하는 신학이 나타나야 하겠다."고 한다. 이것은 그의 신학적 확신에 의한 것이며, 그 근본은 곧 개혁파신학에 뿌리를 둔 그의 입장인 것이다. 은총의 절대성을 배제한 구원론 이해는 복음을 부정하는 것과 같다고 보는 것이다. 때문에 "은총의 절대성을 강조하는 신학이 반드시 나타나야 하겠다."는 것은 개혁파의 신학적 사명을 강조하는 것이기도 하다.

"은총에 대한 주체의 응답은 신앙이다."는 표현은 신앙에 대한 그의 이해를 알 수 있게 한다. 즉 펠라기우스(Pelagius) 이후에 오늘날까지 정통신학과 대립하는 신학의 체계는 믿음의 시점(출발점)에 대한 입장의 차이가 평행선을 이루고 있다. 그러한 의미에서 김치선의 이러한 표현은 개혁파 입장의 은총론을 분명하게 밝히고 있다. 다시 말하면 믿음의 시점이 인간에게 있는가, 아니면 하나님께 있는가 하는 문제인데, 김치선은 이에 대해서 "은총"에다 두고 있음을 알 수 있다. 그리고 절대 은총으로 귀결시킬 수 있는 것은 은총이 삼위일체 하나님을 통해서만 가능하다는 것이다. 따라서 그가 이해하고 있는 믿음은 인간 자신의 종교적 인식과 노력의 산물이 아니라 믿음까지도 하나님으로부터 주어진 전적인 은혜라고 하는 것이다. 이 사실을 분명하게 천명하는 표현이기 때문에 이렇게 말할 수 있는 것이다. 즉 그의 입장은 신앙은 인간의 종교적 인식과 노력의 산물이 아니라 하나님의 은총에 대한 고백(응답)으로서 믿음이라는 것이다.

이것은 일반적으로 말하는 이신칭의론에 대한 이해의 차이에서 나타나는 신학적 흐름을 보여준다. 때문에 믿음의 시점을 어떻게 볼 것인가는 신학적 입장을 다르게 하는 결정적인 기준이 되기 때문에 중요하다. 즉 믿음으로 의롭게 된다고 할 때, 믿음은 단지 인간의 종교적 확신과 노력을 의미하는 것인가

하는 문제다. 그렇게 본다면 이때 믿음은 인간의 종교적 선택과 노력이 된다. 반면에 인간은 전적인 타락으로 인해서 하나님에 대한 인식조차 할 수 없는 존재인 것을 전제하는 신학적 의식을 가지고 있는 개혁파신학은 믿음까지도 전적으로 하나님의 은혜로 주어지는 것으로 본다. 그렇다면 하나님의 은혜가 없는 믿음과 구원은 이해할 수 없으며, 동시에 믿음까지도 전적인 은혜의 결과이기 때문에 믿음은 하나님의 은혜에 대해서 깨달음과 함께 그 은혜를 전적으로 고백하는 것이다.

이에 대해서 김치선이 남긴 몇 안 되는 글 가운데, 특히 에베소서주해를 참고해 보면 "은총에 대한 주체의 응답은 신앙이다."고 한 그의 생각이 어떤 의미를 담고 있는 것인지를 알 수 있다. 즉 에베소서 2장 8-9절에 대해서 설명하면서 다음과 같이 말한다.

> 은혜란 결코 自己의 공적이 전연 없는 것이니 만일 값을 내고 얻으면 그것은 은혜 될 것이 없다. 그러므로 그저 받는 까닭에 선물인 것이다. 기독교는 은혜의 종교라 하는 것은 우리의 공로가 상관되지 않고 선물로 받는 까닭이다.[33]

여기서 그는 기독교가 은혜의 종교라고 할 때 그 은혜가 무엇인지를 설명하고 있다. 즉 기독교가 은혜의 종교일 수 있는 것은 믿음과 구원이 전적으로 은혜로써 주어지는 열매로 인식하고 있다. 그러므로 믿음의 주체자는 분명히 인간이지만 인간 자신이 스스로 하나님을 인식할 수 있는 능력이나 자격을 가지고 있지 않다는 사실을 간과해서는 안 될 것이다. 인간이 하나님을 아는 것과 그 하나님께 대한 믿음을 고백할 수 있는 것은 종교적 경험적 수고를 통한 열매가 아니다. 하나님의 전적인 은혜를 통해서 하나님을 알고 믿음을 고백할

---

33 김치선, "에베소서 註解"『김치선 목사의 글 모음집』.

수 있게 된다는 것이다. 이러한 입장은 구원에 있어서 전적인 은혜를 고백하는 개혁파신앙의 전형이다.

그는 같은 글에서 다음과 같이 은혜의 절대성에 대해서 설명하고 있다.

… 믿음이란 우리의 자신에 나는 것이 아니오 또한 우리의 행하므로 되는 것도 아니라 그러므로 어떤 이는 말하기를 믿음은 行하므로 되는 것이 아니오. 또한 공적으로 되는 것이 아니라 다만 은혜를 받은 혹은 입은 방법인고로 믿음으로 말미암아 하나님의 선물을 얻는 것이니라 한다. 그리하여 어떠한 이는 여기에 주시는 하나님의 선물은 순전히 하나님의 위대한 역사로 말미암아 이루어진 것을 선물로 준 것이라고 한다.[34]

여기서 강조되고 있는 것은 믿음의 시점, 즉 믿음의 시작이 인간에게 있지 않다는 것이다. 이신칭의를 말할 때 인간에게 믿음을 요구하게 되고, 그 믿음을 조건으로 의롭다함을 얻는다고 말한다면 결국 기독교는 은혜의 종교가 아닌 것이 된다. 믿음이 조건이 되기 때문이다. 이 조건은 결과적으로 인간의 종교적 결단과 의지를 요구하는 것이기 때문이다. 이에 대해서 개혁파의 입장은 이 믿음을 인간의 종교적 행위나 의지에서 시작된 것으로 보지 않고, 하나님의 선물이라고 본다. 즉 믿음까지도 은혜로서 선물이라는 것이다. 따라서 그는 "하나님의 선물은 순전히 하나님의 위대한 역사로 말미암아 이루어진 것을 선물로 준 것이라고 한다."고 함으로써 믿음의 출발이 인간으로부터가 아니라 하나님으로부터임을 분명히 하고 있음으로 믿음과 구원의 관계를 하나님의 전적인 은혜로 이해하고 있다.

이러한 사실은 이어지는 그의 설명에 잘 나타나있다. 즉

---

34 김치선, "에베소서 註解"『김치선 목사의 글 모음집』.

우에서 해석한 대로 우리에게서 구원이 난 것이 아니다. 또한 우리의 일, 즉 선행이나 사업이나 봉사의 일까지라도 구원에는 전부 부인하나니 이것은 은혜의 선물인 까닭이다. 과연 "이는 혈기로 난 것도 아니오 정욕으로 난 것도 아니오 사람의 의로 된 것도 아니라 오직 하나님께로 난 것이다(요.1:13). …그러므로 우리는 조금도 자랑할 것이 없는 것을 깊이 알아야 하겠다.[35]

　　구원은 은혜의 선물이기 때문에 인간의 종교적 노력이나 선행, 비록 믿음일지라도 그것이 구원과 관련해서 어떤 조건일 수 없다는 것이다. 구원이 하나님의 선물인 한 어떤 종교적 행위도 조건이어서는 안 된다는 의미이다. 그러므로 "우리는 조금도 자랑할 것이 없는 것을 깊이 알아야 한다."는 것이다. 종교개혁과 함께 재확인된 이신칭의 신앙은 복음을 믿는 사람들에게 당연한 것이지만, 믿음의 주체 내지는 믿음의 시점(始點)의 문제를 생각할 때는 입장이 달라진다는 사실을 생각하게 되면, 왜 전적인 은혜를 말해야만 하는지를 분명히 하게 될 것이다.

　　끝으로 "신학과 신조"에서 은총의 절대성에 대해서 정리하고 있는 것을 인용하고자 한다.

　　　제4세기에 삼위일체론을 복음의 발견이라고 하면, 제16세기의 종교개혁은 복음의 재발견이라고 할 수 있다. 그런즉 오늘 20세기에 와서는 이것이 역사적 사실이라는 것을 알 수 있다. 그러므로 복음의 인식, 즉 복음뿐으로만 될 수 있다는 것이니, 여기에 은총의 절대성의 사실을 증거할 수 있는 것이다.[36]

　　앞에서 삼위일체론을 중심으로 한 복음이해를 주장했던 그는 초대기독

---

35 김치선, "에베소서 註解"『김치선 목사의 글 모음집』.
36 김치선, "신학과 신조", 44.

교회의 신학적 논쟁의 핵심을 복음이해로 정리하고 있다. 이것은 주지의 사실로 초대기독교회가 가장 고민했던 것은 기독론 정립이었고, 그 연장선에 삼위일체론이 있었다. 그러나 삼위일체론과 기독론은 분리해서 이해할 수 없는 것이기에 기독론 이해와 삼위일체론은 함께 있는 것이다. 김치선은 이에 대해서 "삼위일체론을 복음의 발견"이라고 정리하고 있다. 따라서 초대기독교회가 정립한 삼위일체론 중심의 복음이해가 재확인되는 것이 16세기 종교개혁이라고 정의한다.

그러한 의미에서 20세기에 와서 그 사실을 확인하는 것은 당연하다는 결론이다. 즉 오늘날 복음을 이해함에 있어서 삼위일체론 중심으로 이해하는 것은 당연하다는 것이고, 그 의미는 하나님의 전적인 주권과 전적인 은혜를 전제한 복음을 말하는 것이며, 그러한 복음이해는 삼위일체론 중심의 복음이해와 같다는 것이다. 정통기독교회의 복음이해가 삼위일체론을 중심으로 이해할 때 전적인 은혜, 혹은 은혜의 절대성을 말하는 것은 당연한 귀결인 것이다. 그러므로 복음을 이해함에 있어서 "은혜의 절대성"을 강조하는 김치선은 개혁파의 신학적 입장을 분명하게 가지고 있음을 알 수 있다.

또한 그의 이러한 주장은 그가 서술한바와 같이 결코 새로운 것이 아니라 4세기로부터 정립된 정통 기독교회의 신앙을 재확인하는 것이며, 역사적 기독교회의 신앙과 전통을 계승하는 입장이기 때문이다. 이러한 사실은 삼위일체론 중심의 복음이해는 은혜의 절대성을 전제하는 것이며, 또한 삼위일체론 중심의 복음이해만이 복음에 대한 완전한 이해가 가능하다는 것이다. 따라서 그가 삼위일체론 중심의 복음을 주장하는 것은 곧 전적인 은혜를 전제하는 복음인 것이다. 기독론이나 성령론 중심의 복음이해가 가지는 한계를 조금이라도 확인한다면, 삼위일체론 중심의 복음이해의 필요성과 중요성을 강조하지 않을 수 없다.

이렇게 볼 때 김치선이 말하고 있는 은혜의 절대성은 그의 개인적인 견해가 아니라 역사적 정통신학의 재확인이고, 그것은 곧 개혁파신학의 계승인 것이다. 또한 그가 은혜의 절대성을 강조하는 것은 루터주의와 오늘날 복음주의가 가지고 있는 믿음의 시점(始點)에 대한 이해의 문제를 인식한 것이라고 할 때, 그의 개혁파신학에 대한 식견을 인정해야 한다.

6. 나가는 말

끝으로 그는 짧은 "신학과 신조"라는 글을 마무리하면서 남기는 말을 통해서 개혁파신학의 체계를 통한 교회형성과 신학교 운영의 문제, 그리고 교회의 성장에 대해서 분명히 하고 있다는 것에 유의해야 할 것이다.

> 불변의 신조를 토대로 신학을 수립하여 한국 아니 세계 교계에 공헌하려는 것이 우리 신학교의 정신이 되지 않아서는 안 된다. 또한 우리는 이 정신 하에 신학교를 경영하지 않으면 안 될 것이다. 또한 우리는 이 정신 하에 삼천만뿐만 아니라 세계 인류에게 이 복음을 전하여야 할 것이다. 신학은 신조를 토대로 하지 아니하면 완전한 신학이 될 수 없고, 신조는 신학을 통하여서 비로소 완전한 진리를 드러낼 수 있는 것을 누구나 알 수 있다. 그런 고로 우리는 완전한 신조를 가져야 하고, 이것을 토대로 하여 그리스도의 교회를 설립하며, 유지하며, 발전과 향상하며, 큰 부흥운동을 일으켜 하나님 나라를 건설하여야 할 것이다.[37]

이 글을 통해서 다시 한 번 그의 신학사상은 철저한 개혁파인 것을 알 수 있다. 이 글에서 그는 신학과 신조의 관계를 불가불리의 관계로 확인하고 있다. 또한 신조를 통한 신학의 발전과 전개를 말하고 있는 것은 교회적 신학이라고

---

37 김치선, "신학과 신조", 44.

하는 개혁파신학의 입장을 다시 확인하고 있다. 게다가 신학교의 운영과 교회 형성은 물론 유지, 발전, 부흥에 이르기 까지 철저하게 신조에 기초한 것이어야 함을 강조하고 있다는 것은 지나칠 수 없는 사실로서 그의 신학적 관점이 어디에 있는지 알 수 있게 한다. 이는 신학교 운영과 교회형성과 성장의 원리까지도 신조를 기초로 해야 한다는 그의 신학적 입장이다. 그러기 위해서는 "완전한 신조"를 반드시 가지고 있어야 한다는 것이다. 여기서 그가 말하고 있는 "완전한 신조"라고 하는 표현은 이해하기 난해하기는 하지만, 교회적 신학으로 확인하는 신조, 즉 역사적 기독교회의 정통신학을 담은 신조를 의미한다고 생각하면 틀리지 않을 것이다.

결론적으로 그의 "신학과 신조"라고 하는 글에서 확인할 수 있는 그의 사상은 개혁파신학인 것을 부정할 수 없다. 물론 하나의 글을 통해서 그의 사상 전체를 논하는 것은 한계가 없지 않지만, 최소한 마무리 부분에서 그가 밝히고 있는 것을 통해서 볼 때, 그는 분명한 개혁파신학의 식견을 가지고 있고, 그것을 신학교와 교회에 적용해야 한다는 주장하고 있는 것을 부정할 수 없다. 앞에서 살펴본 바와 같이 짧은 글이지만, 개혁파신학의 핵심사상을 담고 있다는 것을 인정한다면, 늦었지만 그의 사상에 대한 이해가 필요하다. 또한 더 적극적으로 그의 사상에 대한 심화된 연구가 필요하다는 것을 과제로 남긴다.

참고문헌

간하배.『한국장로교신학사상』, 서울: 개혁주의신행협회, 1997.

金良善.『韓國基督教解放十年史』, 서울: 대한예수교장로회 종교교육부, 1956.

김치선.『복음의 진수』, 서울: 대한예수교장로회총회 출판국, 1960.

김치선. "基督教의 本質"「김치선 목사의 글 모음집」, 안양대학교 신학연구소, 1998.

곽미숙.『삼위일체론 전통과 실천적 삶』, 서울: 대한기독교서회, 2009.

손다윗.『김치선의 지도력』, 서울: 圖書出版 總神, 2004.

신복윤.『개혁주의신학의 특성들』, 수원: 합신출판부, 2007.

조석만.『기독교신학서설』, 안양: 대한신학대학원대학교, 2009.

최덕성.『개혁신학과 창의적 목회』, 서울: 본문과 현장사이, 2005.

허순길.『한국장로교회사』, 서울: 대한예수교장로회 총회출판국, 2002.

牧田吉和.『개혁파신앙이란 무엇인가?』, 이종전 역, 인천: 아벨서원, 2010.

Calvin, John.,『칼빈의 기독교신앙안내』, 조석만 역, 시흥: 도서출판 지민, 2010.

Bavinck, Hermann.,『하나님의 큰 일』, 김영규 역, 서울: 기독교문서선교회, 1984.

Allen, R. Michael., *Reformed Theology*, London: T&T Clark International, 2010.

Meeter, Henry., *The Fundamental Principle of Calvinism*, Grand Rapids: Zondervan Publishing House, 1930.

Pelikan, Jaroslav., *The Christian Tradition*, Chicago: The University of Chicago Press, 1975.

Little, Sara,.『改革教會の信仰』, 田代忠男 譯, 札幌: 一麥出版社, 1998.

渡辺信夫.『カルヴァンの教會論』, 札幌: 一麥出版社, 2009.

김치선. "신학과 신조"「우물」 창간호(1992)

벨직신앙고백서 30, 31, 32장

스코틀랜드신앙고백서 16, 20장

웨스트민스터신앙고백 제25장

제2스위스신앙고백 17, 18장

제7장

'복음의 진수'에 나타난
김치선의 사상

1. 들어가면서

지금까지 김치선과 그의 신학에 관한 연구는 제한적으로 있어왔다. 한국 교회사에서 그의 위치를 생각할 때 지나칠 수 없음에도 불구하고 그에 대한 관심이 상대적으로 적었던 탓일 것이지만, 결과적으로 그와 관련한 역사를 잇고 있는 대신교단이나 안양대학에 속한 사람들 이 외에는 사실상 관심의 대상이 되지 못했기 때문이다. 따라서 지금까지 김치선과 관련해서 연구된 결과물들도 대부분 안양대학교와 대신교단에 속한 학자들에 의해서 만들어진 것이 거의 전부라고 할 수 있다. 혹 그 밖의 경우가 있다면 남대문교회와 관련한 연구물 가운데 김치선이 언급되는 것 정도일 것이다.[1]

그러한 의미에서 이번(2021년) 한국개혁신학회가 김치선에 관하여 관심을 갖고 연구할 수 있는 기회를 만든 것은 그동안 관심의 대상이 되지 못했던, 그러나 한국교회사에서 잊혀져서는 안 될 김치선과 그의 신학적 영향에 대한 관심과 이해를 갖게 하는 기회가 되었다는 것은 의미있는 일이다. 특별히 한국

---

1   지금까지 발표된 연구물들은 안양대학교 신학연구소에서 발행하는 「신학지평」 제13집(2000)에서 김치선을 특집으로 다룬 연구물들, 즉 강경림, "김치선 목사의 반우상숭배론," 이은선, "김치선 목사의 국가관," 한성기, "김치선 목사의 신학사상," 이은규, "김치선 목사의 교육사상," 김재규, "김치선 목사의 설교," 등이 있고, 「신학지평」제23집(2010), 121~161.에 이은선, "김치선 목사의 개혁파부흥운동"; 전성한, "한국교회의 해방 전후사 인식(I)," 「신학과 목회」 제28집(2007); 한성기, "고봉 김치선과 大神 – 그의 신학과 사상을 중심으로 한 이해," 「대한논총」 제2호(2009); 이상규, "김치선 박사의 한국교회사적 의의," 「대한논총」 제2호(2009), 293~318; 이종전, "삼백만부흥운동에 나타난 김치선의 신학사상," 「대한논총」제2호(2009), 349~382; 이종전, "신학과 신조에 나타난 김치선의 신학사상," 「대한논총」제3호(2011), 235~264; 이종전, "삼백만부흥운동의 성격과 실체에 관한 연구," 「개혁논총」제22권(2012), 233~264; 이종전, "김치선과 삼백만부흥운동의 의의," 「개혁논총」제39권(2016), 161~197; 이종전, "해방 후 김치선의 사역과 그의 신학," 「대신미래목회연구소 제9차 세미나 자료집」(2019), 30~58; 유종필, "김치선 박사의 에베소서 강해에 나타난 신

교회의 부흥운동사 내지는 민족복음화운동사에 있어서 그의 역할은 반드시 인식되어야 할 것인데, 그렇지 못한 채로 왔다는 것은 매우 아쉬운 일이다. 즉 1945년 해방과 함께 김치선의 주도로 전개했던 "삼백만부흥운동"은 한국교회의 부흥운동사와 민족복음화운동사에서 결코 지나칠 수 없는 일이지만, 사실상 잊혀진 채로 지금까지 지내오고 있는 것이 현실이다.[2]

특별히 이번 기회에 필자가 관심을 가진 것은 김치선의 저작물 가운데 졸업논문 이외의 첫 번째 출판물인 <복음의 진수>라고 하는 문서이다. 크지 않은 책이지만, 그가 내놓은 첫 번째 책이라는 의미에서 그의 신학적 관심과 열정이 담긴 것으로 보아 특별히 관심을 가지고 살펴보았다. 또한 많지 않은 그의 책들 가운데 유일하게 해방 이전에 출판되었고, 해방 이후에 재판을 발행한 책이라는 점도 관심을 갖게 했다. 또 하나의 이유는 책에 담긴 내용이 신학생만이 아니라 목회자들이나 일반신자를 향한 메시지라는 것과 당시 신학계와 한국교회의 신학적 정황을 해석한 김치선의 입장을 읽을 수 있기 때문이다.

따라서 이 글은 <복음의 진수>에 담긴 김치선의 신학적 입장과 그의 관심을 해석해 내는 작업에 국한된 것이다. 그러한 의미에서 이 글은 지극히 제한된

학사상," 『대신미래목회연구소 제9차 세미나 자료집』(2019), 13~29. 등이 있다. 이밖에 필자가 정리하지 못한 몇 편의 글이 더 있는 것을 알고 있다. 그러나 대부분 안양대학과 대신교단에 관련된 학자들의 글이다. 한국교회사나 교회사 사전에는 김치선과 그의 삼백만부흥운동에 관한 사실을 다루고 있는 것도 사실이기에 그와 삼백만부흥운동에 대한 연구가 없다는 것은 왜일지? 즉 박용규, 『한국기독교회사 2』(서울: 생명의 말씀사, 2006), 844~46; 편집부, 『기독교대백과사전 8』(서울: 기독교문사, 1982), 782. 등을 보면 이 운동에 대한 정보를 알고 있는 것은 분명하지만 정작 이에 대한 관심이나 연구는 없다는 것이다.

2   이에 관해서는 필자의 拙稿를 참고하라. 한국교회의 부흥운동, 복음화운동을 연구한 글들 가운데서 김치선과 삼백만부흥운동에 관한 언급은 전혀 찾아볼 수 없다. 禹完龍, 『韓國敎會 復興運動의 歷史와 神學』(서울: 도서출판 고도, 1992).

범주의 글에서 김치선을 이해하려는 한계를 갖고 있음을 전제한다. 그럼에도 그의 글에 담긴 내용은 오늘날에도 여전히 필요로 하는 분석과 설교자로서 갖춰야 할 신학적 소양, 그리고 목회자의 관심이 어디에 있어야 하는지에 대한 메시지를 담고 있다는 의미에서 연구의 가치가 있다고 할 수 있다. 또한 지금까지 <복음의 진수>를 직접 분석한 글이 없었다는 의미에서 그의 신학을 이해할 수 있게 하는, 그리고 그가 남긴 신학적 유산에 대해서 이해할 수 있는 기회가 되었으면 하는 기대감도 없지 않다.

다만 지금까지 이 책에 대한 연구가 전혀 없었기 때문에 필자의 이해가 주관적일 수 있다는 점이 조금 더 객관적인 해석을 필요로 하는 상황에서 조심스러운 마음이다. 이것은 앞으로 김치선의 신학에 대한 관심과 짧았지만 한국교회사에서의 그의 공헌에 대한 이해가 추가되는 과정에서 검증되고 연구의 진보가 있기를 기대하는 바이다.

2. <복음의 진수>의 의미

1940년, 아직 한글로 읽을 수 있는 신학서적이 귀했던 시대, 그리고 일제에 의해서 한글사용의 제한이 점차 거세지는 시점에서 출판된 <복음의 진수>는 일반 역사에서도 나름의 의미를 갖는다고 할 수 있다. 특별히 그리스도인들이 신앙서적을 대하기 쉽지 않았던 시기에 신학생이나 목회자, 일반신자들에게 한글로 '복음'에 대한 이해를 도울 수 있는 글을 대하게 한 것이라는 점에서 귀하다고 할 수 있다. 게다가 김치선이 책의 제목을 <복음의 진수>라고 한 것은, 이 책에서 분명한 신학적 문제의식을 전제한 것임을 쉽게 발견할 수 있다는 점에서 그의 신학사상을 이해하기 위한 열쇠가 될 수 있다고 생각한다.

즉 그는 서문에서 "복음이란 말은 근년에 이르러 일종의 유행어로 화하여 그 진의를 잃어버렸다. 뿐만 아니라 직접 강단생활에 종사하는 자들 가운데에도 이를 오용하여 기독교의 진리를 떠나 기로에서 방황하는 자 그 얼마나 되는

지 알 수 없다."[3]고 쓰고 있다. 여기서 그의 문제의식과 함께 그가 제시하고자 하는 복음을 주목하게 한다. 즉 그는 교회나 신학계에서 '복음'이라는 단어를 사용하고 있으나 그 '진의'를 잃어버린 상태로 오용하고 있다는 것이고, 현장의 목회자들도 '복음'이라는 말을 사용하고 있으나 바르게 이해하지 못한 상태에서 사용하고 있는 것을 지적하고 있다.[4]

이러한 그의 당시에 있어서 복음에 대한 의식은 현재에도 달라지지 않은 상태라는 것을 생각할 때, 한국교회사에서, 그 중에서도 개혁파 신앙을 계승하는 교회들에 있어서 이 글은 선각자적인 가르침이라는 의미를 갖기에 충분하다고 할 수 있다. 물론 현대신학의 출발점에서 이미 복음에 대한 이해의 변질과 성경의 권위에 대한 도전이 시작되었던 것[5]이지만 한국교회를 위한 그의 가르침은 현재에 있어서도 중요하고 필요한 것이다. 그가 이 책에서 복음을 재확인하면서 제시하고 있는 것은 복음의 역사성과 성경의 절대적 권위를 전제로 한 것으로서, 이미 그의 신학연구의 과정에서 형성된 사상이 담긴 것임을 알 수 있다. 즉 그는 최종학위 논문을 "모세오경의 저작권"에 대한 정통적인 입장을 견지하는 내용으로 썼는데, 여기서 그는 성경의 무오와 신적 권위를 확인하면서

---

3 김치선, 『복음의 진수』(서울: 대한예수교장로회 총회 출판국, 1960), i.
4 이에 대해서는 이 책 17~31페이지에서 비복음과 비복음적인 것들을 소주 제로 다루고 있는데, 지극히 실제적인 문제들을 제시하면서 설명하고 있다.
5 영국에서 일어난 자연신론(Deism)과 유럽대륙의 Hermann Samuel Reimarus를 이어서 David F. Strauss, H. Holtzmann, J. Renan에 의해서 이어지는 성경의 권위와 복음의 성격에 대한 부정과 왜곡은 20세기로 이어진 신학적 논쟁의 중심에 성경연구가 있고, 현대신학은 성경을 신화로 해석하도록 만들어갔다. 이에 대한 한국신학계의 명저로서는 김의환, 『現代神學概說』(서울: 개혁주의신행협회, 1889); 김의환, 『挑戰받는 保守神學』(서울: 생명의 말씀사, 1970); 조석만, 『現代神學』(서울: 성광문화사, 1980), 김영한, 『現代神學의 展望』(서울: 대한기독교서회, 1984) 등이 있으며, 직접적으로 성경의 비판적 연구에 대한 문제를 분석하고 정통신학적인 입장에서 정리한 것으로는 박형용의 『福音批評史』(서울: 성광문화사, 1985)가 있다.

동시에 그 문제를 극복 할 수 있는 신학적 이해를 기술하고 있다.[6]

따라서 그가 이 책에서 일관되게 확인하고 있는 것은 복음으로서 세상에 오신 그리스도와 그분의 생애와 사역, 그리고 죽음과 부활까지 모두 역사적인 사실이라는 것이다. 역사적 사실로서 그리스도를 확인함으로써 복음을 관념적, 종교적, 도덕적 교훈으로 해석하려는 현대신학의 시도들에 대해서 비판과 경계를 동시에 한다. 즉 그는 감정, 경건, 실존, 실천, 도덕 등과 같은 단어로 표현하는 복음이해에 대한 현대신학의 관점은 복음이해의 왜곡이라는 입장에서 비판하고 있는 것을 알 수 있다. 그는 이러한 왜곡이 있게 되는 요인으로 "기독교를 자기중심으로 사고하려는 것이겠고, 다른 하나는 도덕을 중심으로 하여 사색하여 보려는 것"이라고 한다.[7] 이것은 역사적 사실로서 예수님을 부정하는 입장에서 복음에 대한 주관적 해석(감정, 관념, 실존)과 도덕적인 교훈으로 극복하려고 하는 현대신학의 경향에 대한 문제를 의식한 서술임을 밝히고 있는 것이다.

그런가 하면 그는 '복음'을 확인하면서 신학자들의 문제만이 아니라 목회현장, 특별히 부흥회를 인도하는 사람들에 의한 복음의 왜곡에 대해서도 매우 심각한 문제로 의식하면서 이 글을 쓰고 있다. "그들(부흥회 인도자)의 열렬한 기도와 설교에 대하여 경의를 표하는 바이나, 그러나 그들의 강설은 때로는 극부주의자들의 논설이다. 그렇지 아니하면 엄격한 율법주의자들의 설법과 같이 들려지는 것 같다."[8]고 하면서 이 책의 서문에서 자신이 <복음의 진수>를 저술해야 하는 이유를 말하고 있다. 여기서 특별히 지적하고 있는 부흥회를 인도하는 강사들의 복음에 대한 몰이해가 문제가 된다는 것이다. 그러한 사람들에 대해서 "극부주의자들의 논설"과 "엄격한 율법주의자들의 설법"과 같은 것

---

6   김치선, *The Mosaic Authorship of the Pentateuch*, 최선 역, 『김치선 박사의 모세와 오경』(서울: 선교횃불, 2015)

7   김치선, 『복음의 진수』, ii.

8   김치선, 『복음의 진수』, ii~iii.

이라 평가하고 있다.

여기서 "극부주의자"라는 표현은 이해가 난해하다. 이러한 용어가 없기 때문이다. 다만 김치선이 염두에 둔 극단의 어떤 부류의 사람들이라는 것으로 추측이 가능한데, 그것은 문맥상 현대신학자들을 지칭하는 것으로 그 사상을 계승하는 목회자들이 왜곡된 복음을 전파하는 것을 지적하는 것으로 볼 수 있다. 이렇게 이해할 수 있는 것은 그의 학위논문에서 '모세오경의 저작권'을 쓰게 된 이유를 밝히면서 "저자가 극동에 있을 때 외국 유학을 마치고 돌아온 신학생들이 사회복음(Social Gospel)을 가르치는 것을 보았다. 이러한 사실이 마음을 아프게 하였지만 더욱 마음이 아팠던 사실은 한국에 온 선교사들 가운데서도 성경의 영감을 부인하고, 속죄의 피(blood of atonement)의 필요성도 부인한 채 그리스도를 하나의 스승과 본받아야 할 모델로 만들어 버리는 상황이었다."[9]고 회고하면서 문제의식을 제시하는 것이기 때문에 그는 현대신학의 영향을 받은 진보주의자들을 "극부주의자"로 표현하고 있는 것으로 볼 수 있다.[10]

---

9 김치선, 『김치선 박사의 모세와 오경』, 6. 김치선이 이러한 생각을 하게 된 것은 역시 양부인 영 선교사의 보수적인 신학과 대립했던 당시 대부분의 캐나다장로교회의 선교사들의 급진적인 신학사상을 직접 경험하면서 깨달았다. 실제로 한국장로교회사에서 가장 진보적인 신학사상을 직접 가지고 들어와서 전달해준 것이 캐나다장로교회 선교사들이었고, 그들의 가르침에 의해서 한국장로교회 안에 진보적인 목회자들이 나오게 된 것도 캐나다선교부의 관할지역이라는 것은 이미 알려진 사실이다. 이에 대해서는 金良善, 『韓國基督教解放十年史』(서울: 大韓예수教長老會總會 宗教教育部, 1956), 185~86.을 참고하라.

10 김치선, 『基督人의 礎石』(서울: 敬天愛人社, 1954), 43~44.에서도 "古今을 通하여 생각하면 우리 교회 가운데 그리스도를 礎石으로 하지 않고 어떤 이는 바울을, 어떤 무리는 아볼로를, 어떤 자는 게바를 각각 저들의 礎石으로 삼았습니다. 現今에도 어떠한 有名하다는 사람이 저들의 礎石이 되어 그만 바라고 믿는 자들을 볼 수 있습니다. 좀 더 進步한 사람이요, 가장 二十世紀에 처하여 科學的이라고 하면 人格主義, 道德主義, 그것들이 저들의 그리스도인이 되는 礎石같이 생각하는 이들이 많은 것이올시다. 決코 이것들이 礎石이 될 수는 없습니다."고 하면서 복음을 단지 인격이나 도덕적, 종교적 가치를 추구하는 것에 대한 부정을 볼 수 있다.

또한 "율법주의자들의 설법"이라는 표현도 복음을 제한하거나 왜곡하는 가르침이기 때문에 이에 대한 문제의식을 가지고 성경과 복음에 대한 바른 입장을 확립해야 한다는 것을 분명히 하고 있다. 실제로 부흥회를 인도하는 목사들이 주로 구약을 본문으로 하는 설교를 많이 하는 것을 볼 수 있고, 그 중에서도 희생 제사나 각종 제사제도를 복음의 예표로 해석하지 않고, 그대로 신앙에 대입해서 행위를 요청하는 설교를 하는 경우들을 볼 수 있다. 이것은 김치선의 생각에 결과적으로 복음의 제한 내지는 왜곡에 이른다고 생각한 것이다. 이렇게 두 가지를 <복음의 진수>를 써야 했던 이유로 밝히고 있다.

필자가 그의 사상을 연구함에 있어서 이 책을 텍스트로 선택한 것은 그의 첫 번째 책이라는 의미와 함께, 그가 아직 한국에 돌아오지 않은, 즉 일본과 미국에서 유학을 한 다음 일본에서 재일한국인 교회를 섬기면서 동포들이 처한 절망적인 상황을 함께 경험하는 가운데 복음을 통한 소망을 갖도록 일본 전역을 순회하면서 부흥회를 인도하는 중에 출판한 책으로서 민족을 향한 김치선의 마음이 담긴 책이라는 의미도 있다고 생각했기 때문이다. 그리고 그의 저술 가운데 유일하게 중판을 했고, 해방 전에 출판한 책이지만 해방 후에 다시 출판되어서 독자들에게 읽혔다는 의미도 있다. 특별한 것은 <福音의 眞髓>라는 제목의 책이 또 다른 이름인 <敬虔의 祕密>이라는 제목으로도 출판이 되어 읽혔다.[11] 본문의 내용은 한 자도 다르지 않은데 제목과 출판사만 다르게 출판되었다. 그만큼 김치선에게도 의미있는 책이라고 생각했기 때문이었을 것이다.

3. <복음의 진수> 나타난 사상

김치선은 복음에 대한 왜곡이 이루어진 원인에 대한 직접적인 언급은 하

---

11 『福音의 眞髓』와 같은 책이지만 내용은 글자 하나 다르지 않게 『敬虔의 祕密』이라는 제목으로 1963년 敬天愛人社에서 출판되었다.

지 않지만 글의 맥락을 볼 때, 그 원인을 전제한 기술을 하고 있다. 즉 현대신학의 영향으로 성경과 복음을 왜곡시켜 이해하는 것과 또 하나는 한국교회의 복음에 대한 몰이해 때문에 왜곡되는 현실을 전제로 복음의 진수를 말하고 있다. 현대신학의 영향을 받은 신학자나 목회자들이 예수님의 성육신과 중보사역, 죽음과 부활에 이르는 사역을 역사적 사실로 인정하지 않으면서 가르치고 있는 '복음'은 결과적으로 생명이 없는 도덕적, 윤리적 교훈에 머물 수밖에 없는 의미로서의 '복음'을 가르치고 있는 것을 염두에 둔 기술이다.

또한 복음에 대한 몰이해와 관련해서는 부흥회를 인도하는 목사들을 예로 들고 있다. 이 경우는 복음을 온전하게 이해하지 못한 것으로 의식적인 것이 아닐지라도 결과적으로는 율법주의 신앙이나 경건주의에 집중하게 하는 가르침이기 때문에 복음이 제한되거나 왜곡되는 문제를 동반하게 되는 것을 지적하고 있다.[12] 따라서 복음에 대한 바른 이해가 필요함을 전제로 이 책 전체를 통해서 복음이 어떤 것인지를 설명하고 있다. 특별히 김치선의 의식에는 아르미니우스주의(arminianism)적인 복음이해가 문제로 자리 잡고 있다. 따라서 그는 이 책 전체를 통해서 복음의 은혜성을 일관되게 강조하면서 기술하고 있다. 이렇게 복음의 은혜성을 강조하는 것은 아르미니우스적인 사상을 가진 이들의 "구원함을 받는 것은 믿음으로만 되는 것이 아니라 믿음과 행함이 동시에 작용하여야 비로소 구원에 이를 수 있다고 생각한다."는 가르침에 대한 문제를 제기하면서 "그렇다고 하면 은혜의 복음은 될 수 없다."고 갈라디아서 2:16을 근거로 비판하는 것이 그의 입장이다.[13]

---

12 김치선, 『복음의 진수』, ii~iii.
13 김치선, 『복음의 진수』, 4~5. 또한 "복음적 재생(再生)"이라는 장에서 그는 복음은 하나님의 전적인 은혜인 것을 소주제로 설명하고 있다. 즉 ① 재생은 혈기로 난 것이 아님, ② 재생은 정욕으로 난 것이 아님, ③ 재생은 사람의 뜻으로 난 것이 아님, ④ 재생은 하나님께로서 난 것임; 김치선, 『복음의 진수』, 112~119.

3.1. 복음이란 무엇인가?

김치선은 이 책을 통해서 일관되게 복음이란 무엇인가에 천착하고 있다. 즉 역사적 사실로서의 그리스도의 성육신과 중보사역, 부활과 승천을 말하면서 성경의 관념적, 실존적 해석의 문제를 비판하는 입장에서 일관되게 복음은 유일한 것[14]이며, 그리스도의 성육신과 전 사역을 통해서 완성한 것으로 정통기독교회의 입장을 견지하고 있다.

동시에 그가 복음에 관하여 기술하면서 제일 먼저 확인하고자 한 것이 복음의 은혜성, 즉 전적인 은혜로서 복음이다. 이것은 그가 <복음의 진수>라고 하는 주제로 글을 쓰게 될 때 염두에 둔, 즉 그가 이 글을 써야만 한다는 생각을 하게 된 것이 아르미니우스주의적인 복음이해가 문제라고 생각했기 때문이다. 따라서 그는 '복음의 명칭'이라는 주제로 복음을 설명하면서 11가지 소주제로 다루고 있다. 즉 1. 천국의 복음, 2. 하나님의 복음, 3. 하나님의 은혜의 복음, 4. 복되신 하나님의 영광의 복음, 5. 그 아들의 복음, 6. 그리스도의 복음, 7. 그리스도의 영화로운 복음, 8. 구원의 복음, 9. 평안의 복음, 10. 나의 복음, 11. 영원한 복음 등의 주제로 복음에 대한 설명을 하고 있다.[15]

그런데 이 주제들이 다루고 있는 내용을 보면 두 가지를 확인할 수 있다. 그것은 곧 그의 사상을 알 수 있게 하는 것인데, 첫째, 소주제들이 모두 성경에 표기된 단어를 그대로 사용하고 있고, 둘째, 그 설명에서 복음은 전적으로 하나님에 의해서 예비되었고, 하나님의 은혜로 주어진 것임을 반복해서 확인하고 있다는 것이다. 그리고 소주제를 제시하는 단락에서 각각의 성경적 근거와 그 원어적인 해석을 하고 있다. 이러한 그의 기술방식은 철저하게 성경의 권위를 전제한 것이면서 동시에 복음의 기원(起源)과 적용이 모두 하나님에 의한

---

14 김치선, 『복음의 진수』, 1
15 김치선, 『복음의 진수』, 1~16.

것임을 강조하고 있다. 즉 김치선은 성경의 권위와 복음의 은혜성을 확인함으로써 복음의 유일성과 은혜의 절대성을 모두 하나님으로부터 기인한 것으로 이해해야 할 것을 주장하고 있다.

예를 들면 "하나님의 복음"(벧전4:17, 롬1;1, 15:16)을 설명하면서, 이것은 "하나님에 관한 복음이란 뜻이 아니고 하나님은 복음의 창작자이시오 시여자이시란 뜻"[16]이라고 했다. 그가 여기서 강조하고자 하는 것은 복음이 하나님에 의해서 예비되었고, 그 복음을 은혜로 주시는 분도 하나님이라는 것이다. 이 사실을 확인하기 위해서 요한일서 4:10의 "사랑은 여기 있으니 우리가 하나님을 사랑한 것이 아니요 하나님이 우리를 사랑하사 우리 죄를 속하기 위하여 화목제물로 그 아들을 보내셨음이라"는 말씀을 인용한다. 그리고 이 성경구절을 설명하면서 "복음은 사람의 노력을 첨부해서 된 것도 아니요. 또한 어떤 법적인 요소가 혼합된 바도 아니요."[17]라고 복음의 은혜성을 강조하고 있다.

또한 "그리스도의 복음"을 설명하면서 로마서 1:16, 15:19, 갈라디아서 1:7, 빌립보서 1:27 등을 인용하는데, 이 본문들에서 공통적으로 확인되는 것이 예수님의 성육신과 중보를 위한 십자가의 고난과 부활이 없이는 "그리스도께서 우리와 하등의 관계가 없을 것"이라고 한다. 이를 확인하는 고린도전서 15:17을 근거로 "도성인신하신 예수 그리스도께서 십자가에 못 박혀 죽으셨다가 부활하사 우리의 구주가 되신 것을 가리켜 그리스도의 복음, 혹은 우리 주 예수 그리스도의 복음이라고 이름한 것"이라고 한다.[18] 같은 맥락으로 "그리스도의 영화로운 복음"(고후4:4)을 설명하면서도 "그리스도의 도성인신하심도 또한 십자가에서 희생을 당하심도 우리에게 있어서는 영화가 되는 것이며, 더욱이 그리스도의 부활은 이상의 모든 것이 참 영화가 되는 것을 확증한다."[19]고 함으로

---

16 김치선, 『복음의 진수』, 3.
17 김치선, 『복음의 진수』, 4.
18 김치선, 『복음의 진수』, 9.
19 김치선, 『복음의 진수』, 10.

써 그리스도의 성육신과 고난, 부활이 없는 복음과 기독교는 아무런 이미도 없는 것이라고 한다.

그러면서 김치선은 그리스도의 성육신과 고난, 부활의 사실을 전제한 것이 아닌 새로운 복음을 말하는 것에 대해서 단호하게 부정한다. "현금 기독교계 내 어떤 학자들 간에는 사도시대에 주장하던 복음은 시대에 적합지 못하니 새로운 복음을 창작하여야 할 것이라고 말하는 자도 있으며 심한 자는 그리스도까지 내어버릴 시기가 불원타고 말하는 자가 있다."[20]고 현대신학의 발상(發想)에 대한 문제와 경계를 제시하고 있다. 그러면서 "기독교의 모든 진리는 복음이 그 본질이요, 그 근본이요 토대가 되는 것이다. 이것이 없이는 그리스도교란 생각도 할 수 없는 것"[21]이라고 함으로써 기독교의 본질로서 복음, 즉 그리스도의 성육신과 고난과 부활, 승천까지 영원한 하나님의 뜻 안에서 이루신 실제적 은혜의 사건으로 확인한다. 그리고 이 복음이 부정되는 신앙은 더 이상 기독교가 아니라고 하면서 "현세 기독교회의 내부를 성찰하건대 복음이 아닌 것을 복음으로 가장하고 참 복음이라고 주장하여 순량한 많은 양들을 함지에 빠트리는 일이 얼마나 많은지 알 수 없다."[22]고 비판한다.

따라서 그는 전적인 은혜로서 복음을 말하지 않는 사상이나 현상들에 대해서 단호하게 비복음적 내지는 복음의 진수에 대한 '도전자'(挑戰者)로 단정하고 있다. 이것은 <복음의 진수>의 내용에 담겨있는 것을 『神學指南』119호(1960)에 "福音의 眞髓의 挑戰者"라고 하는 제목으로 기고하면서 복음에 대한 도전자가 어떤 것들인지를 설명하고 있다. 그는 여기서 10가지의 비복음적인 도전을 경계하고 있는데, 1. 實踐主義的 見解, 2. 實證論的 見解, 3. 自由主義的

---

20 김치선, 『복음의 진수』, 14~15.
21 김치선, 『복음의 진수』, 37.
22 김치선, 『복음의 진수』, 17.
23 여기서 뻑만주의로 표기하고 있는 것은 프랑크 부흐만(Frank Buchman)이 제창한 운동으로 도덕적 영적인 능력으로 사람과 사회를 바꿀 수 있다는 운

基督教의 見解, 4. 뿍만主義的 見解,[23] 5. 神秘主義的 見解, 6. 安息主義的 見解, 7. 浸禮主義的 見解, 8. 聖潔主義的 見解, 9. 敬虔主義的 見解, 10. 形式的 正統主義的 見解 등을 소개하고 있다. 그런데 그는 이러한 사상들을 열거한 다음 "이상 열 가지 견해는 복음진수의 도전자들이라고 할 수 있을 것이니 한마디로 표시하면 '다른 복음'을 전하는 자이다."[24]고 한다. 이것은 어떤 형태로든지 복음의 의미를 제한하거나 희석시키는 요소가 있는 신학의 이론들은 모두 비복음, 또는 비복음적, 나아가서 복음을 부정하는 '다른 복음'이라고 단정하고 있다.

특별히 복음의 은혜를 강조하는 그의 논증은 "복음적 재생"을 다루는 장에서 두드러지게 나타난다. 소주제들 자체가 전적인 은혜로서의 복음을 간단명료하게 알 수 있게 한다. 즉 1. 재생은 혈기로 난 것이 아님, 2. 재생은 정욕으로 난 것이 아님, 3. 재생은 사람의 뜻으로 난 것이 아님, 4. 재생은 하나님께로서 난 것임[25] 등의 소주제로 설명하고 있는데, 그 핵심적인 내용은 인간의 어떤 노력이나 의지, 종교적인 의식이나 행위로 구원이 주어지거나 쟁취할 수 있는 것이 아니라는 것이다. 4.의 주제에서 알 수 있듯이 복음은 하나님으로부터 주어지는 것이고, 동시에 그것은 하나님의 주권에 속한 것이라고 한다.

그는 전적인 은혜로서의 복음을 설명하면서 하나의 예를 들어 마무리하고 있다. 즉 두부가 만들어지는 과정을 예로 콩이 두부가 되기까지 두부는 어떤 의지나 능력을 발휘할 수 없고, 다만 제조자의 생각(계획)과 노력으로 된다

동인데, 일반적으로 옥스퍼드 그룹(Oxford Group)이라고 한다. 이 운동은 1938년 이후 도덕재무장(Moral Re-Armament)이라고 불리기도 했다. J. D. Douglas, ed., *The New International Dictionary of the Christian Church*, Grand Rapids: Zondervan Publishing House, 1981. 738~39; Donald K. McKim, Dictionary of Theological Terms, 神代眞砂實, 探井智郎, 譯『キリスト教神學用語辭典』(東京: 日本キリスト教團出版局, 2002), 58.

24 金致善, "福音의 眞髓의 挑戰者," 「神學指南」119호(1960), 71.
25 김치선, 『복음의 진수』, 112~18.

는 논리로 중생의 은혜를 설명한다. 그는 "재생(거듭난)된 하나님의 자녀를 생각할진대 조금이라도 자기의 활동이 있어 된 것이 아니라 순전한 성령의 역사와 활동으로 된 것이라고 믿는다."[26]고 하면서 전적인 하나님의 은혜로서 복음을 확인하고 있다.

3.2. 성경의 무오성과 권위

김치선에게는 복음에 대한 관심과 함께 그것을 증거하고 있는 성경의 권위에 대한 관심도 특별하게 중요하다. 왜냐하면 성경의 권위가 부정된다면, 기록된 말씀의 권위는 물론이고 그 내용에 대한 사실과 권위도 부정되는 것으로 기독교는 더 이상 의미도 권위도 없어지는 것으로 보기 때문이다. "성경 없이는 복음뿐 아니라 기독교에 대한 진리 전부를 알 수 없는 것이다. 그러면 성경은 어떤 것인가? 그것은 정확무오한 진리이다. 그 이유를 물을진대 이것은 '하나님의 감동으로 된' 하나님의 말씀인고로 그렇다고 답할 것이다."[27]

그는 복음을 기독교의 핵심 진리로 말하면서 그 복음의 근거를 정확무오한 성경 자체가 증거하고 있기 때문이라고 하고, 동시에 그 성경의 완전성과 권위는 '하나님의 감동으로 된 것'이기 때문이라고 한다.[28] 즉 그는 성경의 영감(Inspiration of the Bible)을 전제로 성경의 권위를 말하고 있다.[29] 그는 학위논문

---

26 김치선, 『복음의 진수』, 136.
27 김치선, 『복음의 진수』, 33.
28 김치선, 『복음의 진수』, 33.
29 김치선, 『舊約史記』(서울: 복음세계사, 1955), 1. 여기서 그는 "만일 구약 성경의 사실이 정확 무오한 하나님의 계시의 말씀이 아니라면 거짓된 것을 의미하는 것이니, 우리가 생각하는 구약사도 참이 될 수 없습니다. 그러므로 우리는 구약성경에 대한 관념을 가짐에 그 眞否를 단정할 수 있는 것입니다."고 함으로 성경의 권위를 하나님의 계시에 근거하고 있는 것을 볼 수 있다.

을 쓰는 목적에서도 성경의 영감을 부정하고, 속죄의 피의 필요성도 부정하는 "비판적인 성경교사들과 설교가들의 주장이 옳지 않다는 것을 논증하고, 성경이 완전하고 충분한 전체로서 정확무오(the infallible correctness)하다는 것을 논증하는 일에 착수하였다."[30]고 밝히고 있다.

그는 성경의 권위를 논증하면서 성경의 내적 증거와 외적인 증거들을 제시한다.[31] 그 중에 여기서는 내적인 증거에 대해서만 살펴볼 것인데, 다음과 같이 기술하고 있다.

"성경에 '하나님이 가라사대'란 말씀을 두언(頭言)으로 한 기사가 많이 있다. ··· 이것은 ··· 하나님의 말씀을 직접 기록한 일이 없는 것은 물론 성경과 같이 살아계신 하나님에 대하여 완전히 기록한 책은 결코 없다. ··· 또한 예언의 성취된 것을 보아서도 성경이 참으로 하나님의 말씀인 것을 알 수 있다. ··· 마지막으로 성경 전체를 통하여 일관된 사상이 있는 것을 보아 하나님의 계시서인 것을 알 수 있다.[32]

여기서 그는 세 가지 주제로 성경의 완전성에 대한 내적 증거를 말하고 있다. 즉 성경의 여러 부분에서 신적인 권위를 확인할 수 있게 하는 표현과 함께 내용과 일관성 있는 기술을 하고 있는 것, 그리고 구약에서 신약으로 이어지는 내용이 예언과 성취의 과정을 그대로 증거하고 있으며, 기록 자체의 권위를 알 수 있도록 한다는 것이다.

특별히 성경의 권위를 논증하면서 그 성경이 증거하고 있는 복음인 그리스도에 대한 예언과 그 예언의 성취과정을 성경이 일관되게 기록하고 있고, 또

---

30 김치선, 『김치선 박사의 모세와 오경』, 6.
31 김치선, 『김치선 박사의 모세와 오경』, 21, 46.에서 각각 실명하고 있다.
32 김치선, 『복음의 진수』, 34.

한 예수님 자신도 친히 자신에 대한 예언과 함께 중보사역의 과정을 완수한 것을 근거로 성경의 권위를 담보하는 이해를 하고 있다.[33] 또한 중생과 관련한 설명을 하면서 구약과 신약을 통해서 삼위일체 하나님의 사역의 과정을 알 수 있고, 그 과정은 복음을 완성하시기 위한 예수님의 중보사역과 그 여정을 증거하고 있는 것을 볼 때, 예수님의 역사적 사실성은 곧 성경의 신적 권위를 담보하게 하는 근거라고 한다.

> 구약성경은 특별히 죄인을 구속해서 재생케 하심에 대한 예비서라고 볼 수 있나니, 가령 모세를 통하여 주신 율법은 죄가 얼마나 무서운 것을 알게 함이요, 제사하는 것을 가르쳐 주신 것은 속죄의 방법을 예비적으로 가르침이요, 또한 직접적으로 선지자들의 입을 빙자하여 최후에 그리스도께서 친히 나타나셔서 이 사업을 완성할 것을 예언하신 것은 3위1체 되시는 하나님의 위대하신 계획적 준비적 공작이라고 믿는데, 이것이 신약에 와서 직무적으로 실현된 것을 밝히 본다.[34]

여기서 알 수 있는 것은 김치선은 철저하게 구약과 신약으로 이어지는 복음의 역사를 삼위일체 하나님의 영원한 뜻과 섭리를 통해서 성취해 가시는 과정을 기록한 것으로서 성경의 참됨과 함께 신적인 권위를 자증하고 있음을 확인하고 있다.

또한 복음을 이해함에 있어서 철저하게 하나님중심으로 하려는 의도가 담겨있는 것을 알 수 있다. 즉 이 책에서 그는 복음이 하나님에 의해서 예비되고 구현되는 과정을 통해서 전적인 은혜로 주어진 것이라는 논리로 복음의 은혜성을 일관되게 강조하고 있다. 그렇기 때문에 그는 복음 자체에 인간의 조건

---

33 김치선, 『복음의 진수』, 82~83.
34 김치선, 『복음의 진수』, 130~31.

적인 요소가 개입되거나 요구될 수 있는 여지가 없다는 것이다.[35] 즉 복음은 3위1체 하나님의 사역으로서 성부 하나님에 의해서 예비되고, 성육신하신 예수님에 의해서 완성되었으며, 성령님에 의해서 적용과 성취에 이르게 되는 것으로서 모든 과정과 결과까지도 삼위일체 하나님의 은혜에 의한 것이기 때문에 은혜를 부정하거나 제한하는 것을 복음이라고 한다면, 그것은 비복음이라고 단정한다.[36]

또한 복음을 증거하고 있는 것이 성경이기 때문에 "성경이 없이는 복음뿐 아니라 기독교에 대한 진리여부를 알 수 없다."[37]는 그는 복음과 기독교 신앙의 근본이 성경이라는 것을 확고하게 천명함으로써 기독교 신앙에 있어서 성경의 위치가 얼마나 중요하고, 중심에 있어야 하는 것인지를 깨닫게 한다.[38] 동시에 성경이 증거하고 있는 복음 이외의 다른 것을 말해서는 안 되며, 성경을 인용하되 철저하게 은혜의 원리로 이해하는 복음이어야 함을 강조함으로써 기독교의 복음, 곧 성경이 증거하는 복음은 전적으로 은혜인 것을 주장한다. 그는 바울의 예를 들면서 철저하게 구원에 있어서 자신을 부정하는 말씀을 근거로 복음의 은혜성을 말하고 있다. "세상을 창조하시기 전에 그리스도 안에서 우리를 택하셨다고 말씀하셨고, 또한 어머니의 태로부터 나를 택하시고, 은혜로 나를 부르신 하나님이라고 말씀하였으니, 이것을 보면 바울은 자기 존재의 사실이 털끝만치도 자기의 공이란 없고, 전부가 십자가로 말미암아 된 것을 알았다. … 사도 바울이 밝히 깨달은 것은 자기의 믿는 기독교는 은혜의 종교라는 것이다."[39]

---

35 김치선, 『복음의 진수』, 17.

36 김치선, 『복음의 진수』, 118, 130, 139, 140, 142, 157, 159.

37 김치선, 『복음의 진수』, 33.

38 김치선, 『복음의 진수』, 35.

39 김치선, 『복음의 진수』, 72~73.

따라서 복음은 물론 신앙의 은혜성을 부정한다면 지극히 어리석은 것이고, 결과적으로는 거듭나지 못한 사람인 것을 증거하는 것이라고 단언한다. 즉

> 신앙을 자기 본래의 소유처럼 고집하는 자들을 많이 볼 수 있나니, 그것은 마치 어떤 사람이 부모로부터 수만의 재산을 상속받은 후 그것을 자기가 본래 가지고 있던 것처럼 생각하는 사람과 같다. … 재생된 사람에게 있어서 자기가 분명한 존재라는 것을 알며, 동시에 자기의 재생이란 자기의 의지에 관계가 없었다는 것을 밝히 아는 것이다. 그런고로 이 사실을 부인하는 것은 단순히 자기가 재생되지 못하였다는 것을 드러내는 것밖에는 다른 것이 없다고 생각하나니, 물론 자기가 재생한 사람이 아니니 이것을 알 수 없는 것이다.[40]

이렇게 복음의 은혜성에 집중하는 것은 특별히 아르미니우스적인 사상에 민감하게 대처하는 것으로 보인다. 즉

> 참 복음주의란 원래 십자가만 믿는 것인데, 십자가의 진의를 내버리고 자기의 행하는 것으로 구원을 얻고, 자기의 노력으로 선인이 되는 줄로 아는 복음주의자가 많이 있는 까닭에 그렇게 한 것이다. 만일 자기가 행함으로 구원을 얻을 수 있다면 그리스도는 공연히 십자가에 못 박혀 돌아가셨다.[41]

이것은 인간의 의가 구원의 조건으로 충족될 수 있다면, 그리스도의 죽음 자체가 헛되거나 필요하지 않는 것으로 밖에는 볼 수 없다는 것이다.

---

40 김치선, 『복음의 진수』, 158.
41 김치선, 『복음의 진수』, 68.

3.3. 그리스도의 역사성

그리스도는 복음의 핵심이기 때문에 만일 그리스도의 역사성이 부정된다면, 기독교와 복음은 없다는 것이 김치선의 입장이다.[42] 따라서 그가 이 책 전체를 통해서 강조하고 있는 것은 은혜로서의 복음과 그리스도의 역사적 사실을 변증하는 일이다. 그가 <복음의 진수>라고 하는 주제로 말하고자 한 이유 가운데 한국교회의 복음에 대한 몰이해와 함께 현대신학이 그리스도의 역사성을 부정하는 것을 전제한다. 즉 성경의 실존적인 해석과 적용을 중심으로 하는 현대신학의 경향은 성경의 근본적인 왜곡의 원인이 된다고 보기 때문이다. 이러한 현대신학의 경향은 모두 그리스도가 역사적 실존의 존재인가라고 하는 부정적인 질문에서 출발한다. 그리고 그리스도에 관한 성경의 기록에 대한 사실을 부정하는 현대신학은 결국 기독교의 근본을 부정하는 것이고, 그 결과는 기독교의 존폐와 직결되는 것이기 때문에 그리스도의 역사적 사실을 부정하는 것은 곧 기독교를 부정하는 것으로 본다.

따라서 그는 '복음의 유래'라는 장에서 굳이 그리스도의 역사를 구약을 통해서 기술하고 있는 것을 볼 수 있는데, 이것은 매우 의도적인 것으로 보인다. 즉 신약의 그리스도는 구약의 저자들을 통해서 약속(예언)된 것의 성취라는 의미를 강조하기 위함이다. 그러므로 그는 구약에서 그리스도를 예언한 기록과 그 예언의 성취가 신약에 기록된 것을 대비해가면서 기술하고 있다.[43] 이러한 방법으로 기술하는 의도는 신약의 기록에 나타나는 그리스도에 관한 것들이 '일조일석'(一朝一夕)에 된 것이 아니라는 것을 논증하겠다는 뜻이 담긴 것이다. 따라서 그는 구약의 기록에 대한 이해를 중요하게 생각하며, 나아가 구약의 목적이 복음을 증거하고 받아들이게 하기 위함이라고 본다.

---

42 김치선, 『복음의 진수』, i.
43 김치선, 『복음의 진수』, 38~40.

구약의 구약으로서의 가치는 율법이나 제사나 사람의 도덕적 행위에 대한 것을 가르치는데 있는 것이 아니라, 다만 복음인 그리스도의 필요를 더욱 알게 하고, 또한 속죄의 필요를 깨닫게 하여 그것을 기다리게 하며 참 구원이 여기에만 있는 것을 알게 함에 있다고 믿는다. 그러므로 이 복음의 유래를 완전히 소개한 것은 구약 이외에는 없다.[44]

이렇게 구약을 통해서 그리스도의 역사성과 복음의 필요성을 인정하는 것이 중요하다고 강조하는 것은 성경의 기록들이 역사적 사실인 것과 복음이 구약에서 신약에로 역사적 과정을 통해서 성취되어 갔다는 것을 확인하고, 강조하기 위해서이다.

그는 "현세 기독교회의 내부를 성찰하건대 복음 아닌 것을 복음으로 가장하고 참 복음이라고 주장하여 순량한 많은 양들을 함지에 빠트리는 일이 얼마나 많은지 알 수 없다."[45]고 하면서 "비복음과 비복음적"인 현상과 그 내용을 소개하고 있다. 그 가운데 그리스도의 역사성과 관련한 주제만을 소개한다면 "실증론적 견해는 비복음적이다." "자유주의적 기독교의 견해는 비복음적이다." "신비주의적 견해는 비복음적이다." 등과 같은 표현으로 그리스도의 역사적 사실을 부정하는 것을 전제로 하는 신학적 시도를 배격한다. 그는 이러한 주제를 통해서 기독교 신앙을 말하고 있는 것들의 문제를 설명하고 있는데, 그 중심에는 모두 그리스도의 역사적 사실로부터 멀어지거나 역사적 사실을 부정한 채 관념론적, 실존론적 해석을 통한 교훈에 천착하는 방법을 공통점으로 가지고 있는 것으로 본다.[46] 따라서 현대신학의 문제가 그리스도의 역사성을 부정하는 것을 공통분모로 가지고 있기 때문이라고 한다면, 그리스도와 관련한 모든 사역도 역사적 사실이 아니기 때문에 관념론적 해석을 통해서 실존

44 김치선, 『복음의 진수』, 41.
45 김치선, 『복음의 진수』, 17.

주의적 방법으로 극복할 수밖에 없게 되는 것이고, 그 결과는 종교적 형식을 빌어서 도덕적, 사회정의적인 가치를 추구하는 것 밖에는 달리 복음을 말할 수 없게 된다는 것이다.[47)]

그가 그리스도의 실존의 중요성을 이렇게 강조하는 것은 현대신학의 도전에 대한 경계를 위한 것이다. 따라서 그는 그리스도의 성육신과 십자가에서의 고난을 받으심, 그리고 죽음과 부활, 승천까지 전 과정의 역사적 사실을 부정하는 것에 대해서 철저하게 비판하고 있다. 특별히 그는 "그리스도의 십자가의 죽음과 그리스도의 부활은 복음의 본질을 구성하는 근본요소이다. 둘 중에

---

46 김치선, 『복음의 진수』, 23~24. 여기서 그는 현대신학의 성경이해의 문제를 지적하고 있는 것인데, 실증론적 견해의 문제는 "예수의 도덕적 생활을 묵상하고, 그 예수를 열심히 모방하자. ... 이는 영적 요소는 전연 부인하는 인도주의적인 그리스도교를 설립하려는 소위이다. 하나님의 존재와 그리스도의 신성을 부정하는 자에게 있어서는 복음은 생각조차 할 수 없다."고 한다. 이어서 자유주의의 문제는 "이것은 문화적 철학적 종교로서의 기독교를 말하는 것이다. ... 이 철학적 기독교는 신의 이성인식과 종교인식과의 구별을 지을 수 없고 다만 신은 절대적 가치 뿐으로 실상은 죽은 신이다. 만일 생존하신 신이 아니면 복음과는 하등의 관계가 없다. 자유주의자는 예수를 존경한다. 그리하여 그를 최고의 신의 계시라고 말한다. 그러나 저들은 예수를 대할 때 종교적인 관계에는 치중치 않는다. 예수는 신앙의 모범은 되나 대상은 되지 않는다고 한다." 또한 신비주의를 비복음적이라고 하면서 "이것은 종교상 주관주의라고 볼 수 있다. 신의 내재성을 고하여 혼과 신과의 합일화를 주장한다. ... 저들은 종교는 생명의 체험에 있다고 하여 그것을 역설하나 그 생명이라는 것은 참으로 막연한 것이며 ... 그러한 믿음은 개인주의적, 또한 도덕적 훈련에 지나지 않기 때문에 인본주의적 형태는 가질 수 있으나 복음적은 될 수 없다."

47 Ronald Nash, *Christian Faith & Historical Understanding*, 이경직 역, 『기독교와 역사: 믿음과 이해』(서울: CLC, 2020), 33~50; 이와 관련한 현대신학의 문제는 김의환, 『現代神學槪說』(서울: 개혁주의신행협회, 1989), 56~61, 132~36; 조석만, 『現代神學 – 歷史的 過程에 의한 論考』(서울: 성광문화사, 1979); Otto Friedrich Bollnow, *Existenzphilosophie*, 塚越敏, 金子正昭 譯『實存哲學槪說』(東京: 理想社, 1985), 40. 이후 "기독교적 해석에 대한 관계"등을 참고하라.

어느 하나이라도 결하면 복음은 성립되지 못한다. 그러나 많은 사람들이 십자가는 고조하되 부활은 주장하지 않는다."[48]고 함으로써 복음의 성립요소인 그리스도의 죽음과 부활의 역사적 사실을 확인하면서 동시에 그리스도의 역사적 사실을 부정하는 것에 대한 문제를 제기하고 있다.

그는 그리스도의 십자가는 강조하면서 부활의 사실에 대해서 말하지 않는 당시 주변의 기독교 지도자(신학자)들을 지적하면서 이 책에는 "2년 전 어떤 집회에서 교계의 지도자들 가운데 유명한 어떤 목사들의 勸說을 들었을 때 그들이 가르치는 내용에 그리스도의 십자가와 죽음은 강조하면서 정작 부활은 전혀 말하지 않았던 것"을 배경으로 이 글을 쓰고 있는데, 그것은 아마도 일본에서 그가 경험한 것으로 일본의 신학적 분위기를 반영한 것으로 보인다.

"복음에 대한 부분적 개념만 가져서는 아니 된다. 그것은 양자(죽음과 부활)를 구전하는 때에만 복음이 성립되기 때문이다. … 만일 이것(부활)을 빼어 버린다면 십자가는 아무 효능도 없을 것이다."[50]고 한다. 즉 그리스도의 부활을 부정하는 신학에 대한 비판과 함께 역사적 사실로서 그리스도의 죽음과 부활을 말하지 않으면 진정한 복음이 성립되지 않고, 또한 복음의 생명력도 담보될 수 없다는 것이다. 즉 그리스도의 부활이 부정된다면 "사죄의 확실함과 구원의 사실을 증명할 길이 없다." 따라서 "죄인에 대한 사랑과 공의와 생명을 십자가로 말미암아 알 수 있는 사실의 증명은 그리스도의 부활일사가 있을 뿐이다. 과연 이 사실만이 우리가 중생해서 하나님의 자녀됨을 증명하는 것이다."[51]라

---

48 김치선, 『복음의 진수』, 74.

49 이 책에는 "2년 전 어떤 집회에서 교계의 지도자들 가운데 유명한 어떤 목사들의 勸說을 들었을 때 그들이 가르치는 내용에 그리스도의 십자가와 죽음은 강조하면서 정작 부활은 전혀 말하지 않았던 것"을 배경으로 이 글을 쓰고 있는데, 그것은 아마도 일본에서 그가 경험한 것으로 일본의 신학적 분위기를 반영한 것으로 보인다.

50 김치선, 『복음의 진수』, 74.

51 김치선, 『복음의 진수』, 75.

고 한다.

그는 예수님의 부활을 부정하는 사상이 지배하고 있는 현대 기독교의 현실에 대한 문제의식을 전제로 부활신앙, 즉 예수님의 부활을 역사적인 사실로 믿는 신앙이 없이는 생명도 없는 것이기 때문에 기독교 신앙에 있어서 예수님의 부활을 역사적 사실로 믿는 것은 결정적으로 중요한 것으로 확인하고 있다. 즉 "현대 사람들은 그리스도께서 삼일 만에 무덤에서 부활하신 사실을 부인하고 저들의 생각대로 별개의 그리스도교를 만들어 놓은 일이 얼마나 많은지 알 수 없나니, 이는 그리스도께서 죽어 이미 장사 지낸지 삼일 만에 무덤에서 다시 살아나신 것을 믿을 수 없다는 이유일 것"[52]이라고 함으로써 부활을 믿지 않는 것은 "별개의 그리스도교"를 만드는 것이라고 까지 단호하게 비판하는 것을 볼 수 있다.

그리고 이어지는 글에서 그는 예수님의 부활을 부정하는 사람들의 주장이 무엇인지를 열거하고,[53] 예수님의 부활의 역사적 사실을 논증하고 있다.[54] 여기서 그가 강조하고 있는 것은 예수님의 부활을 부정하는 것은 곧 기독교와 복음을 부정하는 것이기 때문에 부활의 역사적 사실을 부정한다면, 기독교의 존립 자체가 부정될 수밖에 없다고 결정적으로 말하고 있다.[55] 또한 "그리스도의 부활이 없으면 기독교가 있을 수 없다." "그리스도께서 부활하사 여러 사람들에게 나타난 것이 곧 기독교의 실현이다. 이로부터 교회사가 시작되나니 사도행전이 곧 그것"[56]이라는 그의 결정적인 표현은 그리스도의 부활사건을 기독교의 근본이고, 그 사실은 사도행전이 증거하고 있다고 함으로써 사도행전

---

52 김치선, 『복음의 진수』, 75.
53 김치선, 『복음의 진수』, 76~83.
54 김치선, 『복음의 진수』, 83~105.
55 김치신, 『복음의 진수』, 105.
56 김치선, 『복음의 진수』, 107~108.

의 기록은 성경의 권위와 그 역사성을 동시에 확증하고 있다는 것이다.

3.4. 목회를 위한 신학

한편 김치선의 글은 읽는 내내 그가 학자로서 이 글을 쓰고 있다고 하기보다는 목회자 내지는 복음 전도자로서 사역의 현장에서 느끼고 있는 문제에 대해서 쓰고 있다는 생각을 놓을 수 없다. 그만큼 목회현장에 대한 인식과 필요를 전제로 글을 쓰고 있다는 느낌을 가지게 하는 글이다. 이것은 그의 평생의 사역이 다른 학자들과 달리 목회현장에서 이탈한 적이 없다는 특징을 가지고 있기 때문이라고 할 수 있다. 실제로 그는 신학을 공부하기 시작하면서부터 별세하기까지 목회현장과 전도현장에서 복음을 전하는 일을 계속했다. 일본에서 신학을 공부하는 동안은 물론, 미국에서 유학을 하는 동안에도 일본에서 사역하고 있던 그의 양부(養父) 영(Luther L. Young, 영재형)선교사의 계획에 따라서 그의 조력자로서 일본 전역을 순회하면서 동포 교회를 돌보는 일과 집회를 인도하는 일을 계속했다.[57] 학위를 마치고 일본으로 돌아가서 사역하는 동안, 그리고 1944년 한국으로 돌아와서 1968년 별세하기 까지도, 그는 목회현장과 전도의 현장에서 멀어진 적이 없었다.

그의 이러한 교회와 복음전도에 대한 열정은 영 선교사로부터 영향을 받았다고 할 수 있다. 김치선 자신도 이에 대해서 고백적으로 표현하고 있는 것을 볼 수 있는데, 영 선교사의 죽음에 대한 소식을 전해 듣고 편지로 자신의 심정을 밝히고 있는 것을 볼 수 있는데, 김치선은 "자신이 전하는 복음은 영 선교사로부터 받은 것이고, 그것은 참된 복음이며, 영 선교사가 전했던 것을 나도 전

---

57 Robert K. Anderson, *My Dear Redeemer's Praise*, (Hantsport: Lancelot Press, 1979), 229; 김동화, 『나에게 있어서 영원한 것』(서울: 기독교연합신문사, 1998), 47~49.

할 것이며, 그리스도의 사랑과 믿음 안에서 친애하는 나의 아버지를 대신해서 나는 지금도 일하고 있습니다."[58]고 한 것을 보아 김치선과 영의 관계를 알 수 있는 것과 함께 그의 신학적 관심의 중심에 목회와 전도의 현장으로부터 분리될 수 없는 이유도 알 수 있다.

이러한 그의 입장은 <복음의 진수> 전체를 통해서 신학자보다는 목회자로서 교회와 신자들에게 필요한 것으로 설명하는 부분이 일관되게 나타나는 것을 볼 수 있다. 굳이 표현하자면 신학적 이론과 논리적 논술에 집중하는 것이 아니라, 자신이 제시한 주제가 교회에서 메시지로 전달될 것을 요청하는 것이라고 느낄 수 있을 만큼 현장에 대한 관심과 이해가 전제되어있다. 예를 들어서 "복음적 생활"이라는 주제의 글에서 그는 자신의 경험을 간증하면서 설명함으로 감동을 동반한 메시지가 되게 하는 것을 볼 수 있다.[59]

특별히 이 책의 마지막 장에서 "복음적 생활"이라는 주제를 다루면서 본문의 내용은 거의 설교문과 같은 내용의 '복음의 은혜와 행위'의 관계에 대해서 서술하고 있다. 여기서 그는 앞에서 복음의 은혜성에 대한 강조와 함께 행위가 동반되지 않는 믿음은 참된 믿음이 아니라고 한다. "어떤 사람은 재생(거듭남)만 하면 다 된 줄로 아나 그것은 큰 오해이다. 그것은 마치 갓난 애기가 출생만 되면 다 되는 줄 아는 것과 같은 어리석은 생각이다."[60] 즉 거듭남으로 새로운 피조물이 되었다면, 반드시 성장해서 스스로 은혜에 대한 책임을 동반할 수 있어야 한다는 것이다. 거듭난 사람이라면 그리스도인의 은혜에 합당한 행위를 반드시 동반해야 하는데, 그 강령을 네 가지로 예를 들어 설명하고 있다. 1. 그리스도는 재생한 사람의 생명, 2. 그리스도는 재생한 사람의 모범, 3. 그리스도는 재생한 사람의 목적, 4. 그리스도는 재생한 사람의 능력이라는 주제로 거듭

58 Robert K. Anderson, *My Dear Redeemer's Praise*, 233.
59 김치선, 『복음의 진수』, 187, 194~95.
60 김치선, 『복음의 진수』, 175.

난 사람이라면 반드시 그리스도와의 관계에서 생명을 확인하고, 그리스도를 본받아야 하고, 생활의 목적을 그리스도께 두어야 하고, 그리스도가 주시는 능력으로 행할 수 있어야 한다는 것이다.[61]

또한 모든 장에서 시작은 신학적인 주제를 제시하고, 다음으로는 성경적인 대답을 찾으며, 그 과정에서 원어와 신학적인 방법으로 분석과 설명을 이어간다. 그리고 다음에는 그것이 그리스도인에게 어떻게 이해와 적용의 과정이 필요한 것인지에 대해서 설명한다. 그런데 이 부분에서 부터는 신학적인 기술이라고 하기 보다는 설교문과 같은 호소와 설득을 동반하는 서술을 하고 있다. 이러한 경우는 그의 논문들에서도 유사하게 발견되는데, 예를 들어 『복음세계』 제1권 2호에 실린 "神學과 信條"라는 기고문에서 지극히 신학적인 주제를 다루고 있음에도, 그 결론에 이르러서 "신학은 신조를 토대로 하지 아니하면 완전한 신학이 될 수 없고, 신조는 신학을 통하여 비로소 완전히 진리를 드러낼 수 있는 것입니다. 그런고로 우리는 완전한 신조를 가져야 하고, 이것을 토대로 그리스도의 교회를 설립하여 유지하며 발전과 향상, 그리고 큰 부흥운동을 일으켜 하나님 나라를 건설하여야 할 것입니다."[62]고 함으로 신학적 논설이라고 하기 보다는 교회를 향한 설교인 것을 알 수 있다. 그리고 신학을 하는 목적도 "복음을 전파하는 것"과 함께 "그리스도의 교회를 건설하는 것"에 있음을 분명하게 언급하고 있다는 것도 알 수 있다.

"복음적 신앙"을 주제로 <복음의 진수>를 기술하면서 전반부에서 "비복음"과 "비복음적"인 것들이 내재하고 있는 기독교 신앙의 문제적 요소들을 제기했다. 그리고 이어지는 "복음적 신앙"이라고 하는 장에서 "비복음"과 "비복음적"인 것들을 분별할 수 있도록 비판한 다음 이번에는 "복음적 신앙"에 임하는 것은 어떤 것인지를 제시하고 있다. 그런데 그가 이 "복음적 신앙"을 제시하

---

61 김치선, 『복음의 진수』, 177~86.
62 김치선, 『한국기독교 지도자 강단설교』(서울: 홍성사, 2011), 90~91.

는 논법이나 내용과 원리를 설명할 때 설교문과 같이 호소력 있는 방법으로 서술하고 있는 것을 볼 수 있다. 특별한 신학적인 지식이 없어도 이해할 수 있는 표현과 용어를 선택하고 있는 것도 볼 수 있다.[63]

3.5. 3위1체중심의 신학

<복음의 진수>를 읽으면서 느끼게 되는 것 중에 하나는 복음을 설명하는 과정에서 성경의 본문에 대한 원어의 해설을 하고 있지만 동시에 다분히 조직신학적인 표현이 사용되고 있다.[64] 그러한 느낌을 확인하면서 내용을 읽으면 그의 서술 방법에서 일관되게 조직신학적인 의식이 보인다. 예를 들어서 '복음의 진수'로서 복음을 설명하면서 "기독교의 모든 진리는 복음이 그 본질이요, 그 근본이요, 토대가 되는 것이다. 이것이 없이는 그리스도교란 생각도 할 수 없는 것이다."[65]는 식의 표현들이다.

그 중에서도 이 책의 전반에 걸쳐서 반복해서 사용하고 있는 용어를 발견하게 되는데, 그것은 '3위1체 하나님'이다. 김치선은 복음을 설명하면서, 그리고 복음의 적용과 생활화로 이어지는 설명에서 그 모든 것을 3위1체 하나님중심으로 설명하고 있다. 그러한 의미에서 그의 신학적 사고는 철저하게 3위1체 하나님을 중심으로 하고 있다고 할 수 있다. 이러한 사고와 신학의 전개는 역사적 기독교회의 정통신학의 중요한 요점이다.[66] 그러한 의미에서 그의 신학적 좌표

---

63 김치선, 『복음의 진수』, 141~59.
64 김치선, 『복음의 진수』, 118. 이후에 22페이지의 분량을 오직 3위1체 하나님을 설명하기 위해서 할애하고 있다. 이 책 전체가 200페이지 남짓인데, 그 1/10을 3위1체를 설명하는데 할애하고 있는 것은 그만큼 하나님중심의 사고와 신학의 전개가 중요하다는 의미일 것이다.
65 김치선, 『복음의 진수』, 37.
66 牧田吉和, 『改革派敎義學 1』(札幌: 一麥出版社, 2013), 81~82.

내지는 그의 신학사상을 분명하게 알 수 있다.

특별히 구원론에 있어서 중생의 문제를 다루면서 "3위1체의 하나님으로부터 난자가 곧 재생한 자라고 믿는 바이니, 이러한 점에서 우리는 먼저 3위1체 하나님에 대하여 고찰하는 것이 그 큰 역사를 알 수 있는 방법이라고 생각한다."[67] 이러한 표현은 구원에 있어서 하나님이 은혜를 강조하는 것이기도 한데, 단지 예수님이나 성령님으로부터 출발하는 은혜를 말하지 않고, "3위1체 하나님으로부터 난자"라야 참으로 거듭난 자라고 한다. 즉 구원의 출발점이 인간에게 있는 것이 아니고, 또한 성자나 성령님에게 있는 것으로 설명하지 않고 3위1체 하나님에게 있음을 분명히 한다. 기독론이나 성령론 중심의 구원론 이해가 아닌 3위1체 하나님중심의 구원을 이해하고 있다는 점에서 정통적인 신학적 균형을 갖고 있다.

그는 복음이 3위1체 하나님의 완전한 모습을 드러내는 것으로 이해한다. 즉 "미숙한 형체를 가진 진리가 완연히 표현될 때까지 성경은 점진적으로 그 표현의 도수를 높였기 때문에 점점 명백해지다가 복음(그리스도)에 와서는 가장 완전하게 나타난 것이다."[68]고 한다. 여기서 강조되는 것은 은혜의 출발점으로서만이 아니라 복음 그 자체와 적용과 구원의 완성에 이르는 모든 과정을 3위1체 하나님의 사역과 드러냄의 사역으로 이해하고 있음을 알 수 있다. 특별히 중생의 사역을 3위1체 하나님의 역사로 설명하면서 "구약성경은 죄인을 구속해서 재생케 하심에 대한 예비서라고 볼 수 있나니, 가령 모세를 통하여주신 율법은 죄가 얼마나 무서운 것을 알게 함이요, 제사하는 것을 가르쳐주신 것은 속죄의 방법을 예비적으로 가르침이요, 또한 직접적으로 선지자들의 입을 빙자하여 최후에 그리스도께서 친히 나타나셔서 이 사업을 완성할 것을 예언하신 것은 3위1체되시는 하나님의 위대하신 계획적, 준비적 공작이라고 믿는데, 이

---

67 김치선, 『복음의 진수』, 177~86.
68 김치선, 『복음의 진수』, 122.

것은 신약에 와서 직무적으로 실현된 것을 밝히 본다."[69]고 한다.

이렇게 중생의 원리를 하나님의 영원한 뜻과 전적인 은혜를 전제해서 이해한다면, 이미 3위1체 하나님중심으로 생각하지 않으면 안 되는 논리가 성립된다. 인간에 대한 구원계획이 하나님께 영원히 있었고, 그 구원을 위한 길(복음)을 그리스도로 하여금 예비하게 하시고, 성령님은 속죄와 중생과 구원에 이르는 과정에서 믿음으로 고백하게 하심으로 구원의 날에 동참할 수 있게 하시는 모든 과정에 있어서 3위1체 하나님의 역할은 전적(全的)이라는 것이다. 즉 "믿음이란 어떻게 우리에게 있게 되느냐 함이다. 만일 이것이 사람의 노력이나 또는 사람에게서 파생되는 것이라면, 전부 3위1체 하나님의 역사라고 하는 말은 사실이 될 수 없다."[70]는 것이다. 여기서 그는 믿음의 시작점에 3위1체 하나님과 그분의 사역이 있음을 다시 확인하고 있는 것을 알 수 있다.

이렇게 인간에 대한 구원계획이 하나님으로부터라고 한다면, 믿음은 전적으로 "피동적이며 또한 믿음이란 행함이 아니라는 것을 알 수 있다."[71]는 것인데, 복음이 인간에게 전달되고, 그 복음에 대한 믿음이 만들어지며, 그 믿음으로 하나님의 의에 동참할 수 있는 사람으로 거듭나는 것과 하나님 나라에 임하게 되기까지의 과정에서 그리스도와 성령님의 사역이 없이는 불가능함을 알 수 있게 한다. 그러한 의미에서 구원의 온전한 이해는 반드시 3위1체 하나님중심으로만 가능하다는 것이다. 따라서 그는 "믿음이란 받는 것을 의미한다."[72]고 하면서 믿음까지도 은혜인 것을 확인한다. 이렇게 이해한다면 당연히 믿음의 출발점이 인간이 아닌 3위1체 하나님이고, 이러한 믿음을 그는 "복음적 신앙"이라고 정의했다.[73] 즉 그에게 있어서 복음이란 전적인 하나님의 은혜를 전

69 김치선, 『복음의 진수』, 130~31.
70 김치선, 『복음의 진수』, 142.
71 김치선, 『복음의 진수』, 143.
72 김치선, 『복음의 진수』, 144.
73 김치선, 『복음의 진수』, 145.

제한 것을 의미한다.

그는 성경이란 3위1체 하나님께서 영원히 갖고 계신 뜻을 알게 하시고, 동시에 그 뜻을 이루며 드러내는 과정의 기록이라고 한다. 그렇기 때문에 성경을 이해함에 있어서도 3위1체 하나님의 사역을 종합적으로 보아야 함을 강조한다. 즉 "구약성경 전부를 통하여 생각하면, 이 감추어놓은 복음을 여러 가지 모양으로 암시하였다. 하나님의 경륜과 계획은 그 어느 것이나 만세 전에 작정되어 있는 것이다. 그의 구속사업도 만세 전에 작정하여 두었던 것이 구약시대에 암시적으로 나타났다가 신약시대에 이르러 완전히 이루어진 것이다."[74]고 함으로써 성경의 내용은 점진적인 과정을 통해서 영원한 뜻이 드러난 것이고, 그 과정에 3위1체 하나님의 유기적 관계로서의 사역이 있다는 것이다.

이렇게 볼 때 그는 특별히 구원론과 관련한 설명에서 철저하게 3위1체 하나님중심의 이해를 하고 있다는 의미에서 역사적 기독교회의 정통신학을 계승하고 있다고 할 수 있다.

4. 복음과 연합운동

김치선은 철저하게 정통신학의 입장에서 <복음의 진수>를 설명하고 있다. 그렇지만 그의 사역과 복음을 전하는 입장에 있어서 교파나 교단에 매이는 것에 대해서는 경계하는 입장을 천명하고 있음을 발견한다. 그가 <복음의 진수>를 마무리하면서 마지막으로 남긴 말을 보면 그의 입장을 알 수 있다. 즉

최후로 우리는 너무나 교파적 편견을 가지지 말일이다. 그 이유는 교파 자체에 구원이 없기 때문이다. 어떤 교파를 물론하고 복음인 그리스도를 받아 3위1체

---

74 김치선, 『복음의 진수』, 172.

하나님의 역사로 재생함을 얻어 그리스도를 생활의 강령으로 하여 주안에서

항상 살면서 하나님을 영화롭게 하는 자만 되면 다 같이 복음적 생활을 하는

자이니 이 점에서 우리는 교파적 편견을 버리고 절대의 관용성을 갖고 다 함

께 복음을 위하여 살 수 있기를 바라마지 않는 바이다.[75]

    그는 교파의 관계를 떠나서 오직 복음을 전하고, 그 복음을 통해서 거듭
난 자가 될 수 있다면 굳이 교파에 매이는 것은 불필요한 것이라고 한다. 이러한
경향은 주로 선교사들에게서 일반적으로 나타나는 모습이라고 할 수 있는데,
그의 경우는 정통적인 신학을 고백하는 자임에도 불구하고 복음만 전할 수 있
다면, 나아가 복음을 공유할 수 있다면 교파에 매이는 것은 옳지 않다는 입장
이다. 단적으로 교파 자체가 어떤 구원을 보장하는 것이 아니기 때문이라고 그
이유를 말한다.

    이러한 그의 입장은 아마도 그가 신학을 공부하고, 신학자, 목회자로 성장
하는 과정에서 형성된 것으로 사료된다. 즉 그는 평양신학교를 한 학기를 마치
고 영 선교사의 부름에 따라서 일본의 고베중앙신학교(현 고베개혁파신학교)
로 편입해서 신학공부를 이어갔다. 이 과정에서 김치선은 영 선교사의 조력자
로 일본 전국을 순회하면서 집회와 경우에 따라서는 일시적으로 교회를 돌보
면서 목회자로서 역할을 했다. 그런데 이때 설립되거나 형성된 재일조선인교회
의 성격이 초교파적인 입장일 수밖에 없었다.[76] 따라서 그의 사역도 역시 초교
파적인 의식을 가질 수밖에 없었다고 할 수 있다. 다만 영 선교사가 캐나다장로
교회 선교사로서 정통신학적인 입장이었기 때문[77]에 장로주의를 근본으로 하

---

75 김치선, 『복음의 진수』, 208.

76 李淸一, 『在日大韓基督敎會宣敎100年史』(東京: かんよう出版社, 2015),
    44~45. 일본에 공식적으로 설립된 최초의 조선인교회는 장로교회와 감리
    교회의 연합교회였다.

77 金良善, 『韓國基督敎解放十年史』, 185~86.

는 교회로 만들어갔지만, 현실적으로 다양한 교파출신의 신자들이 함께 모여서 형성된 교포교회이기 때문에 교파적 성격을 확고하게 만드는 것은 어려웠고, 그렇게 했을 때 오히려 복음전도에 장애가 될 수 있었던 것이 현실이었기 때문이라고 생각한다.

영 선교사가 재일조선인을 대상으로 선교를 구상함에 있어서 기본적으로 여러 교파나 교단을 만들지 않겠다는 것이 그의 입장이었다. 이러한 입장은 영 선교사 개인의 생각이기도 했고, 캐나다장로교회, 그리고 당시 조선예수교 장로교 연합공의회 연합전도국과 합의를 통해서 장로교회라는 명칭을 처음부터 사용하지 않게 되었던 것이기도 했다.[78] 이러한 상황에서 사실상 일본에서 목회자로 성장한 것이 김치선이다. 그는 영 선교사의 전적인 지원과 양육의 과정을 통해서 미국으로 유학을 했는데, 유학중에도 틈틈이 일본에 돌아가서 영 선교사의 사역을 도왔고, 그 과정에서 그는 주로 순회전도자로서의 사역을 이어갔다. 뿐만 아니라 학위를 마친 다음에도 즉시 일본으로 돌아가서 영 선교사의 지시와 재일동포교회의 필요에 따른 사역을 이어갔다. 이러한 과정을 통해서 그에게는 교파와 교단에 대한 확고한 의식이 상대적으로 형성되지 않았다고 할 수 있다.

또 한 가지 그가 복음전도에 있어서 초교파적인 입장을 가지게 된 것은 그의 민족에 대한 특별한 사랑에 기인한다고 할 수 있다. 그의 평생에 별호로 따라다니는 "눈물이 선지자" "눈물의 예레미야" "한국의 예레미야"[79] 등과 같은 말에서 알 수 있는 것처럼, 그는 평생 복음을 통한 민족의 구원과 국가의 미래

78 李清一, 『在日大韓基督教會宣教100年史』, 76.
79 배명준, 『남대문교회사』(서울: 대한예수교장로회 남대문교회, 1979), 179; 정성한, "한국교회 해방 전후사 인식(1)-남대문교회를 중심으로," 「신학과 목회」 제28집(2007): 95~96; 김치선, 『한국기독교 강단설교 김치선』(서울: 홍성사, 2012), 14; 박기풍, "40년의 발자취," 「생수」 제7집(1989): 191.
80 三百萬復興運動社, 『復興』 第1號(1945), 1.

를 소망했다.[80] 따라서 그의 복음전도에 대한 열정도 그의 민족에 대한 특별한 사랑에서 기인된다고 할 수 있다. 실제로 그의 사역은 마지막까지 민족을 사랑하는 마음이 전제된 것이었다고 할 수 있을 만큼 민족에게 복음을 전하는 것을 위해서 살았다. 그러한 그의 민족사랑은 해방과 함께 "삼백만부흥운동"을 계획하고 전국 각 지역에서 복음전도운동으로 구체화되기까지 그는 직접 전국을 뛰어다니면서 복음을 전하기 위해 열정을 바쳤다.[81]

이러한 그의 민족사랑은 그가 하는 설교들에서도 쉽게 찾아볼 수 있는데, 한국 기독교 선교100주년 기념사업으로 출판된 <한국설교대전집>에 실린 "민족애의 눈물"(마23:37~38, 눅19:41~44)이라는 제목의 설교 마지막 부분에서 다음과 같은 말을 하면서 마무리하는 것을 볼 수 있다.

> 그리스도의 민족애의 눈물은 결국 나를 포함한 전 세계 인류애의 눈물인 것을 알 수 있습니다. 진정으로 3,000만 민족을 위하여 눈물로 하나님께 호소하여야 하는 사명이 우리에게 있습니다. 민족의 복음화를 위하여, 삼천리 방방곡곡에 그리스도의 눈물을 토대로 하여 그의 권위의 말씀을 따라서 믿고 순종함으로써 민족애의 눈물을 뿌려 그리스도를 증거하여야 합니다. 이것으로 교회를 세우고 민족애의 눈물로 제단을 쌓고, 3,000만 민족을 그리스도에게로 이끌어 내야 하겠습니다.[82]

그렇다고 그가 정통적인 신학의식 없었기 때문이 아니라, 민족애에 대한 그의 각별한 마음이 그로 하여금 복음전도를 목적으로 하는 어떤 교파적 장벽

---

81 이에 대해서는 필자의 拙稿 "삼백만부흥운동의 성격과 실체에 관한 연구," 「개혁논총」 제22권(2012)과 "김치선과 삼백만 부흥운동의 의의," 「개혁논총」 제39권(2016)을 참고하라.

82 김치선, 『한국기독교 강단설교 김치선』, 28.

을 거부하는 모양새인 것은 분명하다.[83] 즉 그는 적어도 정통신학에 대한 이해를 하고 있을 뿐 아니라, 그 신학적 입장에 분명하게 서 있다. 그럼에도 불구하고 그의 관심은 항상 '3,000만 민족'이었다는 것은 그가 교파의 장벽 때문에 이 민족을 복음화 하는데 장벽이 된다면, 그것을 거부하겠다는 입장으로 해석이 가능할 것이다.[84]

그런데 이러한 그의 성향은 어떤 의미에서 대신교단의 구심점을 확고하게 만들지 못했다고 하는 비판을 받을 수 있는 근본 요인이 될 수 있다. 또한 그가 1948년에 설립한 대한신학교(현 안양대학교)가 1961년 이후에 초교파신학교로 정체성을 삼은 것도 같은 맥락에서 생각할 수 있을 것이다.[85] 실제로 1980년대까지만 해도 안양대학 신학과는 모집요강에 공식적으로 초교파로 한다는 것을 밝혔었다. 1985년 학교가 어려움을 겪게 되고 새로운 이사회가 들어서면서 교단과의 관계를 명시하는 과정에서 '대신측' 교단과의 인준관계를 강조하게 되었고, 그 과정에서 자연스럽게 초교파라는 말을 사용하지 않게 되었다.

---

83 김치선, "이상적 교회," 「크리스챤 봉화」통권27호(1967). 그는 여기서 교회 양면(유형적 무형적)에 대한 이해와 함께 유형교회 형성의 중요성과 제도의 필요성까지 설명하고 있다.

84 김치선, "신학과 신조" 이 글은 실제로 그가 부산의 고신대학이 처음 개교할 당시 강연한 내용으로 알려져 있다. 그리고 훗날 그는 이 글을 「복음세계」제1권2호(1954)에 실었다. 그런데 이 글에서도 결론 부분에서 김치선은 "이상에서 본대로 불변의 신조를 토대로 한 신학을 수립하여 한국, 아니 세계 교계에 공헌하려는 것이 우리 신학교의 정신이 되지 않으면 안됩니다. 우리는 이러한 정신하에 신학교를 경영하여야 합니다. 또한 우리는 이 정신하에 3,000만 뿐 아니라 세계 인류에게 이 위대한 복음을 전하여야 합니다."고 함으로써 그의 복음과 민족에 대한 열정을 보여주고 있다. 김치선, 「한국기독교 지도자 강단설교」, 90.

85 최순직, "대신의 내적 변천사," 「생수」제6집(1988), 212~13.

역사를 거슬러 영국에서 복음주의운동이 전개되었을 때 웨슬리(John Wesly)와 휫필드(George Whitefield)를 비교해서 생각할 수 있을 것 같다. 그 중에 휫필드를 닮은 것이 김치선이 아닐까 하는 생각이다.[86] 휫필드는 복음에 대한 열정으로 영국과 북미대륙의 부흥운동을 이끌었지만, 그는 교회를 중심으로 하는 교단을 형성시키지 못함으로써 그의 명성은 당대의 일로 끝나고 더 이상 그를 기억하는 사람들조차 없게 되고 말았기 때문이다.

5. 나가면서

이상에 살펴본 것처럼 김치선은 그의 전 생애를 오직 복음에 집중했고, 민족을 구원하겠다고 하는 일념으로 신학 작업과 목회, 전도사역에 집중했다. 때로는 지나치다고 할 수 있을 만큼 오직 복음전도를 목적으로 하는 사역과 삶이었다. 그만큼 복음에 대한 열정이 뜨거운 사람이었고, 동시에 복음에 대한 확신을 가진 사람이었다. 그 결과 그는 항상 눈물로 기도했고, 눈물로 강의했고, 눈물로 전도했고, 눈물로 설교를 한 사람이었다. 그는 무엇을 할 때나 눈물을 흘렸다. 그는 눈물 없이 한 일이 없다고 할 만큼 강의실에서조차 매시간 눈물로 호소하는 강의를 했다.[87] 그것은 특별히 복음을 통한 민족의 구원이라고 하는 간절함의 표현이었다.

그러나 그는 단순히 감정에만 호소하지 않았다. 신학자로서 성경해석과 설교의 접목을 분명하게 하면서도 회중을 향한 호소는 당대 한국의 빌리 그레이엄이라고 할 수 있을 만큼 영혼을 움직이게 했다. 반면에 많은 작품을 남기지 못했지만, 유작에 담긴 그의 사상은 정통신학으로서 개혁파신학을 이어줌

---

86 Earle E. Cairns, *Christianity through the Centuries*, (Grand Rapids: Zondervan Publishing House, 1996), 368~71.
87 김치선, 『한국기독교 지도자 강단설교』, 15.

으로써 해방 이후 한국장로회의 신학을 정립시키는데 일조를 담당해주었고, 1960년까지는 장로회총회신학교의 교수로, 그 이후 별세할 때까지는 구 대한신학교를 통해서 한국교회를 섬기는 일을 했다는 것은 결코 잊혀서는 안 될 것이다.

김치선의 신학을 재고할 수 있는 기회가 한국개혁신학회를 통해서 주어진 것은 한국교회사에 있어서 매우 의미 있는 일이다. 특별히 한국교회사에서 그의 위치나 역할이 분명하게 있음에도 불구하고,[88] 그에 대한 관심이 없었고, 그의 업적에 대한 평가도 없었다는 점에서 묻혀있는 역사를 이제야 발굴하는 것이기에 의미가 더 하다고 할 수 있다. 물론 안양대학교와 대신교단의 학자들에 의한 연구물들은 있었지만, 한국교계에 널리 공유, 공감할 수 있는 학문적 연구가 많이 부족했던 것은 사실이다. 그러한 의미에서 이번 한국개혁신학회가 만든 김치선에 관한 연구를 할 수 있었던 것 자체가 의미가 크고 고마운 일이다.

---

88 이종전, 『한국장로교회사』(인천: 아벨서원, 2014), 301~303.

참고문헌

김동화.『나에게 있어서 영원한 것』, 서울: 기독교연합신문사, 1998.

金良善.『韓國基督敎解放十年史』, 서울: 大韓예수敎長老會總會 宗敎敎育部, 1956.

김영한.『現代神學의 展望』, 서울: 대한기독교서회, 1984.

김의환.『挑戰받는 保守神學』, 서울: 생명의 말씀사, 1970.

_____.『現代神學槪說』, 서울: 개혁주의신행협회, 1889.

김치선.『舊約史記』, 서울: 복음세계사, 1955.

_____.『基督人의 礎石』, 서울: 敬天愛人社, 1954.

_____.『복음의 진수』, 서울: 대한예수교장로회 총회 출판국, 1960.

_____.『한국기독교 지도자 강단설교 김치선』, 서울: 홍성사, 2011.

_____.The Mosaic Authorship of the Pentateuch,『김치선 박사의 모세와 오경』, 최선 역, 서울: 선교횃불, 2015.

박용규.『한국기독교회사 2』, 서울: 생명의 말씀사, 2006.

박형용.『福音批評史』, 서울: 성광문화사, 1985.

배명준.『남대문교회사』, 서울: 대한예수교장로회 남대문교회, 1979.

禹完龍.『韓國敎會 復興運動의 歷史와 神學』, 서울: 도서출판 고도, 1992.

이종전.『한국장로교회사』, 인천: 아벨서원, 2014.

李淸一.『在日大韓基督敎會宣敎100年史』, 東京: かんよう出版社, 2015.

편집부.『基督敎大百科事典 8』, 서울: 기독교문사, 1982.

牧田吉和.『改革派敎義學 1』, 札幌: 一麥出版社, 2013.

강경림. "김치선 목사의 반우상숭배론."「신학지평」제13집. 2000.

김재규. "김치선 목사의 설교."「신학지평」제23집. 2010.

金致善. "福音의 眞髓의 挑戰者."「神學指南」119호 1960.

_____. "이상적 교회,"「크리스챤 봉화」통권27호. 1967.

박기풍. "40년의 발자취." 「생수」 제7집. 1989.

三百萬復興運動社.『復興』第1號. 1945.

유종필. "김치선 박사의 에베소서 강해에 나타난 신학사상."『대신미래목회연구소 제9차 세미나 자료집』2019.

이상규. "김치선 박사의 한국교회사적 의의." 「대한논총」 제2호. 2009.

이은규. "김치선 목사의 교육사상." 「신학지평」 제13집. 2000.

이은선. "김치선 목사의 개혁파 부흥운동." 「신학지평」 제23집. 2010.

_____. "김치선 목사의 국가관."『신학지평』 제13집. 2000.

이종전. "김치선과 삼백만부흥운동의 의의." 「개혁논총」 제39권. 2016.

_____. "삼백만부흥운동에 나타난 김치선의 신학사상." 「대한논총」 제2호. 2009.

_____. "삼백만부흥운동의 성격과 실체에 관한 연구." 「개혁논총」 제22권. 2012

_____. "신학과 신조에 나타난 김치선의 신학사상." 「대한논총」 제3호. 2011.

_____. "해방 후 김치선의 사역과 그의 신학."『대신미래목회연구소 제9차 세미나 자료집』2019.

정성한. "한국교회 해방 전후사 인식(1)-남대문교회를 중심으로." 「신학과 목회」 제28집. 2007.

최순직. "大神의 內的 變遷史." 「생수」 제6집. 1988.

한성기. "고봉 김치선과 大神-그의 신학과 사상을 중심으로 한 이해." 「대한논총」 제2호. 2009.

_____. "김치선 목사의 신학사상." 「신학지평」 제13집. 2000.

McKim, Donald K., *Dictionary of Theological Terms*. 神代眞砂實, 探井智郎. 譯『キリスト 教神學用語辭典』東京: 日本キリスト教團出版局, 2002.

Douglas. J. D., ed., *The New International Dictionary of the Christian Church*, Grand Rapids: Zondervan Publishing House, 1981.

Cairns, Earle E., *Christianity through the Centuries*, Grand Rapids: Zondervan Publishing House, 1996.

Bollnow, Otto Friedrich., *Existenzphilosophie.* 塚越敏. 金子正昭 譯.『實存哲學概說』
    東京: 理想社, 1985.

Anderson, Robert K., *My Dear Redeemer's Praise.* Hantsport: Lancelot Press, 1979.

Nash, Ronald., *Christian Faith & Historical Understanding.* 이경직 역.『기독교와 역
    사: 믿음과 이해』서울: CLC, 2020.

● 인명

● 용어

김치선 박사의
생애와 신학

초판 1쇄 발행 ㅣ 2022년 3월 11일

지 은 이   ㅣ 이종전
펴 낸 곳   ㅣ 아벨서원
등록번호   ㅣ 제98-3호(1998. 2. 24)
주   소   ㅣ 인천광역시 남동구 구월남로 118(YMCA, 805호)
전화번호   ㅣ 032-464-1031
팩   스   ㅣ 02-6280-1793
이 메 일   ㅣ abelbookhouse@gmail.com

편집책임 ㅣ 조선구
Printed in Korea @ 2022 아벨서원